普通高等教育“十一五”国家级规划教材
建设工程管理系列规划教材

建设项目管理

第3版

主　编　王　洪　陈　健
副主编　宋　敏
参　编　刘仁辉　王　丹　李良宝
主　审　成　虎　田金信

机　械　工　业　出　版　社

本书以系统的观点，站在建设项目业主方的角度，全面阐述了建设项目全过程的各项管理工作，介绍了建设项目管理的理论和方法。全书内容包括：建设项目管理概论、建设项目前期策划和可行性研究、建设项目融资、建设项目组织管理、建设项目招标投标及合同管理、建设项目设计阶段管理、建设项目施工阶段管理、建设项目风险管理、建设项目信息管理、建设项目竣工验收与后评价。

本书可作为高等院校工程管理专业及其他相关专业本科教材，也可供从事工程项目管理工作的专业人员学习参考。

图书在版编目（CIP）数据

建设项目管理/王洪，陈健主编．—3版．—北京：机械工业出版社，2015.10

普通高等教育“十一五”国家级规划教材　建设工程管理系列规划教材

ISBN 978-7-111-51960-7

Ⅰ.①建…　Ⅱ.①王…②陈…　Ⅲ.①基本建设项目－项目管理－高等学校－教材　Ⅳ.①F284

中国版本图书馆CIP数据核字（2015）第254574号

机械工业出版社（北京市百万庄大街22号　邮政编码100037）
策划编辑：冷　彬　责任编辑：冷　彬　林　静　冯　铗
责任校对：杜雨霏　封面设计：张　静
责任印制：李　洋
北京机工印刷厂印刷（三河市南杨庄国丰装订厂装订）
2016年1月第3版第1次印刷
184mm×260mm·14.5印张·354千字
标准书号：ISBN 978-7-111-51960-7
定价：31.00元

凡购本书，如有缺页、倒页、脱页，由本社发行部调换

电话服务	网络服务
服务咨询热线：010-88379833	机 工 官 网：www.cmpbook.com
读者购书热线：010-88379649	机 工 官 博：weibo.com/cmp1952
	教育服务网：www.cmpedu.com
封面无防伪标均为盗版	金 书 网：www.golden-book.com

第 3 版前言

本书第 2 版自 2007 年 5 月出版以来，得到了全国众多院校工程管理专业广大师生的支持与厚爱，在使用中取得了非常好的教学效果。随着建设项目管理的发展和工程管理理念及管理手段的改变，加之国家近几年出台了很多有关建设领域的法律法规和管理办法，使得“建设项目管理”课程的教学内容也在不断调整和完善。为满足对学生培养目标的要求，编者决定对本书第 2 版进行修订。

本次修订补充了建设行业的新理论和实践发展动态，与国家现行的法律、法规、规范及有关管理办法等相一致；为与国家注册建造师的知识结构要求相吻合，增加了相应的知识和内容。

全书共 10 章，内容包括：建设项目管理概论、建设项目前期策划和可行性研究、建设项目融资、建设项目组织管理、建设项目招标投标及合同管理、建设项目设计阶段管理、建设项目施工阶段管理、建设项目风险管理、建设项目信息管理、建设项目竣工验收与后评价。

本次修订，对上一版的内容进行了修改和完善。第 1 章重新进行了组织和编写；第 2 章中增加了有关政府投资项目前期管理的内容；第 3 章增加了 PPP 融资的内容；第 4 章增加了政府投资项目代建制的内容，并对原内容进行了相应调整；第 5 章对招标投标有关内容作了补充和完善；第 7 章增加了施工许可和施工条件准备、挣值法、建设项目参与各方的质量责任和义务、质量管理制度等内容；第 9 章进行了重新编写；第 10 章修订了竣工验收等内容，增加了政府投资项目审计的内容。

本书第 3 版由哈尔滨工业大学管理学院王洪、陈健担任主编，东南大学成虎教授、哈尔滨工业大学田金信教授担任主审。具体的编写分工为：第 1 章由陈健和宋敏（吉林建筑大学）共同编写；第 2 章和第 7 章由王洪编写；第 3 章、第 8 章、第 10 章由陈健编写；第 4 章由王洪、宋敏共同编写；第 5 章由刘仁辉（哈尔滨工业大学）编写；第 6 章由王丹（哈尔滨工业大学）编写；第 9 章由李良宝（哈尔滨工业大学）编写。

本书在修订过程中参考了近年出版的有关教材、著作和研究文献，在此谨向编著者表示衷心的感谢。同时向担任主审的成虎教授、田金信教授表示衷心感谢。也感谢使用本书前两版的教师和同学们，他们提出的意见和建议，对本书的修订和完善有着举足轻重的作用。

由于本书编者学术水平有限，书中难免存在缺点和不足，恳请广大读者批评指正。

编者

目　　录

第1章 建设项目管理概论

1.1 建设项目概述

1.1.1 项目

1.1.1.1 项目的概念

“项目”的概念没有一个统一的定义，以往人们从不同的角度对项目进行描述和定义。

美国的项目管理协会 PMI 认为：项目是为创造特定产品或服务的一项有时限的任务（其中，“时限”是指每一个项目都有明确的起点和终点；“特定”是指一个项目所形成的产品或服务在关键特性上不同于其他相似的产品和服务）。

德国国家标准 DIN69901 认为：项目是指在总体上符合如下条件的具有唯一性任务，具有预定的目标，具有时间、财务、人力和其他限制条件，具有专门的组织。

项目管理专家哈罗德·科兹纳（Harold Kerzner）博士认为：项目是具有以下条件的任何活动和任务的序列，有一个将根据某种技术规格完成的特定的目标，有确定的开始和结束日期，有经费限制，有消耗资源（如资金、人员、设备等）。

也有人认为项目是由一组有起止日期的相互协调的受控活动组成的独特过程，该过程要达到包括时间、成本和资源的约束条件在内的规定要求的目标。

尽管不同组织或个人对项目的定义有所不同，但概括相关定义的内容，可以归纳出项目的一些共性特征：有预定的项目目标；有明确的起止时间要求；需要消耗资源并受到资源的限制；是临时性、一次性的活动。综上所述，项目可以定义为：项目是指在一定约束条件下完成的，具有明确目标的一次性任务。

1.1.1.2 项目的特征

项目具有以下主要特征：

1. 目标性

目标性是指任何项目都是为实现一个组织的特定目标服务的。目标性可以是关于功能的指标，产出物的指标，项目工作的指标。例如，一个教学楼的建设，要有不同规模大小的教室、教师休息室、教研室等体现功能的指标；有关于规模、寿命、安全性等产出物的指标；有关于建设教学楼的一定的工期、质量、成本，以及安全和环保等方面工作的指标。有了项目目标，项目的管理也就能有的放矢。

2. 独特性

独特性是指项目的目标、产出物、项目工作等要素与其他项目或产品相比具有独特性。可以设想，不会有其他项目与本项目在环境条件、建设地点、建设过程上能完全相同或者是完全重复的。

3. 一次性

一次性是指项目有明确的起、止时间点。例如，进行桥梁工程建设和水电站建设，其建设过程都有明确的起、止时间点，进而反映出项目的一次性特征。在这一点上，项目的一次性与一般工业持续地常规性生产过程的管理必然有所不同。

4. 制约性

制约性是指项目在一定程度上受到客观环境条件和资源的制约。包括人力资源、物力资源、时间资源、技术资源、信息资源的限制等。

1.1.2　建设项目

1.1.2.1　建设项目概念

建设项目是指按照一定的程序，进行一定量的投资，在一定时间内完成，符合一定质量要求建成固定资产的一次性任务。

建设项目是按照一个总体设计进行建设的各个单项工程所构成的总体。我们通常把建设一个工厂、学校或一个独立的工程项目作为一个建设项目。一个建设项目只有一个总体设计，不是同一个总体设计的建设工程不属于一个建设项目。

1.1.2.2　建设项目特征

建设项目除具备项目的一般特征外，还具有以下特征：

（1）投资额巨大　建设项目经常是由若干个子项目组成的大型工厂、桥梁、公路、铁路、建筑工程，投资金额经常在几千万乃至几十亿、上百亿，像三峡工程这样的特大型项目投资则达到几千亿人民币。

（2）按照一个总体设计建设　大型建设项目都要有一个总体设计，可以是形成生产能力或使用价值的若干个单项工程的总体。

（3）可以进行统一的、独立的项目管理　建设项目是一次性的特定任务，为了达到项目目标，建设项目由一次性的组织机构，在建设上实行统一管理，在经济上实行统一核算，进行统一的独立的项目管理。

（4）建设过程具有一定的程序性　一个建设项目从决策开始到项目投入使用取得投资效益，要遵循必要的建设程序和经历特定的建设环节。

1.1.2.3　建设项目分类

为了加强建设项目管理，正确反映建设项目的内容及规模，可从不同角度按不同标准对建设项目进行分类。

1. 按建设性质分类

建设项目按其建设性质不同，可划分成基本建设项目和更新改造项目两大类。

（1）基本建设项目　基本建设项目是指投资建设用于进行以扩大生产能力或增加工程效益为主要目的的新建、扩建工程及有关工作。

1）新建项目。指以技术经济和社会发展为目的，从无到有投资建设的项目。对于新增加的固定资产，价值超过原有全部固定资产价值（原值）3 倍以上时，才可算作新项目。

2）扩建项目。指为扩大生产能力或新增效益而增建的项目。

3）迁建项目。指因某些原因迁移到其他地点，需重建的项目。

4）恢复项目。指原固定资产因自然灾害或人为灾害等原因已全部或部分报废，需投资重建的项目。

（2）更新改造项目　更新改造项目是指建设资金用来对原有设施进行技术改造或固定资产更新，同时对相应配套的辅助性生产、生活福利等工程进行建设及进行其他有关工作。更新改造项目一般包括挖潜工程、环境工程、节能工程等。

2. 按投资作用分类

建设项目按其投资在国民经济各部门中的作用，分为生产性建设项目和非生产性建设项目。

（1）生产性建设项目　生产性建设项目是指直接用于物质生产或直接为物质生产服务的建设项目，例如工业项目、农业项目、基础设施建设、商业建设等。

（2）非生产性建设项目　非生产性建设是指用于满足人民物质和文化福利需要的建设和非物质生产部门的建设，例如办公用房、居住建筑、公共建筑等。

3. 按项目规模分类

按有关规定标准，基本建设项目划分为大型、中型、小型三类；更新改造项目划分为限额以上和限额以下两类。

1）基本建设项目按批准的可行性研究报告所确定的总设计能力或投资总额大小，依据国家颁布的《基本建设项目大中小型划分标准》进行分类。

2）凡生产单一产品的项目，一般以产品的设计生产能力划分；生产多种产品的项目，一般按主要产品的设计能力划分；产品分类多，难以确定主要产品的，则按投资额划分。

3）更新改造项目一般只按投资额分为限额以上和限额以下项目。

不同生产部门的建设项目，国家规定的划分标准、审批机关和报建程序不同。

4. 按建设项目的目标分类

按建设项目的目标分类，建设项目分为经营性项目和非经营性项目。

1）经营性项目是指以实现所有者利益最大化为目标，通过投资获取收益的投资项目。

2）非经营性项目是指不以盈利为目标，满足社会相关需求，没有或较少收益的项目。例如城市道路、路灯建设、公共绿化、航道疏浚、水利灌渠、植树造林等项目。

5. 按建设项目的产品（或服务）属性分类

按建设项目的产品（或服务）属性分类，建设项目分为公共项目和非公共项目。

1）公共项目是指为满足社会公众需要，生产或提供公共物品或服务的项目。

2）非公共项目是指除公共项目以外的其他项目。

6. 按建设项目的投资管理形式分类

按建设项目的投资管理形式分类，建设项目分为政府投资项目和企业投资项目。

1）政府投资项目是指使用政府性资金的建设项目以及有关的投资活动。政府性资金包括：财政预算投资资金，利用国际金融组织和外国政府贷款的主权外债资金，纳入预算管理的专项建设资金，法律、法规规定的其他政府性资金等。

2）不使用政府性资金的投资项目统称为企业投资项目。

1.1.2.4 建设项目的生命周期

任何一个建设项目，无论规模大小，都要经过仔细的选择、精心的设计、详细的预算、充分的准备、周密的评估、认真的执行、严格的监督和科学的管理等一系列工作过程才能完成。为便于对这些活动进行管理，人们通常把一个建设项目从开始到结束整个过程，按照先后顺序划分成含有不同内容而又互相联系着的若干阶段，这些阶段构成了建设项目的生命周期。建设项目生命周期内各阶段各程序间的顺序，反映了建设项目发展的内在规律与程序。

一般来说，建设项目的生命周期分为四个阶段，如图 1-1 所示。

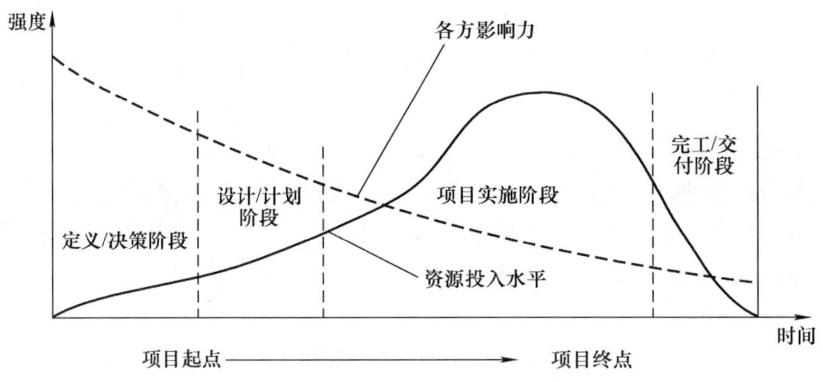

图 1-1 建设项目生命周期示意图

1. 建设项目的定义与决策阶段

在这一阶段中，人们提出一个建设项目的提案并对项目提案进行必要的机遇与需求的分析和识别，提出具体的建设项目建议书，在项目建议书获得批准以后，就进一步开展不同详细程度的建设项目可行性分析，通过建设项目可行性分析，找出建设项目的各种可行的备选方案，分析和评价这些备选方案的收益和风险，最终做出建设项目方案的抉择和建设项目的决策。

2. 建设项目的计划和设计阶段

在这一阶段中，人们首先要为已经做出决策并且要实施的建设项目编制出必要的项目计划书，包括针对建设项目的范围计划、工期计划、投资计划、质量计划等。在开展这些建设项目计划工作的同时，还需要开展建设项目设计工作，从而全面设计和界定整个建设项目、项目的各阶段所需开展的项目工作和项目产出物，对建设项目的产出物和建设项目的工作做出全面的设计和规定。

3. 建设项目的实施与控制阶段

在这一阶段中，人们把建设项目计划付诸实施。通过开展相应的项目建设与控制工作，以保证建设项目实施结果与项目设计和计划要求相一致。建设项目实施与控制阶段是整个项目产出物的形成阶段，其成果是实物形态的建筑物。

4. 建设项目的完工与交付阶段

在这一阶段中，人们需要对照建设项目定义和决策阶段提出的项目目标和建设项目计划与设计阶段所提出的各种计划要求，先由项目团队检验项目的产出物及项目工作，然后由项目团队向项目业主/客户进行验收移交工作，直至项目的业主/客户最终接受建设项目的整个工作结果和项目最终的交付物。

1.1.3　施工项目

施工项目是指施工企业自工程施工投标开始到保修期满为止的全过程中完成的项目。

施工项目具有以下特征：

1）施工项目是建设项目或其中的单项工程或单位工程的施工任务。

2）施工项目是以施工承包企业为管理主体的。

3）施工项目的任务范围是由工程承包合同界定的。

只有单位工程、单项工程和建设项目的施工才谈得上施工项目，分部、分项工程不是完整的产品，不能称为施工项目。

从图 1-1 可以看出，建设项目是涵盖项目从策划到交付使用的四个阶段，施工项目则只是项目建设实施的一个阶段。

1.2　建设项目管理概述

1.2.1　建设项目管理概念、特点及任务

1.2.1.1　建设项目管理概念

建设项目管理是指在建设项目的生命周期内，用系统工程的理论、观点和方法对建设项目进行有效的规划、决策、组织、协调、控制等管理活动，从而按项目既定的质量要求、控制工期、投资总额、资源限制和环境条件，圆满地实现建设项目目标。

要取得一个建设项目的成功，主要有以下三个前提条件：

1）进行充分的战略研究，制定科学、可行、符合实际的项目目标和计划，做出正确的决策。如果项目选择错误，就会犯方向性、原则性错误，造成无法挽回的损失。

2）建设项目的设计科学合理、经济适用。充分考虑生产工艺设计和实施方案设计的先进性，产品技术寿命的可行性等。

3）实施高效率、高水平、高质量的建设项目管理。协调项目的所有参加者，整合各个方面的资源，通过高质量的项目管理，完成预定项目计划和目标。

1.2.1.2　建设项目管理特点

1. 建设项目管理的复杂性

（1）建设项目管理对象的复杂性　建设项目管理的对象是建设项目发展的全过程，包括项目的可行性研究、设计、施工、投入使用等过程，且各阶段的工作内容复杂，影响因素众多，决定了建设项目管理的复杂性。

（2）建设项目管理主体的复杂性 一般来说，在建设项目发展周期的全过程中，参加项目管理的主体是多方的。除业主为项目的顺利实现而实施必要的项目管理外，设计单位、施工单位、监理单位、从事项目材料设备供应的供应商、分包单位等也根据合同站在各自的立场参与项目，决定了建设项目管理主体的复杂性。

（3）建设项目管理过程的复杂性 建设项目管理是一项多目标、多要素的工作，是一个复杂、集成的管理过程，决定了建设项目管理的复杂性。

2. 建设项目管理目标的明确性

任何建设项目都有明确的目标，都有对项目质量、工期、投资、安全等方面的具体要求。建设项目管理目标与建设项目各相关主体所追求的目标，必然存在一定的差异，要通过建设项目管理，将各方面的目标关联起来，促进建设项目按计划目标建设完成。

3. 建设项目管理责任的明确性

在建设项目策划、计划、实施的进程中，各相关主体都要通过签订合同来明确责任和义务，通过合同确定相互权利义务关系，通过责任落实，保证建设项目计划和目标的落实。

4. 建设项目管理的科学性

1）建设项目管理以系统理论作为理论基础。从系统整体出发，研究建设项目系统内部各子系统之间关系、各要素之间的关系，以及系统与环境之间的关系。有效组织协调系统内部和外部的各种关系，提高工作效率，确保项目目标的实现。

2）建设项目管理以现代科学管理手段和方法开展管理活动。例如：树立正确的管理理念，采取科学的理论方法，应用信息网络平台等手段，实现建设项目的管理效益。

1.2.1.3 建设项目管理的工作内容

按照建设项目的实施内容，建设项目管理工作可分为：

1）建设项目目标设计，建立项目总目标，并进行目标分解，建立目标体系。

2）建设项目的系统分析，包括项目的外部系统调查分析及项目的内部系统分析等。

3）建设项目的计划管理，包括项目的实施方案及总体规划、投资计划、质量计划、工期计划以及优化工作。

4）项目的组织管理，包括组织机构的建立、人员组成、各方面工作与职责的分配、岗位的确定、规程和规章制度的制定。

5）建设项目的信息管理，包括项目信息系统和信息反馈系统的建立、文档管理等。

6）建设项目的实施控制，包括进度控制、投资控制、质量控制、风险控制、合同管理、设计变更管理等。

7）项目后期工作，包括项目竣工验收、移交、生产准备、项目后评价、总结项目目标实现的程度，存在的问题等。

1.2.1.4 建设项目管理的主要任务

1. 建立项目管理组织，做好组织协调工作

明确建设项目管理相关主体之间的经济、合同关系，选择合适的组织形式；组建建设项目管理各主体的组织机构和领导班子，聘任称职的项目经理及有关管理人员；对项目组织职能进行分解，明确各自的工作范围，分配职责，授予权力，确定规章制度、工作规范。

做好组织协调工作，包括与规划、市政、环境、消防等政府管理部门等外部环境协调；与供水、供电、通信、运输等资源供应方面的协调；进行材料、设备、劳动力、资金等生产

要素方面的协调；与项目所在社区各方面的协调；与设计单位、施工单位、供货单位等项目参与单位之间的协调等。

2. 目标控制

（1）投资控制　制订各阶段、各类投资计划和使用计划，通过有效的投资管理，争取项目相关主体积极采用科学的投资控制的方法，既能够各自获得计划效益，又能够实现投资计划控制目标。

（2）进度控制　制订科学、合理的进度计划，通过有效的进度管理，实现各相关主体之间的工作协调、合作与配合，采用科学的手段和方法对进度计划和实际执行结果进行比较和控制调整，从而将进度控制在计划要求的工期目标内。

（3）质量控制　制订质量管理计划，通过有效的质量管理，严格把握设计、施工等主要环节，不存死角，不留隐患，实现建设项目的质量目标。

3. 合同管理

建设项目合同主体各方要根据国家有关合同管理法律法规，参与合同的起草、谈判、签订、变更等工作。

在建设项目管理的各阶段、各主体间都要依靠合同确立的相互关系，处理合同的纠纷和索赔等事宜。

业主方的合同管理服务于项目总目标，侧重做好合同结构的策划，理顺项目内部的管理关系；重点在于项目支付条件、质量目标和进度目标。

施工方的合同管理服务于项目实现，侧重做好工程价款及支付条件，质量标准及验收方法，不可抗力造成损害、第三者损害的承担原则，设计变更、施工条件变更及工程中止损失的补偿原则，重点在于施工索赔和各方纠纷的规定和处理。

4. 信息管理

按照建设项目的任务和实施要求，保证建设项目实施和管理中的信息传递渠道的畅通、信息及时到位和内容准确。

5. 风险管理

通过风险管理，保证建设项目目标的实现，获得投资效益。在项目开始策划到项目建设实施的全过程，从政治、经济、社会、环境等方面做好项目风险管理工作。及时进行分析和系统评价，提出风险对策，采取应对措施，减少损失和化解风险。

1.2.2　建设项目管理与施工项目管理的区别

建设项目管理与施工项目管理的区别，主要有管理主体、管理目标、管理内容和管理范围方面的“四个不同”。

（1）管理主体不同　建设项目管理主体是业主方或受其委托的咨询单位，施工项目管理主体是施工承包方。

（2）管理范围不同　建设项目的管理对象是整个建设项目从建设到使用的全过程，而施工项目管理范围是工程承包合同规定的建设项目（或其中的一个或多个单项工程或单位工程）的施工任务。

（3）管理的目标不同　建设项目管理的任务是取得符合要求的能发挥投资效益的固定资产，施工项目管理的任务是把项目建成并获得利润。

（4）管理内容不同　建设项目管理是一个建设项目建设全过程的管理，而施工项目管理内容是只涉及从投标开始到交工为止的生产组织管理。

表 1-1 从七个方面进一步总结了建设项目管理与施工项目管理的区别。

表 1-1　建设项目管理与施工项目管理的区别

区别特征	建设项目管理	施工项目管理
管理主体	建设单位	施工单位
管理范围	从投资意向开始到投资回收全过程	从投标开始到工程竣工施工任务完成
管理目标	成果性目标（投资额、质量、建设工期）	效率性目标（利润、成本、施工工期、质量、安全）
管理内容	建设项目全过程的各项管理工作	施工项目全过程的各项管理工作
管理客体	一次性的建设任务	一次性的施工任务
管理方式	确定投资项目目标，控制投资费用，对设计和施工活动的控制是间接的	利用各种手段完成施工任务，控制是直接、具体的
涉及环境关系	对参与建设活动的设计、施工、建材及资金供应、工程管理咨询等单位进行监督、控制、协调	对参与施工活动的分包商、材料供应商等进行监督、控制、协调

1.3　建设项目的系统分析

1.3.1　建设项目的系统思想

系统是由若干个相互作用和相互依赖的要素组合而成的具有特定功能的整体。而每一个建设项目都是一个系统，具有鲜明的系统特性。因此，实施建设项目管理，项目管理者和参与者必须树立系统的思想，用系统的思想、原理和方法，研究分析项目的系统构成以及与这个系统有关的一切内外环境，全面、动态、统筹兼顾地分析处理问题，寻求建设项目系统目标的总体优化以及与外部环境的协调。

建设项目的所有直接参加者和间接参加者、项目的管理者和被管理者等，都各自以某种方式存在于项目的系统中。因此，以系统的观念指导整个项目的工作非常重要。其重要性主要体现在以下方面：

1）不论建设项目处在生命周期的哪个阶段，管理者和参与者都应树立全局观念，系统地观察问题和解决问题，对建设项目作全面整体的计划和安排，减少系统失误，避免系统损失。

2）管理者利用系统分析的方法把复杂的项目进行分解，观察项目内部结构和各部分的联系，在制订计划、采取措施和做出决策时，能充分考虑各方面的联系和相互影响，使系统各要素之间相互协调正常进行。减少系统内部的矛盾和冲突，使项目各子系统工作正常运行。

3）以系统的思想强调项目的总目标和总效果，强调系统目标的一致性，寻求项目的整体最优化，而不是局部优化。项目的整体性不仅体现在项目的建设过程中，也体现在项目生命周期的完整性和项目与其环境联系的完整性上。

1.3.2　建设项目的系统描述

1.3.2.1　建设项目的内、外部系统

按照建设项目自身实体的构成和建设项目涉及的各方主体，将建设项目分为内部系统和外部系统。

1. 建设项目的内部系统

建设项目的内部系统由业主、施工企业、设计单位、材料设备供应商、监理单位以及他们对于项目的贡献形成的项目内部系统相互关联关系。

2. 建设项目的外部系统

建设项目属于一个社会开放性系统，项目建设受到自然环境、技术环境、社会文化环境等方面影响，受外界政治、经济、社会、法律等方面的影响和制约，构成了建设项目和其外部各相关系统的关联关系。

建设项目的内外部系统环境都不是一成不变的。由于科学技术的迅猛发展，新的设计、新的工艺、新型材料不断出现，社会管理和监督也在发生变化。建设项目管理要适应这些变化，优化调整目标和实施过程，既要利用外部环境条件，又必须主动与外部环境相协调、相适应。

1.3.2.2　建设项目的目标系统

建设项目目标体系是由项目各个目标组成的互相联系、互相制约的多目标构成的体系。通过对项目的总目标逐层分解成各个子目标，子目标再分解成若干个可操作的更为具体的目标，形成目标系统。通过逐层实现项目目标，最终实现项目的总目标。

为使目标系统更好地发挥主线的作用，必须注意项目目标系统以下特点：

（1）目标的完整性　项目目标因素之和应完整地反映业主对项目的要求，并首先满足强制性目标和优先目标。由于业主对项目的要求是多方面、多目标构成的，所以必须强调项目目标是一个完整体系。

（2）目标的协调性　项目的目标是互相联系、互相制约的。项目某一方面的变化，必然引起其他方面的变化。例如，项目建设基本目标包括质量、进度和费用（成本）三方面，这三个目标相互联系、相互制约。对于某一目标的追求必须顾及对于其他目标的影响，按照集成管理的规则，寻求各目标之间的协调。

（3）目标的明确性　目标系统在项目可行性研究阶段、设计和计划阶段逐步细化，通过对目标的设计和详细说明，明确目标的具体要求，并通过落实目标责任，促成目标的实现。

（4）目标的动态性　由于建设项目所处的环境不断变化，业主对项目的要求也会发生变化，项目的目标在实施中会发生变更，所以项目的目标可能会始终处于一个动态的发展过程中。

1.3.2.3　建设项目的组织系统

建设项目相关单位通常有：业主、设计单位、监理单位、承包商、分包商、供应商等。由他们承担的角色和签订的合同确定的经济关系或权利义务关系，形成的相关单位、职能、

制度、程序、机制，构成了建设项目的组织系统。

项目法人与各相关方的关系如图 1-2 所示。

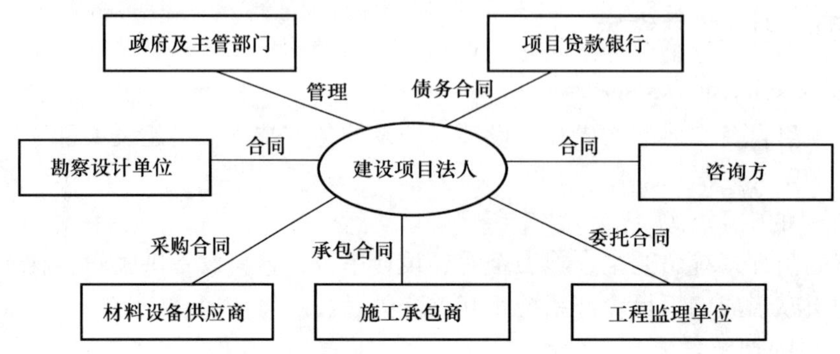

图 1-2 建设项目法人与各相关方的关系

建设项目采用不同的管理模式，就会有不同的组织系统，它们为了实现项目目标各自承担着自己的职责，并享有相应的权利。

每一方项目的参与者，为了实现自己的职责，完成合同规定的任务，在其单位内部，又有一套组织系统，配备相应的人员，制定相应的职责，以完成各自的工作。

上述各个系统之间又存在着错综复杂的内在联系，它们构成一个完整的项目系统，并从各个方面决定着项目的优劣成败。

1.3.3 建设项目的结构分析

1.3.3.1 建设项目结构分析的意义及主要工作

结构分析是按系统规则和要求将项目分解成相互独立、相互影响、相互联系的项目单元，将它们作为对项目进行设计、计划、责任分解、成本核算、实施控制等一系列项目管理工作的对象。

建设项目结构分析的意义在于：

1）结构分析是项目管理的基础工作，一般应在总目标和总任务确定后，按照项目自身的特点，系统地剖析整个项目，进行详细周密的项目结构分析。实践证明，对于一个大型复杂的建设项目，没有科学的结构分析或结构分析的结果得不到很好的利用，则不可能有高水平的项目管理，因为项目的设计、计划和控制不可能仅以整个笼统的项目为对象，而必须考虑各个细节和详细的工程活动。

2）进行详细的项目结构分析，可以使设计、计划更有针对性，防止由于遗忘或疏忽一些项目必需的工作，导致设计、计划的失误，进而带来实施过程中的频繁变更。所以，项目结构分析一般被称为“计划前的计划”或“设计前的设计”。项目越大越复杂，越能显示这项工作的重要性。

建设项目结构分析的主要工作包括以下三个方面：

1）项目分解结构。项目的结构分解是按系统规则将一个项目分解开来，得到不同层次的项目单元，或者将项目总任务分解为各种形式的工程活动。

2）项目单元定义。将项目分解为相互关联的项目单元后，还需对项目各工作的具体内容进行详细的描述，从质量、技术要求、负责人、费用限制、时间限制、和其他工作的关系等方面，做出具体的说明和规定，使相关人员在实施过程中清晰地领会各工作的内容。

3）项目单元之间逻辑关系的分析。通过项目的结构分解，可以将一个完整项目分解为各个项目单元。但是，项目单元之间实际上是相互联系的。确定项目单元之间的逻辑关系，进而可以制订网络计划组织项目实施。项目单元之间的联系是由项目内在规律所确定的，通常表现为从属关系、技术关系、空间关系和时间关系。而且，这种关系可能始终处在一个动态的变化过程中。

项目结构分析是一个渐进的过程，它随着项目目标设计、规划、详细设计和计划工作的进展而逐步细化。在项目策划阶段，结构分析能使项目构思更有条理地转化为明确的项目目标体系；在项目实施阶段，结构分析将为各种复杂的项目管理问题的处理打下基础。

1.3.3.2　项目分解结构的原则与方法

1. 项目分解结构

一些大型项目会首先涉及项目分解结构（Project Breakdown Structure，PBS）的概念。例如，一个建设项目由若干单位工程组成，则需要先把项目分解为若干个单位工程；或者作为一个复杂工程，需要按照区域或者施工特点进行初分，而后才对局部工程进行进一步的工作分解。

所谓项目分解结构，是指通过项目层次、逻辑关系分析，以项目分解结构图的形式，将项目逐层分解成图，以反映该项目的所有任务和关联。

2. 工作分解结构

针对具体的单位工程，进一步地进行工作分解，直至其基本组成单位“工作包”。通过项目分解和工作分解，建立起来的工作体系，为项目的工作量清单、项目计划、项目成本管理和组织落实打下基础。

工作分解结构（Work Breakdown Structure，WBS）是一个分级的树型结构，将项目按照其内在的结构或实施过程的顺序进行逐层分解成为相对独立的、内容单一的、易于成本核算与检查的项目单元，并能把各项目单元在项目中的地位与构成直观地表示出来，如图 1-3 所示。

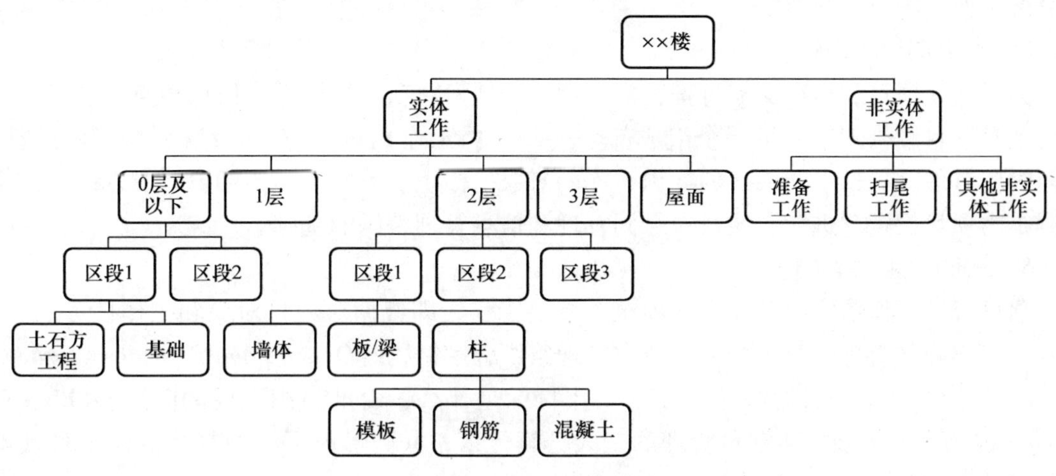

图 1-3　工作分解结构示意图

工作分解结构是一个规划和设计工具，可以将整个项目划分为相对独立的、易于管理的较小的单元，展现项目全貌，清晰地表现项目工作之间的相互联系；有利于对这些工作或活动进行详细的时间、费用估计，量化任务状态，形成进度目标和费用目标；有利于将完成该工作或活动的责任赋予具体的组织或个人，使之成为组织或个人的目标；可以根据工作或活动的进度估算，规划项目进度计划，定义项目里程碑事件；根据工作或活动的费用估算，估计项目总费用，确定工作的可交付成果；有助于项目管理者有效地管理项目。

3. 工作分解结构的原则

1）在各层次上保持项目内容上的完整性，不能遗漏任何必要的组成部分。

2）一个项目单元只能从属于某一上层单元，不能同时交叉从属于两个或两个以上的上层单元。

3）相同层次的项目单元应当具有相同的性质。

4）项目单元应能区分不同的责任者和不同的工作内容，便于进行责任分担和成果分享。

5）项目单元的划分应能保证项目管理工作的效率，方便应用科学管理方法和手段，便于项目目标的跟踪和控制。

6）分解出的项目结构应有一定的弹性，能在必要时方便地扩展项目的范围、内容，变更项目的结构，以适应建设项目在实施过程中计划的修改、设计的变更、工程范围的扩大的要求。

7）由上而下，由粗到细。由于项目的规模、性质不同，分解多少个层次，分解多少个工作单元、分解到怎样详细程度是很难界定的。分解得过粗则任务太笼统，很难具体落实；分解过细可能会增加管理难度和费用，增加信息处理量，执行中灵活性小。分解的详细程度一般考虑项目的规模和复杂程度、项目承担者的要求、项目实施的不同阶段等因素。

4. 工作分解结构的方法

常见的项目分解方法有：按产品结构分解、按平面或空间位置分解、按功能分解、按要素分解、按实施过程分解等。

5. 项目结构的编码

为了简化项目的信息交流过程，常利用编码技术对项目结构进行信息转换。项目结构的编码是对项目结构图中的每一个组成部分（每一项工作）进行编码。编码有各种方法，但编码时应考虑对项目不同层次的标识、不同对象的标识、不同工作的标识。项目结构图及其编码是为项目投资、进度、质量、合同管理和信息管理编码的基础。

6. 管理组织分解结构

项目分解工作落实以后还有一项至关重要工作，即遵循对项目对象和工作任务的分解，建立项目实施与管理的组织机构，形成管理组织分解结构（Organization Breakdown Structure，OBS），从而解决了项目对象是什么，工作目标是什么，由谁组织完成的问题。PBS、WBS和OBS成为大型复杂群体项目管理的三大分解体系，共同形成了大型复杂群体项目管理的工作基础，如图1-4所示。

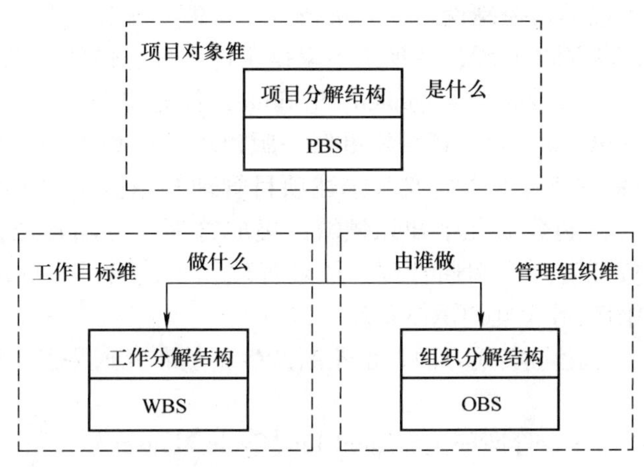

图 1-4　项目管理的三大分解体系（三维结构）

1.4　建设项目管理的产生与发展

1.4.1　项目管理发展实践

建设项目管理是伴随社会历史实践产生发展起来的，古埃及的金字塔，中国的万里长城，都江堰工程，都充满了人类对于工程管理的智慧。

起初，传统的项目和项目管理的概念主要起源于建筑行业，但随着社会进步和现代科技的发展，人们在探索管理项目的科学方法的同时，项目管理的应用领域也不断扩充。

现代项目管理阶段产生于 20 世纪初，由于第二次世界大战国防军事项目的推动，美国研制原子弹的曼哈顿计划、美国海军的北极星导弹计划与美国军方的阿波罗登月计划等，都成为推动项目管理科学产生、发展与形成的社会历史背景。现代项目管理以解决项目计划和控制问题的甘特图、20 世纪 50、60 年代开展的“关键路径法”和“计划评审技术”为主要标志。

日本于 1961 年引进美国的网络计划技术并推广；前苏联于 70 年代在建筑业推行了这一技术。一些发达国家的应用表明，应用网络计划技术可以节约建设投资 10% ~15%，缩短工期 15% ~20%。

20 世纪 60 年代，我国开始引进和推广网络计划技术，华罗庚教授结合我国“统筹兼顾，全面安排”的指导思想，将这一技术称为“统筹法”进行推广，并取得良好的经济效益。

20 世纪 80 年代，我国建筑业推行招标投标、工程承包制等管理体制改革的新举措。鲁布格水电站项目的招标投标及工程项目管理实践，成为建设项目管理发展的标志性事件。

之后，项目管理范围不断扩大，应用领域进一步增加，与其他学科交叉进一步增强，三峡水利工程建设、奥运场馆建设等工程管理实践谱写了我国建设项目管理的新篇章。

1.4.2　项目管理的理论发展

如今，项目管理的应用范围已经在航空、航天、国防、化工、建筑、矿山、石油等领域得到普及应用。系统工程学、控制论、计算机技术、价值工程在项目管理中的应用，极大地丰富和推动了项目管理科学的发展，在理论上取得了许多标志性的成果。

美国项目管理协会（Project Management Institute，简称 PMI）于 1996 年正式发布《项目管理知识体系》（PMBOK），此后每四年更新一版，现已成为美国项目管理的国家标准之一。PMBOK 的主要目的在于系统地定义和描述项目管理知识体系中那些已被普遍接受的知识体系，把项目管理知识划分为九个知识领域：集成管理、范围管理、时间管理、成本管理、质量管理、人力资源管理、沟通管理、风险管理和采购管理。中国项目管理研究会在 2000 年也推出了《中国项目管理知识体系》。

在建设项目管理的理论与实践方面，也不断产生新的研究成果和工作实践，主要有以下几方面：

1）建设工程项目全寿命管理理论（Total Life Cycle Management），将项目建设的效益从一个更加宽广的视觉区去进行观察判断。为建设一个满足功能需求和经济上可行的工程项目，对其从工程项目前期策划，直至工程项目拆除的项目全寿命的全过程进行策划、协调和控制，以使该项目在预定的建设期限内、在计划投资范围内顺利完成建设任务，并达到所要求的工程质量标准，满足投资商、项目经营者以及最终用户的需求。在项目运营期进行物业的财务管理、空间管理、用户管理和运营维护管理，以使该项目创造尽可能大的有形和无形的效益。

2）项目管理成熟度模型（Organizational Project Management Maturity Model），为企业推广项目管理工作提供了借鉴。针对项目经理是否具备了胜任项目管理工作的技能，提出了一些不同的方法来衡量“组织的项目管理成熟度”。美国项目管理协会 PMI 发布的标准“项目管理成熟度模型”，用以评估组织通过管理单个项目和项目组合来实施自己战略目标的能力，判断企业项目管理所处的层级，提供企业项目管理发展的路线图。

3）项目总控工作（Project Controlling）的开展与实践，为项目组织与信息交流，项目优化机制提供了新的思路。项目总控是以独立和公正的方式，对项目实施活动进行综合协调，围绕项目目标的投资、进度和质量进行综合系统规划，以使项目的实施形成一种可靠安全的目标控制机制。它通过对项目实施的所有环节的全过程进行调查、分析、建议和咨询，提出对项目的实施切实可行的建议实施方案，供项目管理层决策。它应大型和特大型建设工程业主高层管理人员决策需要而产生，是工程咨询和信息技术相结合的产物，其核心就是以工程信息流处理的结果指导和控制工程项目的物质流。

4）建设工程集成化（Constraction Engineering Integration），利用项目管理的系统方法、模型、工具对工程项目相关资源进行系统整合，并达到工程项目设定的具体目标和投资效益最大化。它涵盖项目的全生命周期的集成、全部项目管理职能的集成、项目组织和责任体系的集成和项目信息的集成四大部分。由项目目标、全生命周期、参与方综合集成模型、管理要素集成模型共同组成针对现代信息技术的超大型工程建设项目集成管理模型体系。

5）建筑信息模型（Building Information Modeling，BIM）以建筑工程项目的各项相关信息数据作为模型的基础，进行建筑模型的建立，通过数字信息仿真模拟建筑物所具有的真实信息。它具有可视化、协调性、模拟性、优化性和可出图性五大特点。

项目管理的理论发展，反映出不同的管理思维方式和观念，产生不同的观点和学派。如：最优化学派（或者称系统学派）、过程学派、组织学派、成功学派、决策学派、权变学派、治理学派、营销学派。这些学派从不同视角对于什么是项目管理的重点进行探讨，从而对于项目管理的重点持有不同的观点。从发展来看，建设项目管理更加重视系统性，重视项目目标具体到时间和预算的框架中，重视沟通信息交流，重视评价和审计，重视风险管理，重视价值管理，并在不断地发展和创新当中。

思　考　题

1. 什么是建设项目？
2. 建设项目的特征是什么？
3. 建设项目生命周期有几个阶段？
4. 建设项目管理的特点是什么？
5. 建设项目管理的工作内容有哪些？
6. 建设项目管理的主要任务是什么？
7. 建设项目管理与施工项目管理有哪些区别？
8. 建设项目管理有哪些标志性的成果？
9. 试述项目分解结构的原则与方法。
10. 建设项目管理的理论是如何发展的？

第2章 建设项目前期策划和可行性研究

2.1 建设项目前期策划

2.1.1 建设项目前期策划及其作用

建设项目策划是指在建设领域内项目策划人员根据建设业主总的目标要求，从不同的角度出发，通过对建设项目进行系统分析，对建设活动的整体战略进行运筹规划，对建设活动的全过程作预先的考虑和设想，以便在建设活动的时间、空间、结构三维关系中选择最佳的结合点，重组资源和展开项目运作，为保证项目在完成之后获得满意可靠的经济效益、环境效益和社会效益而提供科学的依据。

建设项目策划是把建设意图转变成定义明确、系统清晰、目标具体且具有策略性运作思路的高智力系统活动。

根据建设项目所处阶段的不同，建设项目策划可分为项目决策策划、项目实施策划及项目运营策划。项目决策策划一般在项目的前期进行，主要针对项目的决策阶段，通过对项目的环境调查、项目基本目标的确定以及各种经济技术指标的分析，为项目的决策提供依据；项目实施策划通常在项目实施阶段之前进行，主要针对项目的实施阶段，通过对实施阶段的环境分析、项目目标分解、建设成本和建设周期的计划安排，为项目的实施服务，目的是顺利完成项目目标；项目运营策划一般是指项目实施阶段完成之后，正式使用之前进行，主要包括项目运营方式、运营管理组织、经营机制和项目运营准备等方面的策划，用于指导项目使用准备和项目正式运营，并在项目运营阶段进行调整和完善。不同类型建设项目的运营策划存在较大差别。

建设项目的前期策划是介于项目设想和项目实施之间的一个环节，其承上启下的性质决定了其研究领域的双向渗透性。它研究社会、文化、环境、经济等宏观因素与项目的关系，分析项目在社会环境中的地位、层次，项目的社会环境的品质，分析项目的经济效益对社会的发展与国力增强的效力，通过经济分析和评价，确定和修正项目的规模、基调、性质。同时它后瞻到项目设计、招标投标、施工、运行等实施环节，研究实施阶段人、财、物、空间等生产要素的相关性，并依据真实调查来分析结果，确定项目实施的内容以及可行的条件。

政府投资的建设项目，前期策划工作十分重要。政府投资项目一般由党政领导或有关部门根据上级指示精神、经济社会发展的形势与要求提出。建设项目设想的提出，往往都有其特定的政治、经济或社会生活背景，起初只是设想，只有项目的大致轮廓。应该深入项目拟建地点进行调查研究，探讨项目的必要性与可行性，分析项目是否符合国民经济和社会发展规划，是否属于与经济和社会发展密切相关的项目和国计民生工程，是否有足额的建设资金保障；是否具备最基本的建设条件，如选址必须恰当，必须符合城乡规划、土地利用规划和节能、环保要求，必须就近能解决水、电、路、气、通信等问题。如拟兴建大中型公共建筑，是否有必要，是否符合国家有关政策，建设规模多大恰当，建设用地是否能落实，建设资金是否有保障，等等，必须逐一进行研究，必要时，通过调查研究和召开专家论证会、领导碰头会等会议反复讨论，为项目的科学决策提供依据。

对于大多数业主来说，建筑物的建成并不是最终的目标，而仅是实现业主目标的途径。虽然项目策划相对于项目设计粗略得多，但其策划的好坏，直接影响项目的未来实施效果。因此，必须充分发挥策划者和业主的创造力，通过科学的程序保证策划出高质量、高水平的项目方案。项目策划的作用主要体现在以下几个方面：

（1）构思项目系统框架　项目策划的首要任务是根据项目建设意图进行项目的定义和定位，全面构思一个拟建的项目系统。通过项目系统的功能分析，确定项目系统的组成结构，提出项目系统的构建框架，使项目的基本构思变为具有明确内容和要求的行动方案。

（2）为项目决策提供保证　一个与社会经济环境、市场和先进的技术水平相适应的建设方案的产生并不是由投资者主观愿望和某些意图的简单构思就能完成的，它必须通过专家的分析、构思和具体的策划，并进行实施的可能性和可操作性分析，才能使建设方案建立在可运作的基础上，也只有在这个基础上，进行项目可行性研究所提供的经济评价结论才具有可实现性，才能为项目的投资决策提供客观的科学的保证。

（3）指导项目管理工作　项目策划不仅把握和揭示项目系统总体发展的条件和规律，而且深入到项目系统构成的各个层面，针对项目各个阶段的发展变化，对项目管理的运作方案提出系统的、具有可操作性的构想，成为指导项目实施和管理的基本依据。

2.1.2　前期策划的基本原则

1. 客观性原则

前期策划要遵循客观性。要对策划主体的现实状况进行仔细、深入的全面调查，获取尽可能准确的系统的客观资料，把客观、真实的问题及其正确的分析作为策划的依据。这样，对于项目的定位、品质、功能等有准确的把握，才能使整个前期策划的成功具有客观现实性，才能保证项目的功能能良好地运转和运营。

2. 整体规划原则

建设项目的前期策划必须立足于全局，着眼于未来，注重研究整体的指导方针和策略，遵循局部服从整体，整体带动局部的规律。为了维护全局的利益，需要牺牲或舍弃局部利益。瞻顾现状，也必须注重长远的规划，拉动项目的后期动力，顾全眼前与长远之间的内在联系，实现项目策划的整体规划的框架。任何策划都是一个系统，而系统是有层次的，有母系统、子系统。不同层次对应不同的策划，下一层次的策划要与上一层次的战略思想相符，并行不悖，反映出层次之间的整体性。现代项目越来越大，影响因素的复杂性和不确定性，使项目策划的整体性原则显得更为重要。

3. 可行性和有效性原则

任何策划方案都必须具有可行性和有效性。项目策划的可行性分析实际上是贯穿于策划的全过程。要求每一项策划应充分考虑所形成的策划方案的可行性，重点分析考虑策划方案可能产生的利益、效果、危害情况的风险程度，综合考虑、全面衡量利害得失；同时，是否符合以最低的代价获取最优效果的标准，力争以最小的投入实现策划的目标。策划方案是否在科学理论指导下，切实进行调查、研究、制定，在预测的基础上严格按照策划的程序进行科学想象和创新思维而形成的，其在各个方面的联系是否和谐统一，能否高效率实施。因此，策划有效实施的合理性决定了方案的结构和运作机制。

4. 机动性原则

策划是处于高度机动状态的活动。建设项目的前期策划的灵活机动，体现国家的政策、方针的导向性，经济因素的多变性，社会环境的复杂性。因此，增强策划的动态意识，及时准确地掌握策划对象的影响因素的变化，积极开展调研活动和预测工作，针对信息的可靠程度及因素变化的范围和幅度，调整相应的策划目标并修正策划方案，重新评价修正后的经济效果，判断效益是否增减，从而使方案的策划更加灵敏、准确、完善。

5. 出奇制胜原则

建设项目前期策划在把握全局的同时，要有标新立异的观点，意在达成突然性，核心在“奇”。这样，对项目的功能运用能够达到出其不意的效果和潜在的经济效益。

6. 群体意识原则

充分发挥群体力量，针对目标和问题，运用集体智慧进行系统的策划工作。这样，在实践中更具有科学性、合理性、可行性和操作性，策划方案的实施效果更加突出，更加有效率。

总之，策划行动是一个动态创造过程，环环相扣，步步为营，一个相互联系的体系，构成一个有机的整体，表现出严密的内在逻辑性，使策划更加灵活、睿智、严密，体现出整体的理念和运筹帷幄的前瞻性。

2.1.3　项目前期策划方法

由于项目的类型不同，其载体的信息量和复杂程度也不同，因而策划涉及的领域及运用的方法和评价的准则也不尽相同。因此，恰当地把信息量相互联通、作用、协调起来，正是项目前期策划的基本内涵。

1. 项目整理的科学事实方法

对经验的材料要进行整理，力求把分散的材料系统化，从对项目的个别性、特殊性的认识过渡到认识项目的共性和一般特征。通过分类、比较、归纳、统计和分析等手段，深入分析项目的各个层次，来认识项目的内在本质、整体属性和规律。这样，策划能从项目的表面化认识上升到以科学理论为基础的项目全貌上来。

2. 项目观察、抽象方法

在一定的理论思维指导下，运用感官或借助科学技术，有目的、有计划地研究对象，同时，对项目经验材料的比较和分析，通过分离、提纯和概括，抽取和把握项目的本质因素，以达到揭示项目层次因果关系的思维方法和策划过程。

3. 项目系统整合方法

这是考虑和处理项目中复杂的整体机制的一种思维原则和方法。项目整合，就是一种结合、配合或匹配化。它是探索项目层次复杂性的最重要的方法，使项目从以实物为中心转移到科学认识框架。

2.1.4　项目前期策划工作程序

项目前期策划是一个相当复杂的过程，不同项目其前期策划内容和步骤不完全一样，但一般工作程序包括：

（1）项目构思　项目构思就是提出实施项目的各种各样的设想，是对未来投资项目的目标、功能、范围以及项目设计的各主要因素和大体轮廓的设想和初步界定。项目构思的好坏，不仅直接影响着项目实施的进展，从某种意义上来说，项目构思直接决定着项目的目标能否最终圆满地实现。进行项目构思一般要考虑以下因素：

1）项目投资的意义、方向及背景。

2）项目的功能、价值及目标。

3）项目的投资环境、市场前景及资源条件。

4）项目运营后的经济效益以及社会、环境的整体效益。

5）项目投资的风险及化解方法。

6）项目资金的筹措。

（2）项目的目标设计　在项目构思的基础上，进行项目基本目标策划，对项目构成、项目过程、项目环境进行深入分析，结合项目主体自身状况，提出目标，建立目标系统。

（3）项目定义和定位　项目定义是描述项目性质、用途、建设范围和基本内容。在对项目构成和项目界定的分析中，进行项目的书面说明和项目定义。项目定位是描述和分析项目的建设规模、建设水准、项目在社会经济发展中的地位、作用和影响力。

（4）项目系统构成　通过对项目的总体功能、项目内部各单项单位工程的构成及各自的功能和相互关系、项目内部与外部的协调和配套关系、实施方案及其可能性分析，对项目在时间、空间、结构、资源等多维关系中进行统筹安排，找出项目实施的最佳结合点。

（5）策划报告　策划报告是整个策划工作的总结和表述，要有丰富、翔实的内容，能够完全表达项目策划人的意图。

在实际工作中，由于项目实际情况不同，在项目前期策划工作步骤上，也会有很大的不同。以上只是原则性的工作程序，实际运用时，各项工作需要互相考虑、互相协调，有时很多工作是同时或交替进行的。

项目策划工作不是固定不变的，在项目建设过程中，随着项目工作的逐渐进行和深化，项目策划的内容也根据项目的需要和实际不断丰富和深化，并不断修正精确。

2.1.5　建设项目前期工作内容

1. 调研项目背景

1）项目所在城市概况。

2）项目所在城市经济发展状况。

3）项目所在城市建筑产业状况。包括：建筑产业发展状况，主要政策措施等。

4）项目在城市发展中的地位。

2. 项目所在地概况

1）地理环境。

2）建筑现状。包括：现有居民房屋情况；现有企业及搬迁计划；现有公共设施等。

3）基础设施现状条件。包括：道路、供电、供水、排水、供气、通信、网络连通等。

3. 项目规划的主要控制性指标

1）编制单位和编制时段。

2）规划范围和布局。

3）主要控制性指标。包括：土地使用控制指标，基础设施要求指标等。

4. 开发建设工程量分析

1）工程量分析计算的依据。

2）场地及道路工程量。

3）建筑工程量。

4）绿化及环境设施工程量。

5. 运作机制与机构

1）进度控制。

2）质量控制。

3）成本控制。

4）聘请项目监理机构。

6. 工程筹划

1）关于起步区的选择。

2）关于是否有拆迁安置房的建设周期。

3）关于建筑开发。

4）关于产业及设施建设。

7. 用地分析

1）地价。

2）土地补偿。

8. 投资估算及资金筹措

1）估算编制范围。

2）估算编制依据。

3）投资估算。

4）投资计划。

5）资金筹措。

9. 经济评价

1）运营成本预测。

2）损益预测。

3）财务评价。包括：现金流量分析、资金平衡分析、敏感性分析等。

10. 评价结论及建议

1）评价结论。

2）经济效益的影响因素。

3）建议。主要对此项目提出优惠政策、双方责任、合同条款等要求。

11. 筹措资金建设市政设施的若干思考

1）市政基础设施是现代城市赖以生存和发展的重要物质载体，即需要基础设施资金筹措方面的思考及解决方法。

2）融资的形式及途径。

3）市政基础设施建设的方式及管理模式。

2.2　建设项目构思及目标设计

2.2.1　建设项目构思

1. 建设项目构思的概念

建设项目构思是指在项目前期策划中，对整个工程项目有一个系统的认识和延展，使构思的产生蕴含着对社会需要和功能问题的雏形显现，以及为实现目标而形成的轮廓设想。项目构思是整个策划系统的关键和灵魂，也是最富有创造性的一环。它关系到后来项目开发研究结果的性质、价值及成败。

2. 建设项目构思的内容

建设项目构思主要是使人的思路不拘泥于一条线索，而是尽最大可能地从多角度、多方向看待问题和解决问题，借鉴和调用不同领域的知识，发挥主观能动性和思维超前性，深入分析社会潜在需求和潜在问题，使项目的实施和运行达到预期的效益。项目构思一般包括以下内容：

1）项目性质、用途、建设规模、建设水准的想法。

2）项目在社会经济发展中的地位、作用和影响力的构想。

3）项目系统的总体功能，系统内部各单项、单位工程的构想及各自作用和相互联系，内部系统与外部系统的协调、协作和配套的策划。

4）其他与项目构思有关的思路和策划。

总之，建设项目的构思是以国家及地方法律法规和有关政策方针为依据，围绕项目的功能和用途而展开的，主要目的是使建设项目兼顾方方面面，并结合国际国内经济、社会发展方向和实际的建设条件进行。

3. 建设项目的构思过程

项目构思是在构思目标的指导下，从项目环境信息和经验中进行概念挖掘、主题开发、时空运筹，形成项目构想。项目构思过程如图 2-1 所示。

1）项目构思概念是对整体项目轮廓的描述，是创意的再现，是抽象思维的创造过程，更是构思的灵魂。因此，整个构思系统都围绕构思概念进行展开，并层层深入和层层延展，是时空运筹的前提，有助于项目策划的方案形成。

2）主题开发是围绕问题来充分地发挥主体的创造力，使项目的策划能接受潜在意识和外界各种信息的刺激和启发，通过科学技术手段，把这种观念或思路变成创造性的解决问题的中心。

3）时空运筹是对项目的实施在空间和时间上展开，把构思主题的中心与最重要、最有决定意义的部分任务目标在空间上保持一致。考虑项目的社会效应、市场竞争、消费习惯、目标定位等因素，选择好空间的媒介，帮助项目更好地实现。

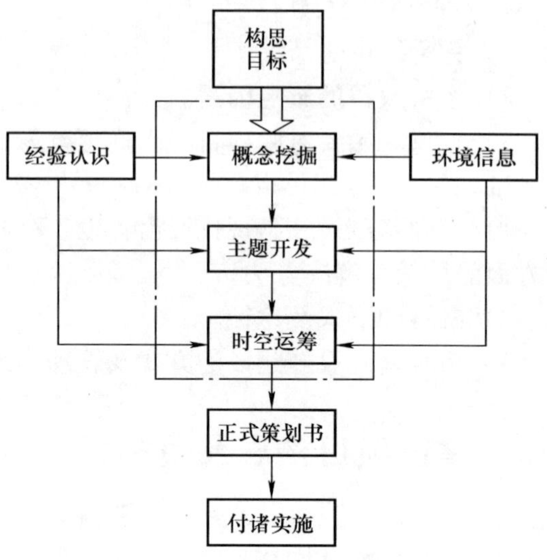

图 2-1　项目构思过程图

2.2.2　建设项目目标设计

2.2.2.1　项目目标设计

项目目标是实施项目所要达到的希望结果。项目目标一般由董事会或项目发起人来确定，由总经理或委托咨询公司来进行目标设计。项目目标的设计有一个由一般到具体逐渐细化的过程。而且目标结果形成目标文件，通过其对项目目标的详细描述，预先设定了项目成功的标准。

2.2.2.2　项目目标设计的内容

1. 项目目标构成

明确项目的各个层次预期成果，进行定量描述，保证项目目标容易被沟通和理解，并使每个项目成员结合项目目标确定个人的具体目标。项目目标构成关系如图 2-2 所示。

2. 项目目标涉及项目的各个主要方面的相关目标

相关目标主要指技术、财务、组织、时间、质量、经济以及安全、人员、后勤、采购、信息系统和工艺目标。这些目标构成了项目的“三坐标”管理目标：成果（符合质量要求的成果和服务）、时间（工期和日期）、费用（工日和成本）。

项目的目标是互相联系、互相制约的，这三者目标之间既有矛盾的一面，也有统一的一面，它们之间是对立统一的关系。

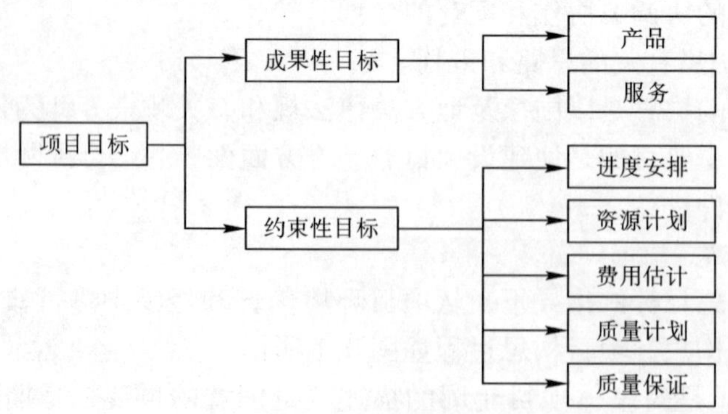

图 2-2　项目目标构成关系图

2.3　建设项目可行性研究

2.3.1　可行性研究概念

可行性研究是建设项目投资决策前进行技术经济论证的一门科学。它是研究、评价一个建设项目从技术和经济两方面看是否可行，从而为决策者提供是否选择该项目进行投资的依据。它的任务是综合论证一项建设项目在市场发展的前景，技术上的先进性和可行性，财务上的实施可能性，经济上的合理性和有效性。

2.3.2　可行性研究的作用

1）确定建设项目的依据。政府投资或业主对于是否应该投建某项工程，或者是否采取某种新的生产工艺，主要依据是可行性研究结论。投资者通过可行性研究，预测和判断项目在技术上是否可行，获益大小，最后做出是否投资的决策。

2）向银行申请贷款的依据。可行性研究是向银行申请贷款的先决条件。凡建设某项目，必须向贷款银行提送建设项目的可行性研究报告。贷款银行对可行性研究报告进行审查，确认有足够的偿还能力，风险小，才同意贷款。

3）编制设计文件的依据。可行性研究中的技术经济数据，都要在设计任务书中明确规定，是编制设计文件的主要依据。根据可行性研究报告，确定工艺流程，设备选型等。

4）向环保部门申请执照的文件。环境保护是可行性研究报告的重要内容，必须经过环境部门的审核。换句话说，可行性研究报告是环境部门签发执照的依据。

5）与有关协作单位签订合同和协议的依据。建设过程中的承发包、水电供应、设备定货等合同和协议，以及投产以后的原材料供应、产品销售和运输等合同和协议，必须以可行性研究报告和设计文件为依据，与有关协作单位签订合同和协议，并由此承担经济责任。

6）作为工程建设的基础资料。可行性研究报告中有工程地质、水文气象、勘探、地形、矿物资源、水质等所有的分析论证资料，是工程建设的重要基础资料，也是检验工程质量和整个工程寿命期内追查事故责任的依据。

7）作为设备研制和科研资料。

8）作为施工组织设计、生产运行设计、培训职工的依据。

2.3.3　可行性研究的方法和阶段

2.3.3.1　机会研究

将一个项目由意向变成概略的投资建议，叫做机会研究。机会研究的目的在于激发投资者的兴趣，也就是寻找最有利的投资机会。机会研究可以分为：

（1）地区机会研究　即选定一个地区为研究范围。例如，对于边远行政区、落后地区、特殊条件（经济特区、港湾、要道、边塞）地区等进行投资，研究是否有获利的机会。

（2）部门机会研究　即选定一个部门为研究范围。例如，选某一工业门类或市场短缺产品，研究进行投资是否有利。

（3）资源机会研究　即以资源为基础，以合理利用和开发为目标，研究建立某种工业的机遇。例如，联合开发某地某种资源，建设坑口电站等。

（4）特定机会研究　即以某项目为研究对象进行投资机会的分析。这种研究具有机会研究的典型含义。因为对某一个项目而言的，如果可行，就会使意向变为投资建议，就可以促进项目阶段的研究工作。

机会研究大多指新地区新项目，主要是研究项目的发展前途和发展机会。它在深度上只是概略性的，对投资和生产成本，一般只作相当粗略笼统的估算，方法是依据现有同类企业的有关数据进行预估，不进行详细计算和分析，误差允许在±30%范围内。

2.3.3.2　初步可行性研究

1. 初步可行性研究的概念

初步可行性研究是介于机会研究和详细可行性研究之间的一个中间阶段，是在项目方案确定之后，对于项目的初步估计。初步可行性研究对项目所需投资和生产费用的计算，误差允许在±20%范围内。

2. 初步可行性研究的主要内容

初步可行性研究的结构及研究的主要内容基本与详细可行性研究相同。所不同的是占有的资料细节有较大差异。

3. 初步可行性研究的结果及作用

经过初步可行性研究，可以形成初步可行性研究报告，该报告虽然比详细可行性研究报告粗略，但是对项目已经有了全面的描述、分析和论证，所以初步可行性研究可以作为正式的文献供决策参考；也可以依据项目的初步可行性研究报告形成项目建议书，通过审查项目建议书决定项目的取舍，即通常所称的“立项”决策。

2.3.3.3　详细可行性研究

1. 详细可行性研究的概念

机会研究、初步可行性研究、详细可行性研究、评估与决策，是项目概念阶段（投资前期）中的四项主要内容。在实际工作中，依项目的规模和繁简程度，可把前两项内容省略或合二为一，但详细可行性研究是不可缺少的。改、扩建项目只做初步和详细可行性研究，小项目一般只进行详细可行性研究。

详细可行性研究是在项目决策前对项目有关的工程、技术、经济等各方面条件和情况进行详尽、系统、全面的调查与研究分析，对各种可能的建设方案和技术方案进行详细的比较论证，并对项目建成后的经济效益、国民经济和社会效益进行预测和评价的一种科学分析过程和方法，是项目进行评估和决策的依据。详细可行性研究对项目所需的投资和生产费用的计算，误差允许在±10%范围内。

2. 详细可行性研究的依据

对一个拟建项目进行详细可行性研究，必须在国家有关的规划、政策、法规的指导下完成。同时，还要有相应的各种技术资料。详细可行性研究工作的主要依据有：

1）国家有关的发展规划、计划文件，包括对该行业的鼓励、特许、限制、禁止等有关规定。

2）项目主管部门对项目建设要求请示的批复。

3）项目建议书及其审批文件。

4）项目承办单位委托进行详细可行性研究的合同或协议。

5）企业的初步选择报告。

6）拟建地区的环境现状资料。

7）试验试制报告。在进行可行性研究前，对某些需要经过试验的问题，应由项目承办单位委托有关单位进行试验或测试，并将其结果作为可行性研究的依据。

8）项目承办单位与有关方面取得的协议。如投资、原料供应、建设用地、运输等方面的初步协议。

9）国家和地区关于工业建设的法令、法规。如“三废”排放标准、土地法规、劳动保护条例等。

10）国家有关经济法规、规定。如中外合资企业法、税收、外资、贷款等规定。

11）国家关于建设方面的标准、规范、定额资料。

12）市场调查报告。

13）主要工艺和装置的技术资料及自然、社会、经济方面的有关资料等。

3. 详细可行性研究的内容

建设工程项目可行性研究的内容，因项目的性质不同、行业的特点不同而有所区别。从总体看，详细可行性研究的内容与初步可行性研究的内容基本相同，但研究的重点有所不同，研究的深度有所提高，研究的范围有所扩大。以工业项目为例，按照国家现行有关规定，工业项目的可行性研究，一般要求具备以下主要内容：

1）总论。包括：项目提出的背景，投资的必要性和经济意义；研究工作的依据和范围。

2）需求预测和拟建规模。包括：国内外需求情况的预测；国内现有工厂生产能力的估计；销售预测、价格分析、产品竞争能力，进入国际市场的前景；拟建项目的规模、产品方案和发展方向的技术经济比较与分析。

3）资源、原材料、燃料及公用设施情况。

4）建厂条件和厂址方案。包括：建厂的地理位置、气象、水文、地质、地形条件和社会经济现状；交通、运输及水、电、气的现状和发展趋势；厂址比较与选择意见。

5）设计方案。

6）环境保护。包括：调查环境现状，预测项目对环境的影响；提出环境保护和“三废”治理的初步方案。

7）企业组织、劳动定员和人员培训。

8）项目实施计划和进度。

9）投资估算和资金筹措。包括：主体工程和协作配套工程所需的投资；生产流动资金的估算；资金来源、筹措方式及贷款的偿付方式。

10）社会及经济效果评价。

11）评价结论。包括：建设方案的综合分析评价与方案选择；运用各项数据，从技术、经济、社会以及项目财务等方面论述建设项目的可行性，推荐一个以上的可行方案，提供决策参考；指出项目存在的问题、改进建议及结论性意见。

12）附件。

2.3.3.4　项目评价报告

项目评价报告是可行性研究的结论和决定性建议，是进行项目评定和投资决策的根据。

项目评价并不单独构成可行性研究的一个阶段。在可行性研究的不同阶段，都有评价问题，评价贯穿于可行性研究的始终，只是可行性研究的不同阶段评价的深度和广度不同，要求不同。详细可行性研究阶段必须要进行项目评价，而机会研究和初步可行性研究阶段，对国民经济和社会的评价则可做可不做。项目评价报告内容，一般应包括可行性研究的关键问题和结论。

2.4　建设项目评价

2.4.1　建设项目财务评价

建设项目经济评价，主要是指在项目决策阶段的可行性研究和评估中，采用现代经济分析方法，对拟建项目建设和经营期内投入产出的诸多经济因素进行调查、预测、研究、计算和论证，比较、选择和推荐最佳方案的过程。建设项目经济评价是项目可行性研究阶段的核心内容，其评价结论是项目决策的重要依据。建设项目的经济评价包括建设项目的财务评价和国民经济评价。

建设项目财务评价是从企业（建设项目）角度，依据国家现行会计制度和税收法规，采用市场价格，分析预测项目的财务效益与费用，计算财务指标，分析拟建项目的盈利能力和偿债能力，据以判断项目的财务可行性。

2.4.1.1　建设项目财务评价基本指标

1. 项目盈利能力评价指标

在建设项目财务评价反映盈利能力的指标中，投资回收期、净现值、内部收益率是基本的盈利能力评价指标。

（1）投资回收期　投资回收期又称为投资偿还期，是指用投资带来的净收益偿还全部初始投资所需要的时间。投资回收期是一个特殊的、无可替代的评价绝对盈利能力的指标。它不仅反映了项目的盈利性，而且由于项目所面临的不确定性一般随着时间的延长而增加，因而投资回收期的长短，还能在一定程度上反映项目的风险性。按是否考虑资金的时间价值，投资回收期又分为静态投资回收期和动态投资回收期。

（2）净现值（*NPV*）　净现值是反映项目在建设和生产经营期内获利能力的动态指标，是指在项目整个建设和生产期内，各年的净现金流量按设定的折现率折现到基准年的现金之和。它是以货币计量的动态、价值型评价指标。企业既可以以 $NPV \geqslant 0$ 判断项目是否可行；同时又能以净现值最大准则对项目进行排序或优选，因为净现值符合一般情况下企业追求的目标——同等风险条件下净盈利的最大化。因此，净现值是众多盈利能力指标中最具权威性的指标。

在财务评价过程中，各投资方只要做出自己投资的现金流量表，以自己的机会成本或最低期望收益率为折现率，就可以求出自己投资的净现值，了解项目可否达到自己预期的盈利水平。

（3）内部收益率（*IRR*）　内部收益率是公认的最重要的动态、效率型盈利能力的指标。内部收益率的评判依据是部门或行业的基准收益率 i_c（或设定的折现率）。

当 $IRR \geqslant i_c$ 时，认为项目的盈利能力达到或超过了 i_c 这一最低盈利要求，项目可以接受；当 $IRR < i_c$ 时，认为项目的财务效益不佳，可以考虑拒绝项目。

投资方通过 IRR 的计算，可以判断项目是否达到和超过了自己的机会成本或最低期望收益率。

2. 项目偿债能力评价指标

项目的偿债能力分析是项目财务评价重要内容之一，主要是考查项目寿命期内各年负债情况和偿付各类负债的偿债能力。偿债能力指标不仅是投资者关心的指标，而且由于它反映了贷款发放的安全程度，因而更是债权人最为关心的指标。项目偿债能力评价指标主要有：借款偿还期、偿债备付率、资产负债率、流动比率。

（1）借款偿还期　借款偿还期是指用项目投产以后可用于偿还借款本金的资金（未分配利润、折旧摊销及其他收益）偿还贷款所需要的时间。一般以年为单位。

（2）偿债备付率　偿债备付率是指项目在借款偿还期内，可用于还本付息的资金与当期应还本付息金额的比值。该指标表示可用于还本付息的资金偿还借款本息的保证率，正常情况应当大于 1，且越高越好。偿债备付率低，说明还本付息的资金不足，偿债风险大。

（3）资产负债率　资产负债率是指项目负债总额与资产总额的比率。它是反映项目各年所面临的财务风险程度，以及项目长期偿债能力的指标，也是反映债权人发放贷款的安全程度的指标。

（4）流动比率　流动比率是指项目全部流动资金与全部流动负债的比率。它是反映项目偿付流动负债（或短期负债）能力的指标。对债仅人来说，流动比率越高，债权越有保障。对于项目决策前的财务评价来说可不予考虑。

3. 生存能力评价指标

即使在项目净现值大于或等于零的情况下，一些新建项目在某些年份（特别是尚未达产时）的资金运转仍然可能出现入不敷出的情况，因而严重影响项目的生存和持续发展。资金来源满足率指标是用来衡量项目各年的资金来源满足项目正常经营活动费用需求的能力，表示项目的生存能力。

2.4.1.2　非盈利性项目的财务评价

非盈利性项目是指不以盈利为目的，主要为社会公众提供服务或产品的投资项目，包括公益事业项目、行政事业项目和某些公用基础设施项目。这些项目经济上的显著特点是为社会提供的服务和使用功能不收取费用或只收少量费用。对这类项目进行财务分析的目的是为了考查项目的财务状况，以便采取措施使其能维持运营，发挥功能；同时也是为了进行方案比选，在满足项目目标的前提卜，选择花费最少的建设方案。非盈利性项目财务评价内容与指标如下：

（1）单位功能（或者单位使用效益）投资　这项指标是指建设一个单位使用功能所需的投资，如医院项目每张病床的投资；学校项目每个就学学生的投资；办公用房每个工作人员占用面积的投资等。

（2）单位功能运营成本　这项指标是指项目的年运营费用与年服务总量之比，如污水处理厂项目处理每吨污水的运营费用。

（3）服务收费价格　这项指标是指向服务对象提供每单位服务收取的服务费用，用以考查收费的合理性。一般是将预测的服务收费价格与消费者承受能力和支付意愿，以及政府发布的指导价格进行对比。

（4）借款偿还期　一些负债建设且有经营收入的非盈利性项目，应计算借款偿还期，考核项目的偿债能力。

2.4.2　建设项目国民经济评价

建设项目国民经济评价是从国家整体角度，采用费用效益分析方法，按照资源合理配置的原则，运用影子价格、影子汇率、影子工资、社会折现率等经济参数，计算和分析建设项目为国民经济带来的净效益，以评价项目经济上的合理性。

2.4.2.1　建设项目国民经济评价的必要性

在非完全的市场经济中，政府在资源配置中发挥一定的作用，项目的国民经济评价对项目的经济效益进行分析评价，为政府在资源配置中的决策提供参考。

项目的财务盈利性评价是站在业主投资者的立场考查项目的经济效益。企业与国家处于不同的立场，企业的利益并不总是与国家和社会的利益完全一致。项目的财务盈利性并不一定能够全面地反映项目对于国民经济的贡献和代价，至少表现在以下三个方面：项目对社会的影响可能没有被正确地反映；国家对于项目实施的征税及财务补贴；市场价格的扭曲以及项目的外部费用和效益。

重大战略投资项目一般不是由项目业主决策，而往往是由中央政府决策。因此，不仅要从项目的层面考虑项目本身的财务生存能力，更重要的是还要从区域或国家的层面考虑项目对区域经济或宏观经济的影响，尤其是对财政收入和支出的影响。

在现行经济体制下，有些行业不能由市场力量自行调节，需要由政府行政干预，这类行业的建设项目需要进行国民经济评价。需要进行国民经济评价的项目主要包括：

1）国家及地方政府参与投资的项目。

2）国家给予财政补贴或减免税费的项目。

3）主要的基础设施项目，包括铁路、公路、航道整治疏浚等交通基础设施建设项目。

4）较大的水利水电项目。

5）国家控制的战略性资源开发项目。

6）动用社会资源和自然资源较多的大型外商投资项目。

7）主要产出物和投入物的市场价格严重扭曲，不能反映其真实价值的项目。

2.4.2.2　国民经济评价的基本原理

项目的国民经济评价使用基本的经济评价理论，采用费用-效益分析方法，即通过费用与效益的比较，寻求以最小的投入（费用）获取最大的产出（效益）。采取影子价格理论方法估算各项费用和效益。

1. 费用与效益

识别和划分费用与效益的基本原则是：凡项目对国民经济所作的贡献均计为项目的效益；凡国民经济为项目所付出的代价均计为项目的费用。

项目的直接费用是指项目使用投入物所产生并在项目范围内计算的经济费用，一般表现为投入项目的各种物料、人工、资金、技术以及自然资源而带来的社会资源的消耗，是用影子价格计算的项目投入的经济价值，如固定资产投资、流动资金和运行费用等。间接费用是指由项目引起而在项目的直接费用中又没有得到反映的费用。如对自然资源造成的危害。

项目直接效益是指由项目产出物产生并在项目计算范围内的经济效益，一般表现为项目为社会提供的物质产品、科技文化成果和各种各样的服务所产生的效益，是用影子价格计算的项目产出物的经济价值。间接效益是指由项目引起而在直接效益中没有得到反映的效益，如技术扩散的效益，城市地下铁道的建设使其沿线附近的房地产升值的效益。

直接与项目有关的税金与补贴，由于不发生实际资源的增加与耗用，属于国民经济内部的转移支付，因此，不计为项目的费用或效益。

2. 影子价格

影子价格是进行国民经济评价专用的价格，是依据国民经济评价的定价原则测定，反映项目的投入物和产出物真实经济价值、市场供求关系、资源稀缺程度以及资源合理配置的要求。进行项目的国民经济评价时，项目的主要投入物和产出物，原则上都应采用影子价格。

2.4.2.3　国民经济评价的基本指标

1. 经济内部收益率（*EIRR*）

EIRR 是项目在计算期内经济净现值累计等于零时的折现率，反映项目对国民经济的贡献。*EIRR*≥社会折现率，说明项目在经济上可行。

2. 经济净现值（*ENPV*）

ENPV 是用社会折现率将项目计算期内各年的净效益，折现到开工第一年年初的现值之和。一般地，*ENPV*≥0，说明项目可以接受。

2.4.3　建设项目社会评价

建设项目的社会评价是应用社会学的一些基本理论和方法，系统地调查和收集与建设项目相关的社会因素，预测拟建项目的运营生产所产生的社会影响和社会效益以及可能出现的社会问题，分析项目所在地区的社会环境对项目的适应性和可接受程度，评价项目的社会可行性的一种项目评价方法。

2.4.3.1　建设项目社会评价的目的及适用范围

在建设项目的决策阶段开展项目社会评价，有利于国民经济的发展目标与社会发展目标协调一致，促进国家社会发展目标的顺利实现，实现经济和社会的协调发展；有助于保证项目与其所处社会环境的相互协调，有利于资源的合理利用和社会环境保护，防止可能产生不利的社会影响和后果，促进社会的稳定；防止单纯追求项目的财务效益，有利于减少项目投资的短期行为和盲目投资；促使项目与所在地区利益协调一致，实现项目收益在项目所在地不同利益群体之间的公平分配，减少社会矛盾和纠纷；有利于避免或减少项目建设和项目运营的社会风险，提高投资效益。

需要进行社会评价的建设项目主要包括：

1）需要大量移民、房屋征收或者占用农田较多的项目，如交通与水利项目、采矿和油田项目、房地产项目等。

2）具有明确社会发展目标的项目，如扶贫项目，农村区域开发项目，文化教育、卫生等公益性项目，对人民生活影响较大的基础性项目。

3）容易引起社会动荡的项目和国家地区的大中型骨干项目。

2.4.3.2　建设项目社会评价的任务及主要内容

社会评价的任务主要是：①识别关键利益相关者，包括项目影响群体和项目目标群体中的关键利益相关者，制订适当的框架机制使他们能够有效地参与到项目的方案选择、制定、实施、监测和评估等活动中去，尤其要为贫困和弱势群体的参与制定恰当的机制。②确保目标受益人群能够理解并接受项目所设定的目标及项目实施所带来的社会变化，使项目的内容和方案设计能够考虑到弱势群体、不同民族及其他社会差异问题。③评估建设项目的社会影响，并在确认有负面影响的情况下，提出减轻由项目活动产生的负面影响的行动方案，并使行动方案的实施措施和手段符合当地的社会习俗。④加强目标群体在社区参与、冲突解决和服务提供等方面的能力。

社会评价的主要内容包括：

1. 社会影响分析

通过对项目所在地的居民收入及社会水平、就业、文化、教育、卫生、基础设施以至民族风俗与宗教等方面影响的分析，预测项目可能产生的经济效益和负面影响。社会影响分析的目的是消除或尽量减少项目对当地社会的负面影响。

2. 项目与所在地的相互适应性分析

分析预测项目是否能够为当地的社会环境、人文条件所接受，以及当地人民群众、政府支持项目存在和发展的程度，考察项目与当地社会环境的相互适应性。相互适应性分析的目的是尽可能地改进和优化项目实施方案。

3. 社会风险分析

对可能影响项目的各种社会因素进行识别和排序，选择影响面广、持续时间长、容易引发较大社会矛盾的影响因素进行风险分析，并进一步分析导致风险存在的社会环境和条件。社会风险分析的目的在于尽量规避项目的社会风险。

就单个建设项目而言，并不一定涉及上述所列举的项目社会评价的一般内容的全部，具体的项目必须依照实际情况确定其社会评价的内容。

2.4.3.3 建设项目社会评价的方法

建设项目涉及的社会因素多而复杂，多数是无形的，甚至是潜在的，很难采用统一的方法进行评价，以下是几种常用的分析评价方法。

1. 利益相关者分析法

项目利益相关者是指与项目有直接或间接利害关系，并对项目的成功与否有直接或间接影响的所有各方。利益相关者一般划分为：项目受益人、项目受害人、其他利益相关者，如项目的建设单位、设计单位、咨询单位，与项目有关的政府部门与非政府组织。

利益相关者分析的主要内容有：根据项目单位的要求与项目的主要目标，确定项目的主要利益相关者；明确各利益相关者的利益所在以及与项目的关系；分析各利益相关者之间的相互关系；分析利益相关者参与项目实施的各种可能方式。

2. 参与式方法

参与式方法是吸收公众参与建设项目评价和实施的一种有效方法。采用参与式方法有利于提高项目方案的透明度和决策民主化；有助于取得项目所在地各有关利益相关者的理解、支持与合作；有利于提高项目的成功率；减少不良社会后果。一般来说，公众参与程度越高，项目的社会风险越小。

公众的参与活动可采用下列方式进行：

1）将项目方案中涉及当地居民生产、生活的有关内容，直接交给居民讨论，征询意见。通常采用问卷调查法。

2）邀请不同利益相关者中有代表性的人员座谈，注意听取反对意见，并进行分析。

3）将项目方案中特别需要当地居民支持、配合的问题委托给当地有关机构，组织有关利益相关者讨论，并收集反馈意见。

2.4.4　社会稳定风险评估

根据《国家发展改革委重大固定资产投资项目社会稳定风险评估暂行办法》，针对国家发展改革委审批、核准或者核报国务院审批、核准的在中华人民共和国境内建设实施的固定资产投资项目实行社会稳定风险评估。社会稳定风险分析应当作为项目可行性研究报告、项目申请报告的重要内容并设独立篇章。

重大项目社会稳定风险等级分为三级：

1）高风险。大部分群众对项目有意见、反应特别强烈，可能引发大规模群体性事件。

2）中风险。部分群众对项目有意见、反应强烈，可能引发矛盾冲突。

3）低风险。多数群众理解支持但少部分人对项目有意见，通过有效工作可防范和化解矛盾。

项目单位在组织开展重大项目前期工作时，应当对社会稳定风险进行调查分析，征询相关群众意见，查找并列出风险点、风险发生的可能性及影响程度，提出防范和化解风险的方案措施，提出采取相关措施后的社会稳定风险等级建议。

重大项目社会稳定风险评估由项目所在地人民政府或其有关部门指定的评估主体进行。评估主体进行社会稳定风险分析可开展评估论证，根据实际情况可以采取公示、问卷调查、实地走访和召开座谈会、听证会等多种方式听取各方面意见，分析判断并确定风险等级，提出社会稳定风险评估报告。评估报告的主要内容为项目建设实施的合法性、合理性、可行性、可控性，可能引发的社会稳定风险，各方面意见及其采纳情况，风险评估结论和对策建议，风险防范和化解措施以及应急处置预案等内容。

评估主体作出的社会稳定风险评估报告是国家发展改革委审批、核准或者核报国务院审批、核准项目的重要依据。评估报告认为项目存在高风险或者中风险的，国家发展改革委不予审批、核准和核报；存在低风险但有可靠防控措施的，国家发展改革委可以审批、核准或者核报国务院审批、核准，并应在批复文件中对有关方面提出切实落实防范、化解风险措施的要求。

2.4.5　建设项目环境影响评价

建设项目的实施，一般会对环境产生影响。为了促进经济、社会和环境的协调发展，为了实现可持续发展的目标，必须十分重视建设项目的环境保护工作。

根据《中华人民共和国环境保护法》《建设项目环境保护管理条例》《中华人民共和国环境影响评价法》规定，国家实行建设项目环境影响评价制度。在我国境内建设对环境有影响的建设项目，都必须依法进行环境影响评价。未依法进行环境影响评价的建设项目，不得开工建设。建设项目环境影响评价的目的是通过评价查清项目拟在地区的环境质量现状，针对项目的工程特性和污染特征，预测项目建成后对当地环境可能造成的不良影响及其范围和程度，从而制订避免污染，减少污染的措施，为项目选址、空间布局、方案制订和结构优化提供科学依据。

实施环境影响评价体现了“预防为主”的环境政策。在进行有关规划和建设项目研究时，慎重考虑相关的环境影响，采取相应的对策措施，可以防止其可能带来的环境污染和生态破坏，大大减少事后治理所造成的经济损失和社会矛盾。

2.4.5.1　国家对建设项目环境影响评价的管理

1. 国家根据建设项目对环境的影响程度对建设项目的环境影响评价实行分类管理

1）建设项目对环境可能造成重大影响的，应当编制环境影响报告书，对建设项目产生的污染和对环境的影响进行全面、详细的评价。

2）建设项目对环境可能造成轻度影响的，应当编制环境影响报告表，对建设项目产生的污染和对环境的影响进行分析或者专项评价。

3）建设项目对环境影响很小，不需要进行环境影响评价的，应当填报环境影响登记表。

涉及环境敏感区的建设项目，应当严格按照其环境影响评价类别，不得擅自提高或者降低环境影响评价类别。环境影响评价文件应当就该项目对环境敏感区的影响作重点分析。

环境敏感区，是指依法设立的各级各类自然、文化保护地，以及对建设项目的某类污染因子或者生态影响因子特别敏感的区域，主要包括：

1）自然保护区、风景名胜区、世界文化和自然遗产地、饮用水水源保护区。

2）基本农田保护区、基本草原、森林公园、地质公园、重要湿地、天然林、珍稀濒危野生动植物天然集中分布区、重要水生生物的自然产卵场、索饵场、越冬场和洄游通道、天然渔场、资源性缺水地区、水土流失重点防治区、沙化土地封禁保护区、封闭及半封闭海域、富营养化水域。

3）以居住、医疗卫生、文化教育、科研、行政办公等为主要功能的区域，文物保护单位，具有特殊历史、文化、科学、民族意义的保护地。

2. 国家对建设项目环境影响评价的有关规定

1）应当编制环境影响报告书的项目，需要先编写环境影响评价大纲。有审批权的环境保护行政主管部门负责组织对评价大纲的审查，审查批准后的评价大纲作为环境影响评价的工作依据。

2）除某些规定的行业外，建设单位一般应当在建设项目可行性研究阶段报批环境影响报告书、报告表或登记表。

3）建设项目的环境影响报告书、报告表或登记表，由建设单位按照国务院的规定报有审批权的环境保护行政主管部门审批；建设项目有行业主管部门的，其环境影响报告书或者环境影响报告表应当经行业主管部门预审后，报有审批权的环境保护行政主管部门审批。

4）环境影响报告书、报告表或登记表未经法律规定的审批部门审查或者审查后未予批准的，该项目审批部门不得批准其建设，建设单位不得开工建设。

5）建设项目的环境影响报告书、报告表或登记表经批准后，建设项目的性质、规模、地点或者采用的生产工艺发生重大变化的，建设单位应当重新报批。

6）按照国家规定，不需要进行可行性研究的建设项目，建设单位应当在建设项目开工前报批建设项目环境影响报告书、报告表或登记表，其中，需要办理营业执照的，建设单位应当在办理营业执照前报批。

7）跨行业、复合型建设项目，其环境影响评价类别按其中单项等级最高的确定。

8）建设项目环境影响报告书、报告表或登记表自批准之日起满 5 年，建设项目方开工建设的，其环境影响报告书、报告表或登记表应当报原审批机关重新审核。

3. 建设项目环境影响报告书应包括的内容

1）建设项目概况。

2）建设项目周围环境现状。

3）建设项目对环境可能造成影响的分析和预测。

4）环境保护措施及其经济、技术论证。

5）环境影响经济损益分析。

6）对建设项目实施环境监测的建议。

7）环境影响评价结论。

涉及水土保持的建设项目，还必须有经行政主管部门审查同意的水土保持方案。

对依法应当编制环境影响报告书的建设项目，建设单位应当在编制时向可能受影响的公众说明情况，充分征求意见。

负责审批建设项目环境影响评价文件的部门在收到建设项目环境影响报告书后，除涉及国家秘密和商业秘密的事项外，应当全文公开；发现建设项目未充分征求公众意见的，应当责成建设单位征求公众意见。

2.4.5.2　建设项目环境影响因素分析

环境影响因素分析是指识别项目建设和生产运营过程中污染环境、破坏环境的主要因素，并分析其污染程度和破坏程度。

1. 污染环境因素分析

分析项目建设和生产运营过程中产生的各种污染源，分析废气、废水、固体废弃物、粉尘的排放点以及噪声声源位置，计算污染物的产生量和排放量、有害成分和浓度以及噪声的声压等级，研究废气、废水的排放特征以及废水的排放去向，分析各类污染物对环境的污染程度。

2. 破坏环境因素分析

分析项目建设施工和生产运营对环境可能造成破坏的因素，预测其破坏程度。主要分析建设项目对地形、地貌等自然环境的破坏；对森林、草地植被的破坏，如引起土壤退化、水土流失等；对社会环境、文物古迹、风景名胜区、水源保护区的破坏。

2.4.5.3　建设项目环境保护

1. 建设项目环境保护的基本要求

1）符合国家环境保护法律、法规和环境功能规划的要求。

2）必须遵守污染物排放的国家标准和地方标准；在实施重点污染物排放总量控制的区域内，还必须符合重点污染物排放总量控制的要求。

3）需要配套建设的环境保护设施，必须与主体工程同时设计、同时施工、同时投产使用，并应当符合经批准的环境影响评价文件的要求，不得擅自拆除或者闲置。

4）工业建设项目应当采用能耗物耗小、污染物产生量少的清洁生产工艺，合理利用自然资源，防止环境污染和生态破坏。

5）改建、扩建项目和技术改造项目必须采取措施，治理与该项目有关的原有环境污染和生态破坏。

2. 环境保护方案研究和环境影响评价工作的联系与区别

可行性研究中环境保护方案的研究，侧重在研究确定项目产生的污染物和污染源，研究提出适当的治理措施，做到达标排放。建设项目环境保护方案主要内容有：污染物产生量、治理方案、治理效果、排放浓度、排污量、须达到的排放标准、排放总量、排污方式等；污染物产生量大，难治理的项目，要说明采用清洁生产工艺情况及治理方案的可行性、可靠性；原有污染问题未解决的项目，要说明一并治理的情况。

建设项目环境影响评价工作，侧重在评价治理措施是否可行，经过治理项目对环境产生的影响大小，调查当地的环境容量，分析治理措施是否能满足总量控制、环境质量标准和污染物排放标准的要求，并做出环境影响评价的结论。

这两方面的工作具有互为依存的关系，环境影响评价文件的工程分析、项目产生的污染物和污染源等数据资料来自可行性研究中环境保护方案研究的成果，可行性研究中环境保护方案确定的治理污染的措施又要落实环境影响评价所提出的要求。一般来说，环境影响评价文件应该与可行性研究报告同时完成。

2.5　建设项目核准与审批

2.5.1　建设项目核准

根据《政府核准投资项目管理办法》（2014 年 6 月 14 日起施行），对企业投资建设实行核准制的项目，应当按照国家有关要求编制项目申请报告，取得依法应当附具的有关文件后，按照规定报送项目核准机关。企业投资建设应当由国务院核准的项目，由国家发展改革委审核后报国务院核准；应当由地方政府核准的项目，按照地方政府的有关规定，向相应的项目核准机关报送项目申请报告。

1. 编制项目申请报告

项目申请报告应当由项目单位自主选择具备相应资质的工程咨询机构编制，其中由国家发展改革委核准的项目，其项目申请报告应当由具备相应资质的甲级工程咨询机构编制。

项目申请报告应当主要包括以下内容：

1）项目单位情况。

2）拟建项目情况。

3）资源利用和生态环境影响分析。

4）经济和社会影响分析。

项目单位在报送项目申请报告时，应当根据国家法律法规的规定附送以下文件：

1）城乡规划行政主管部门出具的选址意见书（仅指以划拨方式提供国有土地使用权的项目）。

2）国土资源行政主管部门出具的用地预审意见（不涉及新增用地，在已批准的建设用地范围内进行改扩建的项目，可以不进行用地预审）。

3）环境保护行政主管部门出具的环境影响评价审批文件。

4）节能审查机关出具的节能审查意见。

5）根据有关法律法规的规定应当提交的其他文件。

2. 核准内容及效力

项目核准机关主要根据以下条件对项目进行审查：

1）符合国家法律法规和宏观调控政策。

2）符合发展规划、产业政策、技术政策和准入标准。

3）合理开发并有效利用了资源。

4）不影响我国国家安全、经济安全和生态安全。

5）对公众利益，特别是项目建设地的公众利益不产生重大不利影响。

对于同意核准的项目，项目核准机关应当出具项目核准文件并依法将核准决定向社会公开；对于不同意核准的项目，项目核准机关应当出具不予核准决定书，说明不予核准的理由。项目单位依据项目核准文件，依法办理规划许可、土地使用、资源利用、安全生产等相关手续。

取得项目核准文件的项目，有下列情形之一的，项目单位应当及时以书面形式向原项目核准机关提出调整申请。原项目核准机关应当根据项目具体情况，出具书面确认意见或者要求其重新办理核准手续。

1）建设地点发生变更的。

2）建设规模、建设内容发生较大变化的。

3）项目变更可能对经济、社会、环境等产生重大不利影响的。

4）需要对项目核准文件所规定的内容进行调整的其他情形。

对于未按规定取得规划选址、用地预审、环评审批、节能审查意见的项目，各级项目核准机关不得予以核准。对于未按规定履行核准手续或者未取得项目核准文件的项目，城乡规划（建设）、国土资源、安全生产监管等部门不得办理相关手续，金融机构不得发放贷款。

项目单位以隐瞒有关情况或者提供虚假申报材料等不正当手段申请核准的，项目核准机关不予受理或者不予核准；已经取得项目核准文件的，项目核准机关应当依法撤销该项目核准文件，已经开工建设的，依法责令其停止建设。相应的项目核准机关和有关部门应当将其纳入不良信用记录，并依法追究有关责任人的法律责任。

对属于实行核准制的范围但未依法取得项目核准文件而擅自开工建设的项目，以及未按照项目核准文件的要求进行建设的项目，一经发现，相应的项目核准机关和有关部门应当将其纳入不良信用记录，依法责令其停止建设或者限期整改，并依法追究有关责任人的法律责任。

2.5.2　建设项目审批

根据《中央预算内直接投资项目管理办法》（2014 年 3 月 1 日起施行），中央预算内直接投资项目实行审批制，包括审批项目建议书、可行性研究报告、初步设计。情况特殊、影响重大的项目，需要审批开工报告。

中央预算内直接投资项目是指国家发展改革委安排中央预算内投资建设的中央本级（包括中央部门及其派出机构、垂直管理单位、所属事业单位）非经营性固定资产投资项目。申请安排中央预算内投资 3000 万元及以上的项目，以及需要跨地区、跨部门、跨领域统筹的项目，由国家发展改革委审批或者由国家发展改革委委托中央有关部门审批，其中特别重大项目由国家发展改革委核报国务院批准；其余项目按照隶属关系，由中央有关部门审批后抄送国家发展改革委。

审批中央预算内直接投资项目时，一般应当委托具备相应资质的工程咨询机构对项目建议书、可行性研究报告进行评估。特别重大的项目实行专家评议制度。

1. 项目建议书审批

项目建议书要对项目建设的必要性、主要建设内容、拟建地点、拟建规模、投资匡算、资金筹措以及社会效益和经济效益等进行初步分析，并附相关文件资料。由国家发展改革委负责审批的项目，其项目建议书应当由具备相应资质的甲级工程咨询机构编制。项目建议书编制完成后，由项目单位按照规定程序报送项目审批部门审批。项目审批部门对符合有关规定、确有必要建设的项目，批准项目建议书，并将批复文件抄送城乡规划、国土资源、环境保护等部门。

项目单位依据项目建议书批复文件，开展可行性研究，并按照规定向城乡规划、国土资源、环境保护等部门申请办理规划选址、用地预审、环境影响评价等审批手续。

2. 可行性研究报告审批

项目建议书批准后，项目单位应当委托工程咨询机构编制可行性研究报告，并按照有关规定取得相关许可、审查意见。项目可行性研究报告应当包含以下招标内容：

1）项目的勘察、设计、施工、监理以及重要设备、材料等采购活动的具体招标范围（全部或者部分招标）。

2）项目的勘察、设计、施工、监理以及重要设备、材料等采购活动拟采用的招标组织形式（委托招标或者自行招标）。按照有关规定拟自行招标的，应当按照国家有关规定提交书面材料。

3）项目的勘察、设计、施工、监理以及重要设备、材料等采购活动拟采用的招标方式（公开招标或者邀请招标）。按照有关规定拟邀请招标的，应当按照国家有关规定提交书面材料。

可行性研究报告编制完成后，由项目单位按照规定程序报送项目审批部门审批，并应当附以下文件：

1）城乡规划行政主管部门出具的选址意见书。

2）国土资源行政主管部门出具的用地预审意见。

3）环境保护行政主管部门出具的环境影响评价审批文件。

4）项目的节能评估报告书、节能评估报告表或者节能登记表（由中央有关部门审批的项目，需附国家发展改革委出具的节能审查意见）。

5）根据有关规定应当提交的其他文件。

对于情况特殊、影响重大的项目，需要审批开工报告的，应当在可行性研究报告批复文件中予以明确。

对于项目单位缺乏相关专业技术人员和建设管理经验的直接投资项目，项目审批部门应当在批复可行性研究报告时要求实行代理建设制度（“代建制”），通过招标等方式选择具备工程项目管理资质的工程咨询机构，作为项目管理单位负责组织项目的建设实施。

3. 初步设计审批

项目单位可以依据可行性研究报告批复文件，按照规定向城乡规划、国土资源等部门申请办理规划许可、正式用地手续等，并委托具有相应资质的设计单位进行初步设计。由国家发展改革委负责审批的项目，其初步设计应当由具备相应资质的甲级设计单位编制。

初步设计应当符合国家有关规定和可行性研究报告批复文件的有关要求，明确各单项工程或者单位工程的建设内容、建设规模、建设标准、用地规模、主要材料、设备规格和技术参数等设计方案，并据此编制投资概算。投资概算应当包括国家规定的项目建设所需的全部费用。

投资概算超过可行性研究报告批准的投资估算 10% 的，或者项目单位、建设性质、建设地点、建设规模、技术方案等发生重大变更的，项目单位应当报告项目审批部门。项目审批部门可以要求项目单位重新组织编制和报批可行性研究报告。

思　考　题

1. 建设项目前期策划的作用及基本原则是什么?
2. 建设项目的构思内容是什么?
3. 可行性研究的主要作用是什么?
4. 建设项目可行性研究分哪几个阶段进行?
5. 建设项目财务评价指标有哪些？其含义是什么?
6. 非盈利项目如何进行财务评价?
7. 哪些建设项目需要进行国民经济评价?
8. 哪些建设项目需要进行社会评价?
9. 国家怎样对建设项目的环境影响评价实行分类管理?
10. 国家对建设项目环境影响评价有哪些规定?
11. 哪些建设项目需要进行社会稳定风险评估？社会稳定风险等级分几级?

第3章 建设项目融资

3.1 建设项目融资概述

3.1.1 建设项目融资的概念和特征

建设项目投资巨大，需要大笔资金作为建设的支撑条件，仅依靠建设单位的投入一般是不够的。因此，需要从多个方面筹集资金。建设项目融资是项目法人通过各种途径和手段取得项目资金的过程，是从多种渠道及多种融资方式中，精心选择、设计融资方案，组织和筹集建设资金的全部活动。

由于建设项目的差异，每个项目在投资结构、融资结构、信用保证等方面都可能有所不同，但是却都存在融资的共性特征。这些特征是：

(1) 以项目为主体而安排的融资　筹集的资金是针对具体的项目进行的，所以是用于融资的项目，而不会挪作它用。

(2) 项目产生的现金流入为还款的资金来源　由于是为具体项目筹集的资金，所以在还款的来源上，也是以项目的获利作为还款的来源。

(3) 项目的资产为贷款提供了信用保证　贷款需要一定的抵押物作为可以归还贷款的资产保障。项目融资是以建设项目本身形成的资产以及未来的收益作为归还贷款的资产保障。

3.1.2 建设项目融资的原则和融资方案

3.1.2.1 建设项目融资的原则

在项目融资活动中，应坚持以下几个原则：

(1) 融资规模适度原则　规模适度说明贷款的数额与项目法人自身的投入额比例适度。项目法人往往需要获得外界的资金为自己的投资项目服务。但是任何项目都是具有风险的，往往获利的机会越大，风险也越大。项目法人需要把风险的程度掌握在自身能够承担的范围以内，既保证通过筹集资金支持项目建设，也把风险控制在一定的范围以内。

（2）融资结构合理原则　融资结构合理，意味着在多种融资的方式和渠道当中选择与项目相符合的方式。无论是债券还是股票市场，所有的融资方式都是有利也有弊的。通过融资结构的恰当组合，可以得其利而避其弊，做到不同融资方式的优势相互补充。

（3）融资成本效益原则　融资行为要付出融资成本，所以不是融资数量越多越好，也不是融资时间越长越好。融资既要算建设账，也要算成本账。不同的融资方案，存在着不同的成本构成，也存在着不同的约束条件。融资要在众多可选方案中讲求成本，比较效益，实现科学的决策和方案的优化。

（4）融资时机得当原则　针对不同项目的实际情况，融资“时机得当”可以有不同的要求。融资可以因符合项目用资需求而得当，也可以因把握不同外界竞争环境的恰当时机而得当。把握时机，在资金的时间价值和恰当的融资时机等方面做出最佳决策。

（5）风险收益均衡原则　投资是趋利的行为，融资是趋利过程中补充投资不足的行为。由于投资风险的存在，导致融资也必然同样存在风险。所以，在投资的风险和融资的风险问题上，要有利趋之，趋之适度，在获利与风险之间寻求均衡。

（6）依法融资原则　融资行为受到政府管理和行业规范的制约，要注意依法融资，遵守行业规范，不损害他人利益，不违背社会规范。要注意依法、遵法、守法。

一般建设项目资金包括项目资本金和债务资金两类资金。项目资本金是由项目法人负责筹集的为项目建设投入的资本，项目建设债务资金是由项目法人通过国际、国内金融市场筹集的资金。项目法人要准确地测算投资额，根据项目情况和国家相关政策的要求，确定资本金和债务资金的投入比例，确定资金的来源渠道和筹措方案，设计资金缺口的解决办法，形成建设项目融资方案。

3.1.2.2　建设项目融资方案

建设项目融资方案是在投资估算的基础上，根据项目建设的资金需求、项目投资人和国内外金融市场的实际情况，对建设项目融资成本、融资风险进行系统分析、评估和多方案比选后提出来的，以融资方式、融资渠道、融资结构为内容的方案设计。

建设项目融资方案的设计，必须充分考虑以下因素：

（1）经济性因素　主要包括融资成本、融资风险、投资项目及其盈利能力和资本结构等，采取什么样的融资方式取决于项目法人的资本结构状况及其弹性。

（2）非经济性因素　主要包括融资的难易程度、资金使用条件的约束、融资的社会效应和融资对项目控制权的影响等。考虑投资融资环境，国家的投资政策，相关的法律、法规和税务条件，经济环境以及可能的融资渠道，合理预测融资环境的变化趋势，把握融资的最佳时机。

3.1.3　建设项目融资形式

按照融资主体组织形式和融资担保方式的差异，建设项目融资可分为项目融资、公司融资两种基本形式。

3.1.3.1　项目融资

项目融资是以建设项目发起人及其他投资者依法组建的能独立承担民事责任的法人（建设项目公司）作为融资主体，以项目投资所形成的资产、未来的收益或权益作为融资信用基础，项目参与各方分担风险的具有有限追索性质的特定的融资方式。

项目融资的基本特点如下：

（1）有限追索　无论建设项目成功与否，贷款人不能追索到除该项目资产、现金流以及所承担的义务之外的任何形式的财产。由于建设项目本身及其效益是偿债的保证，所以贷款人将更加重视对项目效益的评估，更加注重对所形成的债务追索。

（2）风险分担　项目融资是建立在建设项目参与各方合作的基础上，由建设项目参与各方在自己的能力范围内承担一定的风险。参与各方承担风险的大小，取决于他们对回报的期望值和风险承担能力。由于只提供有限担保，并采取由第三方向贷款人提供信用支持的风险分担机制，因而形成了建设项目公司承担偿债的责任分担形式。

（3）项目融资　可以通过对投资结构和债务结构的设计，把建设项目债务的追索权锁定在建设项目公司，而不纳入投资企业的资产负债表，所以我们把项目融资也称为资产负债表外融资。

（4）融资成本高　由于项目融资所涉及的资金量大、风险大，项目决策评估时间长，同时要协调项目参与各方的不同利益和风险分担的细则，有关合同谈判非常复杂，非常费时，直接筹资成本增加，导致筹资成本相对较高。

项目贷款人出于对贷款安全的考虑，要参与对建设项目合同谈判，并对项目建设、资金运用、生产运营进行全程监控。由于贷款方要承担较高的风险，项目融资贷款利率高，融资程序复杂，各种抵押、担保增加，以及要对建筑施工、生产运营和贷款使用等方面进行有效的监控等，因此增加的额外支出将使融资成本大大增加。

项目融资广泛应用于公共基础设施项目建设，这类建设还通常采取特许经营的形式。即政府部门与民营合作者签订特许经营协议，民营合作者从政府部门得到排他性的特许权，负责融资、建设、经营、维护和管理公共设施，在一定的期限内，在政府的监管下，通过向用户收费收回投资，实现利润，在特许经营权期满后，经营权转还给政府。

2002年12月，国家建设部发布了《关于加快市政公用行业市场化进程的意见》，提出“开放市政公用行业投资建设、运营、作业市场，建立政府特许经营制度，是为保证公众利益和公共工程的安全，促进城市市政公用事业发展，提高市政公用行业的运行效率而建立的一种新型制度”。该《意见》明确要求在城市供水、供气、供热、污水处理、垃圾处理及公共交通等市政公用行业建立政府特许经营制度。

特许经营优势在于政府通过该种市场化手段，吸纳大量的社会资本进入公共事业经营领域或公共资源开发领域，从而减轻了政府的财政负担，提高了社会公共设施的建设效率。

特许经营最常见的形式是BOT融资。

3.1.3.2　BOT融资

典型的BOT（Built－Operate－Transfer）融资，通常是由某个建设项目法人发起，向当地政府提出建议或申请建设和经营某项目的许可。在取得政府同意后组建项目公司，并由政府授予该项目公司建设和经营特许权。项目公司负责筹集资金，设计及建设该项目。在与政府约定的特许经营期间，由项目公司进行经营管理，偿还债务，收回投资。特许经营期满后，项目公司将该项目全部产权无偿移交给当地政府。BOT融资主要用于基础设施建设和公共设施建设。

这种融资方式的特点是：

1）BOT融资方式是有限追索的（或无追索的），说明无论建设项目成功与否，贷款人不能追索到除该项目资产、现金流以及所承担的义务之外的任何形式的财产；无追索权项目融资，即项目法人除按合同约定承担建设项目资本金投入责任外，对建设项目不提供融资担保。

2）项目法人在特许期内拥有项目所有权和经营权，授权期结束后，政府将无偿拥有项目的所有权和经营权。

3）项目融资是建立在建设项目参与各方合作的基础上，由建设项目参与各方在自己的能力范围内承担相应的风险。

4）与传统方式相比，BOT 融资项目设计、建设和运营效率一般较高。因此项目用户可以得到质量更高的服务。

5）BOT 融资项目的收入一般是当地货币，若承包商来自国外，对东道国来说，项目建成后将会有大量外汇流出。

6）融资项目不计入项目法人在项目之外其他经营的资产负债表，项目法人不必暴露自身财务情况。

3.1.3.3 PPP 融资

PPP（Public—Private—Partnership）融资是公共政府部门和民营企业合作模式，是由政府部门或地方政府通过政府采购形式与中标单位组成的特殊目的公司签订特许合同（特殊目的公司一般由中标的建筑公司、服务经营公司或对项目进行投资的第三方组成的股份有限公司），由特殊目的公司负责筹资、建设及经营的一种融资模式。

广义的 PPP 是指公共部门与私人投资者为提供公共产品或者服务而建立的各种合作关系。这种表述包括公共部门与私营部门之间的广泛合作，存在一系列不同的具体操作形式，包括了 BOT（Build—Operate—Transfer，建设—经营—转让）、BOO（Build—Own—Operate，建设—拥有—经营）、BOOT（Build—Own—Operate—Transfer，建设—拥有—经营—转让）、DBFT（Design—Build—Finance—Transfer，设计—建设—投资—转让）、DBFO（Design—Build—Finance—Operate，设计—建设—投资—经营）、TOT（Transter—Operate—Transfer，转让—经营—转让）、PFI（Private—Finance—Initiative，私人主动融资）等特许经营项目融资模式。

狭义的 PPP 可看作是一种具体的融资模式，其概念是：政府和民营双方根据基础设施项目投资规模、收益特征和建设目标，本着互利、合理、科学的原则，通过前期协商和谈判，确定项目融资结构，明确权利和义务，民营部门在合同约定的运营期限内收回其成本和获得相应利润，运营期限结束后将项目返回给政府。

3.1.3.4 公司融资

公司融资（Corporate Financing），又称既有建设项目法人融资，其融资主体是既有法人。在公司融资条件下，不组建新的独立法人，而由建设项目投资人（既有法人）出面筹集资金投资于建设项目，由建设项目投资人承担债务和风险。

公司融资的主要特点是：

1）建设项目投资人是建设项目的融资主体，投资人以其自身的信用作为还款的基础并承担风险。

2）采用公司融资方式，贷款人为建设项目提供的是有完全追索权的贷款。贷款人不仅要对建设项目进行评估审查，还要对投资人（借款人）的资产、经营状况和资信等级进行全面审查。

3）建设项目投资人为建设项目筹措的贷款，要进入其资产负债表，将使公司资产负债比例增加，并在一定程度上影响投资人资信。

4）相对于项目融资来说，采取企业融资的项目所需资金量较小，建设周期较短，贷款技术较简单，融资成本较低。一般企业技术改造项目、改扩建项目大多采用公司融资方式筹集建设资金。

5）贷款人不参与建设项目管理和生产经营管理，但要监督资金的使用。

3.2 建设项目资本金筹措

3.2.1 建设项目资本金制

建设项目资本金是建设项目法人为获得项目财产所有权和对项目的控制权而投入的资金，它是建设项目成立的前提，也是建设项目进行工程建设和项目建成后从事生产运营的物质基础。正是因为有了这个物质基础，才可能有资格对外举债，才可能进行正常的工程建设和承担相应的法律责任，也才能保证债权人及社会相关公众的权益。

项目资本金制度的意义在于：项目资本金制度可以抑制投资膨胀并杜绝无本投资的现象，它适应于建立现代企业制度的要求，有助于建立风险约束责任机制，有利于完善项目借贷关系。同时，项目资本金制度界定了项目资本金的各种合法来源，从而控制了各种可以作为项目资本金的资金的总量，这等于是间接地控制了经营性项目投资的总规模。

这里还需要明确的一个问题是贷款能否作为项目资本金。这个问题从项目资本金制度出台就存在争论。中国人民银行发布的《贷款通则》规定，“贷款不得用于以下用途：生产、经营或投资国家明令禁止的产品或项目，违反国家有关规定从事股本权益性投资，违反国家规定以贷款作为注册资本金、注册验资或增资扩股，违反国家有关规定从事股票、期货、金融衍生产品投资，财政预算性收支以及国家明确规定的其他禁止用途。”这里就比较清楚地回答了贷款能否作为项目资本金的问题。然而，由于在实践中资产概念的复杂性，银行通常并不能区分投资者是否在利用贷款资金进行对外权益性投资。而从国际通行的做法看，利用贷款进行股本权益性投资是国际投资的重要方式，外国公司特别是跨国公司在对外投资时，为了获得足够的资金，都要凭借自己的信用或他人的担保向银行贷款。所以说，如果金融体制能尽快改革和与国际通行做法接轨，投资者能否用贷款从事股本权益性投资的问题就可以进一步明确和解决。

根据国务院规定，从1996年开始，国有和集体投资的经营性建设项目，实行建设项目资本金制度。并且根据不同行业建设项目的经济效益等因素，规定了建设项目资本金占项目总投资的最低比例：对电力工业项目、机电工业项目、建材工业项目、化学工业项目、石油加工工业项目、轻工业项目、纺织工业项目、商贸项目、钢铁工业项目、邮电建设项目、化肥工业项目、交通运输项目、煤炭工业项目，资本金占项目总投资的比例从不低于20%到不低于35%。根据国民经济实际运行状况，政府有关部门还会随时调整建设项目资本金的最低比例。如2004年4月26日，国务院决定钢铁项目资本金比例由25%及以上提高到40%及以上，水泥、电解铝、房地产开发项目（不含经济适用房项目）资本金比例由20%及以上提高到35%及以上。

对于外商投资建设项目，目前不执行上述建设项目资本金制度。按照有关法规要求，外商投资企业的注册资本要与其生产经营规模和范围相适应，并规定了外商投资企业注册资本占投资总额的最低比例和最低限额。

3.2.2 建设项目资本金出资方案的设计

3.2.2.1 建设项目投资产权结构的选择

据我国《企业财务通则》规定，建设项目资本金按照投资主体可分为：

国家资本金——由有权代表国家投资的政府部门或机构，以国有资产投入建设项目而形成的资本。

法人资本金——各类企业法人以其有权支配和控制的法人资产投入建设项目形成的资本。

个人资本金——由社会个人所拥有的合法资金投入建设项目形成的资本。

外商资本金——由外商投入的资本。

投资产权结构的选择，对建设项目的投资方案、融资方案、融资谈判以及项目建设的实施都将产生根本性的影响。项目法人在建设项目决策阶段要根据建设项目实施的目标要求，从建设项目长远发展战略出发，充分发挥各投资方的优势，努力协调和维护投资者的权益和收益，精心设计和安排投资者的投资份额和相互的权益关系，确保建设项目的顺利实施。

3.2.2.2 建设项目资本金的总量和比例

建设项目资本金的总量就是建设项目投资者的出资总额。建设项目资本金的多少，应与项目建设规模、生产经营的范围和内容相适应。对每一个具体的建设项目来说，国家有关法规规定的建设项目资本金的最低比例是必须达到的最低要求，但这个最低要求并不意味着最佳比例，或者说就是按照这个比例实施项目。每个建设项目都要根据建设项目自身的特点要求和投资者的实际出资能力进行测算，科学构架资金来源结构，实现资本与负债的有机结合，力争取得资金成本最低的资金结构，寻求资本效益最大化。

3.2.2.3 选择合理的出资形式

根据国家有关项目资本金制度，建设项目资本金可以是货币资金，也可以实物或无形资产（如专利权、商标权、非专利技术、土地使用权等）作为出资方式投入。这些投入必须经过有资格的资产评估机构依照法律、法规进行评估作价。经过批准的股份制企业还可以通过在证券市场上发行股票筹集建设项目资本金。

选择项目资本金的出资形式，其目的是使建设项目保持合理的出资结构和资产结构。为保证项目建设能顺利进行和项目建成后能正常运营，在有多种出资形式可以选择的情况下，需要建设者作出正确的判断和选择，确定科学合理的出资结构，形成一个较高的货币资本出资比例。

3.2.2.4 确认投资方的出资能力

不论投资主体采用何种方式出资，在建设项目决策阶段都必须确认投资方的实际出资能力，从而既可以防止项目建设过程中出现投资纠纷，也可以保证项目建成后的发展潜力。

确认投资方出资能力的常用方法，一是按《公司法》规定，检查投资方对外长期投资总额，如果某一投资方对外长期投资总额已经接近其净资产的一半，说明其投资能力已经较弱，已经不具备大额投资的能力；二是查看投资方的财务报表，如果投资方的财务流动性较强，说明投资方的现金投资能力较强。

3.2.2.5　明确投资各方的产权关系

由于建设项目投资人之间的投资限额不同、出资时间不同、出资形式不同，投资人与建设项目之间、投资人与投资人之间的产权关系会变得十分复杂。为此，必须明确建设项目与投资人之间的产权关系，且这种产权关系的确立是以投资人所投资产办理完产权转移手续为前提的。也就是说，投资人只有在完成产权转移关系之后，才能真正拥有建设项目的权益。各投资人之间的产权关系涉及投资主体的“投资—效益”对等关系，涉及各投资人享有权益和承担风险的能力。因此，在建设项目立项之初，就必须由投资各方签订具有法律效力的投资协议、合同和章程。

3.2.3　建设项目资本金的筹措方式

3.2.3.1　公司自有资金

采用公司融资方式进行项目建设，其项目资本金来自作为建设项目投资人的母体公司的自有资金。通常可用于建设项目投资的自有资金来自四个方面：现有的现金、未来生产经营中获得的可用于项目投资的资金、资产变现获得的资金和增资扩股获得的资金。

公司现有的现金是指库存现金和银行存款在扣除维持日常经营所必需的货币资金外，可用于建设项目投资的资金。

未来生产经营中获得的可用于建设项目投资的资金，是指在未来项目建设期间，从生产经营中获得的新的现金在扣除生产经营开支及其他日常必需的开支后，可用于建设项目投资的部分现金。

资产变现是指公司将现有的资产转让、变现，取得用于建设项目投资的资金。

增资扩股是指公司为进行项目建设通过原有股东增资或以吸收新股东的方式，吸收用于项目投资的资金。

3.2.3.2　政府投资

政府投资包括中央和地方政府预算内用于建设项目投资的财政性资金和各种专项建设基金；政府授权的投资机构用于建设项目投资的资金。通常在涉及城市交通、建设、环保等重大建设项目中会涉及政府对于项目的直接投入。当然，在资金投入的同时，政府获得相应份额的项目股份。

3.2.3.3　股权融资

股权融资有两种基本方式：一种是非上市股份有限责任公司，采用不公开发行股票的股权认购方式，即以投资人入股方式筹集项目资本金；一种是经过国家证券管理部门批准，通过证券市场公开向社会公众发行股票筹集项目资本金。

3.2.3.4　资产变现

在公司资产中可转让变现的资产包括：短期投资、长期投资、固定资产、无形资产等。资产变现方式可以采用：单项资产变现、资产组合变现、股权转让变现、经营转让变现、对外长期投资变现、证券资产变现等。资产变现作为融资方式可分为以下两类：

（1）资本置换　资本置换是指投资人以其所拥有的资产所有权和经营权，按市场规则，通过以契约形式规定资本交换双方责、权、利的资本运作方式筹措资金。

资本置换的特点在于充分发挥市场机制的作用，对资本存量进行有效调整，提高资本运行效率；赋予资产以资本的属性，实现资本的创造和增值。需要注意的是：在资本置换的操作过程中，资产转让价格主要取决于双方对未来资产经营收益的预测分析，而与项目建设期间的实际投入没有完全等值的关系。

（2）资产证券化　资产证券化是以投资人所拥有的资产为支持，以资产的预期收益为保证，通过金融市场发行债券达到变现来筹集资金的一种融资方式。在实际操作中，资产证券化与资产的信用等级密切相关，通常要对资产通过捆绑、组合，以及采取资产打折、超额担保和资产储备等多种方式进行信用升级，提高其信用等级，达到证券化的要求，减少投资人的风险，获得投资人的认同，达到资产变现的目的。

3.2.4　建设项目资本金的管理

3.2.4.1　资本金保全

资本金保全的基本要求是：建设项目资本金在项目建设和生产经营期间，投资人不得以任何方式抽走其投入资本，但可依法转让。在建设项目投资协议、合同和公司章程中，对项目资本金的管理及转让程序应作出明确规定，并始终坚持资本金保全制度。资本金的保全既是保证生产活动顺利进行的需要，也是保障资产所有人权益的需要。

3.2.4.2　验资

验资是对投资人投入的资本进行法律上的确认，它包括价值确认和时间确认两项内容。

以现金方式出资的，按建设项目开户银行实际收到的资金和日期作为投资方投入资本的入账依据。以实物或无形资产作为出资的，应该按照投资协议或合同确认的价值或经评估确认的价值作为投资方出资入账的价值。实物投资应在完成实物转移和办理完产权转移手续时确认其出资入账时间。以无形资产作为投资方式出资的，则应在投资协议、合同或章程中规定，在完成有关移交手续时确认其出资入账时间。

对于投资人投入的资本，建设项目法人一般会委托会计师事务所等中介机构对其是否按时、足额到位进行验资。受委托的会计师事务所和具体负责验证的注册会计师，应向建设项目法人出具验资证明。

3.2.4.3　投资人的权利和责任

建设项目投资协议、合同或章程中应明确规定建设项目投资人对其出资所拥有的权利和责任，确认投资人按其出资比例所拥有建设项目的效益和承担的相应责任。以股份制为基本组织形式的现代企业，投资人只以其投入资本为依据承担相应的有限责任。

3.2.4.4　投资人的违约责任

在建设项目立项时，一般都在投资协议或合同中约定建设项目资本金的筹集方式，投资人的出资比例、出资期限和实际出资总额，这是建设项目资金筹集和管理的重要依据。一旦投资人违反有关协议或合同的约定，没有按时、足额出资，影响到项目建设，应视为有关投资方违约。建设项目法人和其他投资人，可依法追究其法律责任。属于单方违约的，守约方有权依法要求违约方赔偿因延期缴入资本金而支付的利息及由此造成的经济损失等。

3.3　建设项目负债融资

负债融资是指除项目资本金以外，以负债方式获取的项目建设所需的资金。负债融资的特点是：筹集的资金在使用上具有时间性限制，必须按期偿还；无论项目法人今后经营效果好坏，均需要固定支付债务利息，从而形成项目法人今后的财务负担；负债融资的资金成本一般比较低，且不会分散对项目未来权益的控制权。

负债融资方式有信贷融资、债券融资、融资租赁、生产支付和远期购买融资、信托投资及国外债务融资等。

3.3.1 信贷融资

信贷融资是指建设项目法人从国内政策性银行贷款，世界银行、亚洲开发银行等国际金融机构贷款，外国政府贷款，出口信贷以及信托投资公司等非银行金融机构贷款。

针对从银行的贷款，可以考虑银团贷款方式。银团贷款是指由一家或多家银行承销并安排，随后向一组金融机构推介发行的公司融资工具。银团贷款作为一种中长期巨额融资形式，经过40多年的发展，在国际资本市场上取得了不可替代的地位。可以说，银团贷款已经成为全球金融市场的主要融资方式，成为国际金融市场的发展趋势。

银团是由多家银行组成的，它们在银团内的地位不同，分工也有区别。银团内部常见的分工有：

（1）牵头行　负责组织银团，起草贷款文件和资料备忘录。

（2）代理行　代表银团与借款人谈判，是银团与借款人之间的联系人，负责全部贷款的管理工作。

（3）安排行　协助代理行做一些事务性的管理工作。

（4）参加行　按照各自的贷款份额提供贷款，享有贷款债权。

银团贷款之所以在国际上不断发展，成为最主要的融资方式，主要是其自身具有的特点和发展优势所决定的，表现在：①筹款金额大，期限长；②能够分散或降低贷款风险，提高银行的盈利能力；③增强各个贷款行之间的业务合作，把贷款利率维持在合理水平上；④可以增加银行信贷资产的流动性；⑤对于借款企业来讲，采用银团贷款可以减少借款谈判的对象，它只需与代表银团的牵头行一家谈判就可以了，不需要面对众多的银行，自然可以降低谈判的难度，减少融资成本，在同等条件下可以贷到更多的款，因此受到社会的广泛欢迎。

从银行贷款还涉及委托贷款业务。委托贷款业务是指由委托人提供合法来源的资金，委托业务银行根据委托人确定的贷款对象、用途、金额、期限、利率等代为发放、监督使用并协助收回的贷款业务。委托人包括政府部门、企事业单位及个人等。目前部分银行开展的委托贷款业务，属于中间业务。银行一方面和委托单位联系，另一方面和借款单位联系。在此，收益属委托单位，所有的风险也完全由委托单位承担。而银行按照贷款金额的大小收取手续费。

我国的银行贷款利率由中央银行规定，商业银行可在规定的利率浮动范围内进行调整。影响贷款利率浮动的主要因素：一是建设项目法人的信用，包括项目投资方和担保方的信用，地方政府对建设项目的政策支持，建设项目法人的管理水平和能力等；二是建设项目资本金占总投资的比例，较高的建设项目资本金比例体现了建设项目投资方对项目建设的信心；三是对项目建成后生产经营期现金流的预测；四是对项目风险的分析和预测，以及其他可能影响还款能力的分析。

3.3.2 债券融资

债券融资是项目法人以其自身的盈利能力和信用条件为基础，通过发行债券筹集资金。

债券的发行需承诺按照约定的期限偿还本金，按照一定的利率支付利息。目前，我国金融市场上发行的债券主要有中央政府发行的国债和企业发行的企业债券两种。

按照《公司法》规定，只有三类公司可以发行公司债券。这三类公司分别是：股份有限公司、国有独资公司、两个以上的国有企业或者其他两个以上的国有投资主体投资设立的有限责任公司。

具有债券发行资格的建设项目法人，发行债券还必须满足以下条件：

1）股份有限公司的净资产额不低于人民币 3000 万元，有限责任公司的净资产额不低于人民币 6000 万元。

2）累计债券总额不超过净资产额的 40%。

3）最近 3 年平均可分配利润足以支付公司债券 1 年的本息。

4）筹集资金的投向符合国家产业政策。

5）债券的利率不得超过国家规定的利率水平。

6）国务院规定的其他条件。

债券融资的特点是：资金使用较为自由，债券投资人无权干涉发债公司的决策，也不会影响股东对公司的所有权。但债券资金成本一般都高于银行贷款资金成本，债券到期偿还本金和支付利息将对企业（公司）构成较重的财务负担。建设项目法人在决定通过发行债券筹集项目建设资金之后，必须全面考虑债券发行总额、期限、偿还方式、票面利率、付息方式、债券面值、发行价格、发行费用、选择债券承销商以及发行时机等，以顺利筹集到所需资金。发行债券筹集的资金，必须用于审批机关批准的用途，不得用于弥补亏损和非生产性支出。

3.3.3　融资租赁

融资租赁是指资产拥有者将资产租给承租人在一定时期内使用，由承租人支付租赁费的筹资方式。它是集融资和融物为一体的筹措设备投资资金的信用方式。

融资租赁有以下几种形式：直接购买租赁、转租赁、回租租赁、衡平租赁。

（1）直接购买租赁　除出租人自筹少量资金外，由出租人通过银行贷款等方式筹措购买设备的所需资金，购进承租人所需设备出租给承租人使用，并以收回租金偿还贷款本息。这等于发放一笔贷款并通过收取租金的方式逐步收回本息。

（2）转租赁　转租赁是指某个租赁公司以第一承租人的身份，从另一个出租人（称为第一出租人）租进某项物件，然后又作为第二出租人，将该租赁物件转租给第三者（称为第二承租人）。这里，第一出租人和第一承租人之间，第二出租人与第二承租人之间构成两个独立的租赁关系。第二承租人应按第二个租赁合同规定对第二出租人履行支付租金的义务；第二出租人则应以第一承租人的身份根据第一个租赁合同对第一出租人支付租金。实际上，第一承租人（即第二出租人）作为转租赁的中心环节，起着融资中介人的作用。转租赁的租赁费用一般高于直接租赁。

（3）回租租赁　又称售后回租。即承租人将自己拥有的部分资产（如厂房、设备等）卖给租赁公司，然后再从租赁公司租回使用。在租赁期间，所有权归租赁公司，使用权归承租人。租赁到期后，承租人可用留购方式重新获得所有权。采用这种方式，承租人可在继续使用原有厂房、设备进行生产的情况下，获得急需的资金。

（4）衡平租赁　衡平租赁是当前国际上相当流行的融资性租赁的一种特殊形式。它是由出租人自筹相当于租赁物件价款的20%～40%的资金，其余的60%～80%由其将待购的租赁物件作抵押，以转让收取租金的权利作为附加担保，从银行或长期贷款者处取得贷款，然后购入有关物件出租给承租人。物件出租后，承租人应向贷款人支付租金，以替出租人偿还债务。由于该种租赁中的出租人自筹资金只占少数，主要依靠从贷款人处取得抵押贷款的财务杠杆作用来争取比一般租赁要高得多的报酬率，所以也称为杠杆租赁。

建设项目法人在选择融资租赁时，一要分析政府对融资租赁有哪些优惠政策，二要对融资租赁的租赁费用与银行贷款利率进行比较，并分析其对经营效益的影响。

3.3.4 生产支付和远期购买融资

生产支付是项目融资的早期形式之一。它的基本特点是建设项目公司不是以产品销售收入来偿还银行贷款本息，而是贷款银行从建设项目获得特定份额的产品生产量作为偿债资金的主要来源。这种融资方式主要适用于资源储量已经探明且建设项目产生的现金流能够比较准确计算的建设项目。在生产支付融资方式中，一般贷款银行只提供项目建设所需资金的融资服务，不提供生产经营所需资金融资。贷款银行还要求建设项目公司提供最低产量和最低产品质量标准保证，确保偿债资金来源。

远期购买融资方式是在生产支付融资方式基础上发展起来的，是更为灵活的一种以产品为主要偿债资金来源的融资方式。贷款方可以成立一个专设公司，这个专设公司不仅可以购买事先商定的一定数量的远期产品，还可以直接购买这些产品未来的销售收入。建设项目公司交付产品和收益的进度，一般应与规定的分期贷款偿还计划相配合。

生产支付和远期购买融资方式，都要由担保方为产品销售和产品所有权的购买提供担保。

3.3.5 信托投资

信托是指委托人基于对受托人的信任，将其财产权委托给受托人，由受托人按委托人的意愿以自己的名义，为受益人的利益或者特定目的，进行管理或者处分的行为。信托投资是指建设项目通过信托投资公司，集合社会资金以信托投资方式进行融资的活动。

建设项目获得信托投资的一般操作程序为：首先，建设项目公司与信托投资公司签订信托贷款合同，约定信托贷款还本付息的条件。其次，信托投资公司作为受托人，制定集合资金信托方案；再以信托投资公司的名义，向社会推出资金信托方案（不准做营销广告），接受有风险识别和承受能力的人群和机构为委托人，吸纳资金用于项目建设。信托投资有利于启动民间投资，集合社会资金，发展城市基础设施和公用事业。

3.3.6 国外债务融资

（1）外国政府贷款　通常是指外国政府提供的优惠贷款，其性质属于政府间的开发援助。外国政府贷款的特点是贷款偿还期长，利率较低，也有的还是无偿赠款。一般来说，外国政府贷款都有较强的政治性，有的还必须同进口该国设备结合起来，与该国的出口信贷结合起来成为混合贷款，而混合贷款利率比商业信贷利率要低一些。

（2）国际金融组织贷款　主要是世界银行贷款和亚洲开发银行贷款。世界银行由国际复兴开发银行、国际开发协会、国际金融公司等机构组成，是联合国系统的专门机构。我国是世界银行会员国。世界银行贷款分为长期无息贷款（软贷款）和长期优惠贷款（硬贷款）。软贷款不收利息，只收手续费，贷款期限最长可达35年；硬贷款利率低于国际市场利率，贷款期限一般在20年左右。世界银行贷款严格限定用于特定的开发建设项目。对建设项目的审查和管理很严格，手续繁，时间长。

（3）国际商业贷款　是指国际金融市场上一家或几家商业银行向一国政府、金融机构或企业（公司）提供的贷款。贷款形式分为期限贷款和转期循环贷款。期限贷款的贷款期限是固定的。转期循环贷款是贷款银行同意在未来一段时期内，连续向借款人提供一系列短期贷款。到期贷款偿还后银行自动提供新的一轮贷款，利率以当时市场利率为准。

（4）出口信贷　出口信贷是指外国商业银行在其政府鼓励下，为促进本国商品出口而向本国出口商或外国进口商（或银行）提供低于国际金融市场利率的贷款。贷款使用的条件是购买贷款国的设备。出口信贷一般与该国的政府贷款或商业贷款共同使用。

（5）国际债券　国际债券是在国外金融市场上发行的，以外国货币为面值的债券。国际债券的特点是发行者和投资者属于不同的国家，资金来源于国际金融市场。按照发行债券的地点和所用货币不同，国际债券可分为欧洲债券、全球债券、亚洲债券和外国债券。

欧洲债券是一国的发债人在国外债券市场上以第三国货币为面值发行的债券。例如，德国的一家机构在法国的债券市场发行以美元为面值的债券即是欧洲债券。全球债券是指在全世界各主要金融中心同时发行的国际债券。亚洲债券是指以亚洲货币计值，在亚洲金融市场发行，主要面向亚洲投资者的债券，以美元标价发行。外国债券是发债人在另一国发行的、以当地国货币计值的债券，包括扬基债券、武士债券和龙债券三种形式。扬基债券是美国之外的发债人在美国债券市场上发行的、以美元为计值货币的债券；武士债券是日本以外的发债人在日本金融市场发行的、以日元为计值货币的债券；龙债券是以非日元的亚洲国家或地区货币发行的外国债券。

通过发行国际债券筹集项目建设资金是建设项目公司的筹资手段之一。因国际债券的发行涉及国际收支管理，国家对企业发行国际债券需进行严格的管理。我国对外举债由财政部统一管理。

3.4　建设项目融资策略

建设项目融资策略是指筹措建设资金的计策谋略，或者说是建设项目法人为实现所期望的筹资结果而制订的融资计划。目的是获得可靠的资金来源，降低融资成本，防范融资风险，并能及时获得项目建设所需的资金。

3.4.1　优化资金结构

建设项目的资金来源包括项目资本金和债务资金。建设项目资金结构是指项目资本金与债务资金的比例关系，即在项目总投资中债务资金所占的比重。影响建设项目资金结构决策的基本因素包括资金成本、融资杠杆和财务风险、项目的行业特征等。

3.4.1.1　资金成本分析

1. 资金成本及其分析

资金成本是指建设项目为获得和占用资金而付出的代价，一般由融资成本和占用成本组成。

融资成本是指融资过程中所发生的各种费用，如发行股票或债券时支付的印刷费、宣传费、发行手续费、聘请中介机构的费用等各种费用。融资成本属一次性支付项目，可看作资金的固定成本。

资金占用成本是指为占用资金而向资金提供者所支付的代价，如支付银行贷款利息、债券利息、股票红利等。资金占用成本是需经常和定期支付的，与融资的金额大小和期限的长短成正比，可以看作资金的可变成本。

资金成本分析一般采用资金成本计量。资金成本为筹集和使用资金而付出的代价，是资金的价格，是通过现金流出量现值与实际现金流入量现值相等时，求得现金流的净现值为零时的折现率。在实际工作中可以分别计算税前资金成本和税后资金成本。

2. 资金成本分类

资金成本包括资金筹集费用和资金占用费用两部分。资金筹集费用指资金筹集过程中支付的各种费用，如发行股票，发行债券支付的印刷费、律师费、公证费、担保费及广告宣传费。资金占用费是指占用他人资金应支付的费用，或者说是资金所有者凭借其对资金所有权向资金使用者索取的报酬。如股东的股息、红利、债券及银行借款支付的利息等。

资金成本可以分为个别资金成本、综合资金成本和边际资金成本三类，如图 3-1 所示。

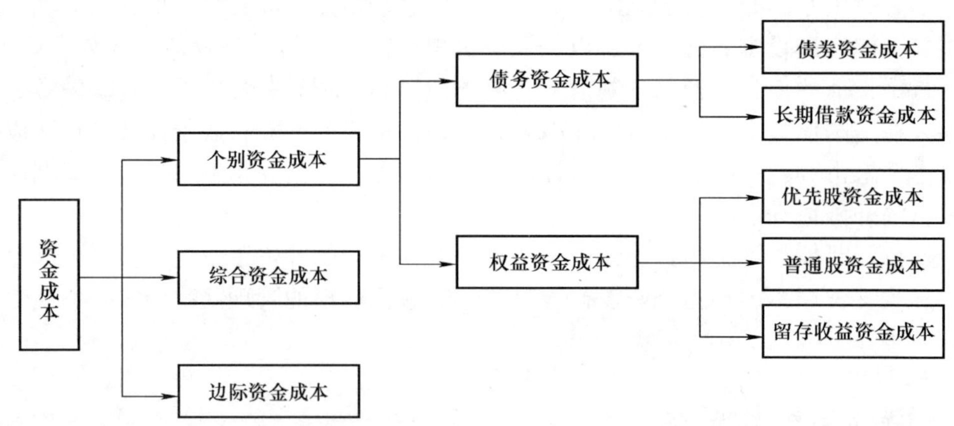

图 3-1　资金成本结构图

个别资金成本是指单一筹资方式的资金成本，如银行贷款资金成本、债券资金成本、股票资金成本等。

综合资金成本是建设项目筹资方案确定后对各种个别资金成本进行加权平均后的资金成本。不同的资金结构有不同的加权平均资金成本。其计算公式为：

$$K_w = \sum_{j=1}^{n} K_j W_j$$

式中　K_w ——加权平均的综合资金成本；

K_j ——第 j 种个别资金成本；

W_j ——第 j 种个别资金占全部资金的比重。

边际资金成本是指建设项目为追加投资，资金每增加一个单位而增加的成本。边际资金成本也是按加权平均法计算的，是追加筹资时所使用的加权平均成本。边际资金成本不能仅仅考虑目前所使用的资金的成本，还应考虑新筹集的资金的成本。但资金的成本，是随时间的推移或筹资条件的变化而不断变化的，而不是一成不变的。

资金成本分析是选择筹资方式、进行资金结构分析决策的依据。个别资金成本分析是选择筹资方式的依据，在其他条件基本相同的情况下，资金成本最低即是最优的筹资方式。综合资金成本是判断资金结构是否合理的依据。在诸多资金结构方案中，加权平均资金成本最低者为最优。边际成本可用于建设项目追加投资时筹资方案的决策。

资金成本还是评价投资方案，进行投资决策的重要标准，只有在预期投资回报高于加权平均资金成本时，投资建设项目才可能具有经济可行性。

3.4.1.2　融资杠杆和财务风险

融资杠杆是指建设项目资金来源的变化对建设项目未来经济效益和投资回报的影响。当投资回报率高于负债利率时，负债资金占项目总投资的比重越大，权益资金收益率越高，权益资金将快速增值。

任何负债资金都必须按照双方约定的利率定期支付利息。负债资金的比重越大，固定的利息支出就越多，建设项目的财务负担就越重，造成丧失现金支付能力的可能性就越大。虽然负债资金的利息是在税前支付的，可以抵减所得税金，降低资金成本，似乎在资金结构中提高负债资金的比重是可行的，但实际情况是，负债资金的增加带来的是偿债压力增加。如果负债资金比例过高，负债资金总量过大，在资金使用不当时，将导致财务失败，并在很大程度上抵消其资金成本低所带来的好处。这就是负债带来的财务风险。

有效利用融资杠杆效益和采取措施防范财务风险是制定融资方案、进行资金结构决策必须注意的重要问题。

3.4.1.3　经营风险与财务风险

一般情况下，如果建设项目未来销售的稳定性和增长率好，该项目抵御风险的能力就强。这种建设项目在安排资金结构时，可多选用负债融资，这样有利于权益资金收益率的提高，可加速权益资金的增值。相反，如果建设项目未来的销售情况不明朗、不确定、变数大，则应注意采取措施，把财务风险降低到能够控制和承受的范围之内。这就要求建设项目公司在安排资金结构时，要充分注意风险匹配问题。经营风险较小的建设项目，可用较大财务风险的资金结构安排与之匹配；经营风险大的项目，则要用财务风险较小的资金结构安排与之匹配。只有经营风险较小的建设项目，才适于利用增加负债融资、扩大财务风险的融资方式，追求融资杠杆带来的资金收益率的快速增长。

建设项目公司在制定融资方案做出资金结构决策之前，要从多方面进行分析比较。可先从充分利用负债开始，然后逐次降低负债比重，进行资金成本测算，形成多个可供选择的方案，并从这些方案中选出资金成本低、经营风险与财务风险匹配、符合行业特点并达到行业规定的资本金比例要求的融资方案。

3.4.2　选择合理的债务结构

选择合理的债务结构包含三层意思：一是选择建设项目负债融资方案中的期限结构、利率和汇率结构、币种结构；二是负债融资方式是选择债券融资还是信贷融资，以及债券融资和信贷融资的比例；三是选择国内融资和国外融资的比例和数额等。

在确定债务结构之前，建设项目公司应对项目建设所需的资金需求计划有全面准确的预测，对国内外金融市场有全面的了解，对主要贷款银行的实力、服务进行必要的调查。在此基础上，选择融资方式，合理确定债务期限结构，按实际资金需求确定短期、中期、长期债务的比例，并根据金融市场情况决定利率结构。如果建设项目需要使用外汇贷款并在国际金融市场融资时，要慎重选择外汇币种，并对汇率和利率变化作出预测，进行必要的权衡和抉择。一般来说，在国际金融市场上利率水平相对较低，具有上升趋势时，可选择固定利率贷款；反之，应选用浮动利率贷款。

3.4.3　提供有效信用保证

融资信用是以偿还为条件的价值运动的特殊形式，是对诚实守信的一种承诺。一般来说，融资信用来自两个方面：一是来自借款人本身的信用和对建设项目未来现金流的预测；二是来自借款人以外的直接或间接担保。对建设项目融资来说，这种担保可能是至关重要的。

建设项目融资中，可能采用的借款担保方式主要包括以下几种：

（1）投资方担保　指由投资方对项目建设期和生产运营期的部分或全部贷款提供担保。

（2）财产抵押　指以借款人或其他人拥有的财产抵押。

（3）动产或权益质押　指以借款人或其他人拥有的流动资产或权益质押。

（4）第三方保证　指在银行贷款或发行债券时，由有较高信用和较强实力的第三方提供担保。

（5）投资人承诺　指投资人对项目资本金出资和追加的承诺。

（6）借款人承诺　指借款人承诺保证合理的财务比率和保持特定的财产等。

（7）政府承诺　指政府对建设项目税收及其他优惠的承诺，对某些特定项目投资运营的承诺。

（8）项目参与方的合同保证　指建筑施工承包商对完工和质量的保证承诺，设备、材料供应商的供货保证，与生产运营有关的产品销售和服务协议，与项目运营公司签订的经营管理协议等。

（9）保险　指工程险、财产险等。

建设项目公司在融资过程中必须十分重视融资信用保证结构设计和信用保证措施的落实。良好的信用保证措施可以降低融资成本，获得项目建设所需资金，保证项目建设顺利实施。有关建设项目融资信用保证结构，借贷双方需要进行充分协商，达成平衡，使双方的权益都能得到有效的保障。

3.4.4　建立融资信用

建设项目的信用和声誉一经建立，就等于获得长远的投资和良好的无形资产，在金融市场上就能赢得尊重和主动。商誉和信用是企业、项目或个人最主要的无形资产。信用的建立需要长时间自觉遵守市场经济的游戏规则和体现企业的自律精神。信用一旦遭到破坏，就很难重新建立起来。把建立融资信用作为融资策略，强调在市场经济活动中诚实守信，不仅要通过各种融资方式获得项目建设所需要的资金，还要强调应从项目开始就信守诺言，制订偿债计划，按时、足额偿还负债本息。

3.4.5　争取有利的权益主张

建设项目公司在融资过程中，任何融资协议或合同都是由双方协商确定的。为了保护自身的权益，建设项目公司应该努力争取对建设项目最有利的权益主张。

1）国家投资的项目、国家财政贴息的项目、利用外国政府贷款的项目，在资金安排上应尽量争取先用或多用财政资金和外国政府贷款，减少建设项目的利息支出。

2）在银行贷款合同中，贷款银行都有对自己有利的“保护性条款”。建设项目公司也应提出有利于建设项目的“保护性条款”，如“货币可转换”条款、“提前还款”和“延期还款”等保护性条款等。在选择贷款银行时，不仅要看贷款资金成本高低，还要看银行的实力和客户服务水准，这是确保资金来源安全可靠的重要条件。

有些基础设施和公用设施建设项目，建设项目公司应与政府有关部门协商，尽量争取政府政策支持和财政支持。

3.4.6　聘请融资顾问

聘请融资顾问就是聘请能够为建设项目融资活动提供咨询的专门人才。由于建设项目所需资金巨大，资金来源复杂，期限、利率、管理费用和附加条件繁多，为了降低资金成本，防范筹资风险，一般都应聘请融资顾问。国际上的大型建设项目，特别是采用“项目融资”的建设项目，在建设项目开始阶段就聘请合格的融资顾问。

融资顾问的主要任务是参与建设项目可行性研究，制定融资方案，规划资金来源，安排融资策略，监督和管理贷款合同的执行。建设项目融资顾问可由商业银行、政策性银行、投资银行、金融公司和有权威的咨询公司及大型承包商等机构选聘有丰富的融资知识和经验的专门人才组成。建设项目公司在选聘融资顾问时，主要考查：①其信誉、业绩以及在金融市场上的地位和权威；②其在金融和行业方面的知识、经验及具体的业绩；③过去与建设项目公司合作良好的记录；④对项目所在地风险情况的熟悉程度等。

对于建设项目公司来说，融资顾问提出的各种方案、安排和计划都是咨询意见，最终还是要自己拿主意。也就是说，既需要融资顾问，又不能完全依赖融资顾问，最终决策还需要由建设项目公司负责。

思　考　题

1. 简述建设项目融资的概念。
2. 简述建设项目融资的特征。
3. 简述建设项目融资的原则。
4. 简述建设项目融资形式。
5. 什么是项目资本金制度?
6. 什么是资本金保全?
7. 简述负债融资及其特点。
8. 简述融资租赁及其形式。
9. 如何进行资金成本分析?
10. 如何选择合理的债务结构?

第4章 建设项目组织管理

4.1 建设项目组织管理概述

4.1.1 组织及组织结构

4.1.1.1 组织的概念

“组织”有两种含义：第一种含义是指组织机构，即所谓组织，就是为了使系统达到它的特定目标，使全体参加者经分工与协作以及设置不同层次的权力和管理制度而构成的一种人的组合体。第二种含义：“组织”为动词，是指组织行为，即通过一定的权力和影响力，为达到系统的特定目标，对所需要资源进行合理配置，正确处理人与人、人与事、人与物间关系的行为。

“组织”的这两种含义，分属组织理论的两个分支，即组织机构学和组织行为学。组织机构学侧重于组织的静态研究，以建立精干、合理、高效的组织结构为目的；组织行为学侧重组织的动态研究，以建立良好的人际关系为目的。

组织学中，从人类社会组织的共性出发，把组织定义为：组织是人们为了一定目标的实现而进行合理的组织和协调，并具有一定边界的社会实体。这个定义中包含五层意思。

1）组织是由人们组成的。

2）组织是有一定目标的，这是任何人类社会组织产生和存在的最根本原因。

3）组织是一个社会实体，也就是说，它与其环境既具有相互依托的共性，又具有相对独立的个性；内部的各个部门和成员之间也同样具有既相互依托又相对独立的特性。

4）进行合理的组织和协调是指必须对各相关要素进行合理的组织和协调，以使组织的目标得到有效的实现。

5）一定的边界是指它与别的组织是有所不同的。这种边界给人们以不同的印象，便于识别。

4.1.1.2　组织结构

组织结构就是组织内部构成和各个有机组成要素之间所确立的较为稳定的相互联系方式或形式，也可叫做组织各要素相互联结的框架。组织结构的基本内涵是：确定正式关系与职责的形式；向组织各个部门或个人分派任务和各种活动方式；协调分离的各个部门或个人活动和任务的方式；组织中权力、地位和等级关系。从具体分析和研究的角度来看，组织结构应包括三个核心内容：

（1）组织结构的复杂性　它是指组织机构内各要素之间的差异性，包括组织内的专业分工程度、垂直领导的层数以及组织内人员及各部门的分布情况等。

（2）组织结构的规范性　它是指组织中各项工作的标准化程度。具体来说，就是有关指导和限制组织成员行为和活动的方针政策、规章制度、工作程序、工作过程标准化程度等。

（3）组织结构的集权与分权性　它是指在组织中的决策权集中在组织结构中的哪一点上的程度与差异。

4.1.1.3　组织结构设计

组织结构设计就是指规划和设计组织的各个要素和部门，以及如何使这些要素和部门有机地联合起来，协调运作，以便从组织的结构上确保组织目标的有效实施。

1. 组织结构设计内容

具体包括以下几项：

1）确定组织内部门的设置，明确各部门及人员职责。

2）确定组织内各部门和人员的权力地位，明确各部门和人员之间的相互关系。

3）明确组织内指令下达和信息的沟通方式，确定协调各部门和个人活动的方式。

4）制定各种规章制度，确定工作流程。

2. 组织结构设计原则

无论采用何种组织形式，在进行组织结构设计时一般应遵循以下原则：

（1）任务目标原则　任何一个组织，都有其特定的目标，每个组织及其某一个组成部分，都应与其自己特定的目标任务相联系，以任务目标为中心，因事建机构，因事设职务，因事配人员，避免机构设置的臃肿、复杂。

（2）分工与协作统一原则　组织设计中坚持分工与协作统一的原则，就是要做到分工合理，协作明确。对于每个部门每个工作者，都要明确其工作内容、工作范围、相互关系、协作方法。要尽可能按照专业化的要求来设置组织机构。一般来说，分工越细，专业化水平越高；责任越明确，效率也越高；但也容易出现机构增多，协作困难，协调工作量增加等问题。分工太粗，机构设置减少，协调容易，易于培养多面化的人才；但是，专业化水平和效率比较低，容易产生推诿责任的现象。具体确定时，要根据实际，如人员素质水平、管理难易等因素来确定，同时要注意分工的经济效益。在组织机构中还必须强调协作。所谓协作，就是明确组织机构中各部门之间和各部门内部的协调关系与配合方法。

（3）命令统一原则　命令统一原则的实质，就是在管理工作中实行统一领导，建立起严格的责任制，消除多头领导和无人负责现象，保证全部活动的有效领导和正常进行。

（4）集权和分权相结合的原则　集权与分权是相对的概念，在任何组织中都不存在绝对的集权和分权。在组织结构设计中，所谓集权，就是指最高领导者掌握指挥权，其下各层次管理人员只是听其命令做执行者；所谓分权，就是指各层次管理人在各自的管理范围内有足够的决策权，最高领导者主要起协调作用。组织结构设计时，采取集权形式，还是分权形式，要根据任务的特点、各层次管理人员的任务、能力、工作经验、工作态度等因素进行综合考虑。集权到什么程度，应以不妨碍基层人员的积极性为限；分权到什么程度，应以上级不失去对下级有效合理的控制为限。从当今国内外组织管理的实际情况来看，组织走向分权化是主要趋势。

（5）责权利相对应的原则　有了分工，就意味着承担了各自的责任，承担了责任就要有职务和与责任相等的权利，并享有相应的利益。

（6）精干高效的原则　精干，这是指在保证工作保质保量完成的前提下，用尽可能少的人去完成工作。之所以强调用尽可能少的人，这是因为根据大生产管理理论，多一个人就多一个发生故障的因素；另外，人员多易助长推诿拖拉、相互扯皮的风气，造成办事效率低下。为此，要坚持精干高效的原则，力求人人有事干，事事有人管，这既是组织结构设计的原则，又是组织联系和运转的要求。

（7）稳定与改革相结合的原则　组织结构是保证组织各方面工作正常运行的重要机制，应当保持相对的稳定性，如果一个组织经常地变化，这个组织将陷入混乱的状态。但是，组织内部的因素和外部的环境条件是变化发展的，组织的发展战略及目标也要不断调整，这时组织结构如不作相应的改革，将会运转效率低下，保证实现组织目标的功能降低。所以，一个组织在一定的时期必须作出必要的改革，否则，将会被淘汰。

（8）执行和监督分设的原则　这一原则要求组织中的执行机构和监督性机构应当分开设置，不应合并为一个机构，只有分开设置才能使监督机构起到应有的监督作用。

4.1.2 建立建设项目管理组织的步骤

1. 确定组织目标

目标是管理组织设立的前提。根据建设项目管理目标，明确划分各分解目标，列出实现总目标和分目标所要进行的工作内容。

2. 确定建设项目管理的工作内容

对根据项目管理目标列出的工作内容进行合理、科学的归并和组合，明确确定建设项目管理组织的工作内容。

3. 组织结构设计

包括以下两层含义：

（1）合理确定组织机构形式　根据建设项目的规模、性质、建设阶段，可以选择不同的组织机构形式。机构形式的确定应有利于合同管理，有利于控制目标，有利于决策指挥、信息沟通。

（2）合理确定管理层次　管理层次不宜过多，一般有三层：决策层、中间层和执行层。

4. 配制工作岗位和工作人员

人员配制要体现“职能要落实，人员要精干”，以满负荷工作为原则。

5. 制定岗位职责标准、工作流程和信息流程

岗位职责要规定各类组织机构人员的工作职责。

6. 制定工作流程与考核标准

为使建设项目管理工作科学有序地进行，应按项目管理工作的客观规律和目标制定合理工作流程，规范化的开展管理工作，并应确立考核标准，对管理人员的工作进行定期考核，严肃工作纪律，奖罚分明，使工作人员人尽其责。

组织机构设置程序如图 4-1 所示。

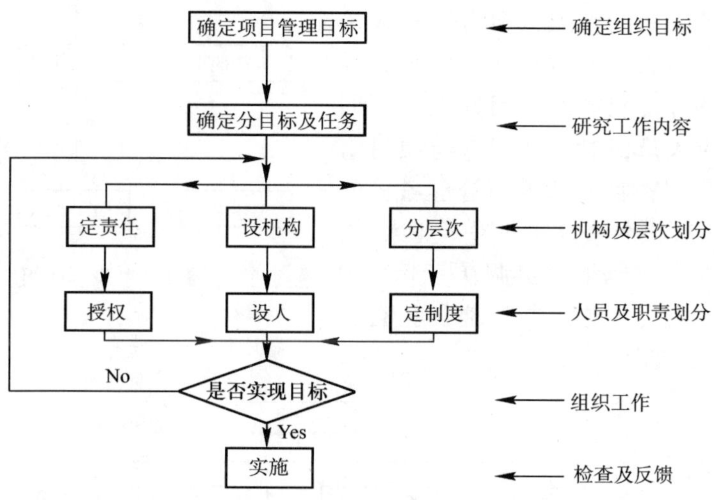

图 4-1　组织机构设置程序

4.2　建设项目组织形式

建设项目组织形式的确立要根据项目的管理主体、项目的承包形式、组织自身情况来进行。

4.2.1　通常的项目组织结构形式

4.2.1.1　直线式组织结构

直线式组织结构，又称“军队式组织结构”，是一个组织中上、下级成直线式权责关系的一种组织结构形式。所有职位均按直线排列，管理者进行单线垂直领导，人员相对稳定，信息传递简单迅速，人员接受任务快，人事关系容易协调。直线式组织形式如图 4-2 所示。

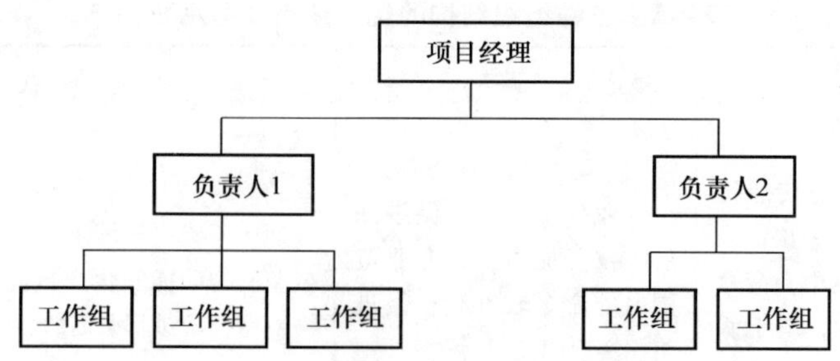

图 4-2　直线式组织结构图

4.2.1.2　职能式组织形式

职能式组织是经理下设的各职能部门，各职能部门分别从职能的角度对基层进行业务管理，其组织形式如图4-3所示。这些职能部门可以在一定授权范围内，对其主要管理的业务下达命令和指示。

4.2.1.3　矩阵式组织结构

结构形式呈矩阵式的组织，项目管理人员由企业有关职能部门派出并进行业务指导，受项目经理的直接领导。职能部门根据项目不同的职能，设置相应人员，对本部门参与项目组织的人员有组织调配、业务指导和管理考核的责任；项目经理将参加本项目的各种专业人员，按项目实施的要求有效地组织协调在一起，为实现项目目标共同配合工作，并对他们负有领导责任。其组织形式如图4-4所示。

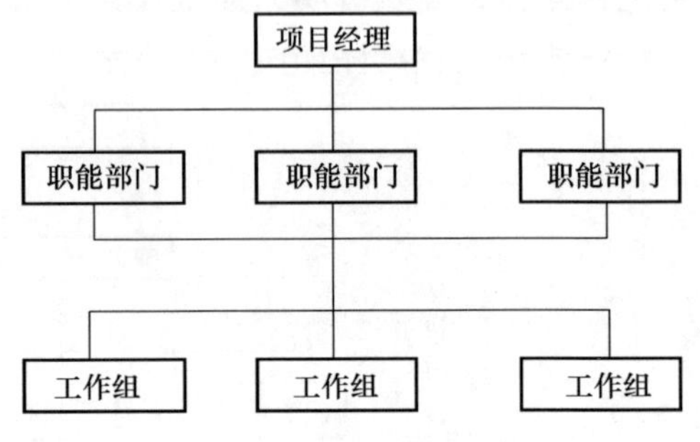

图4-3　职能式组织结构图

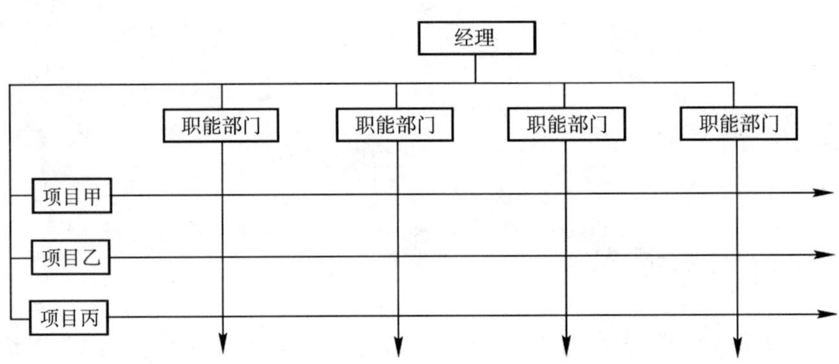

图4-4　矩阵式组织结构图

4.2.1.4　混合式组织结构

在实际建设项目管理中，组织结构的选择不是单一的一种，有可能是上述几种的任意两个的组合或综合，这样建立起来的组织结构就是混合式建设项目管理组织。其特点是某两种组织结构的综合体，可以兼具两者优点，避免两者的一些缺陷。但也会使一些组织机构层次的设置重复，费用增加，协调困难。

以上各种组织结构的优、缺点及适用范围见表4-1。

表4-1　各种组织结构的优、缺点及适用范围

结构	直线式	职能式	矩阵式
优势	机构简单；信息传递迅速，个人获得指令快；人员稳定，权力集中，命令统一；职责分明，上下级隶属关系明确	专业分工明确，促进深层次技能提高；对专业范围内的命令较准确；促进组织实现职能目标	适于不确定环境下进行复杂的决策和经常性的变革；为职能和生产技能改进提供了机会；为适应双重要求进行必需的协作

（续）

结构	直线式	职能式	矩阵式
劣势	横向联系不畅；专业分工不明确；主要依靠“个人”能力领导	对外界环境变化反应较慢；命令下达时造成多头领导的局面；导致职能机构间缺少横向协调；对组织目标的认识有限	项目执行机构在双重命令中目标和任务不明确，降低基层员工的积极性和主动性；信息传递不畅；人际关系不易协调
适用	中、小型项目	中、小型项目；项目地理位置集中	大型复杂项目或同时进行多个项目

4.2.2 项目法人

我国近年来发布了对于政府投资工程，应该严格执行项目法人责任制等管理制度。项目法人责任制是为了建立投资约束机制，规范建设单位行为，明确其责、权、利，提高建设水平和投资效益。这个制度要求按《中华人民共和国公司法》的规定设立项目法人，由项目法人对项目的策划、决策、资金筹措、建设实施、生产经营、债务偿还和资产的保值增值实行全过程负责的制度。其目的就是为了避免政府投资的无谓浪费，保证政府投资的效果。

国有单位经营性大中型建设项目必须在建设阶段组织建立项目法人。项目法人可按《中华人民共和国公司法》的规定设立有限责任公司（包括国有独资公司）和股份有限公司等。

4.2.2.1 项目法人的设立

项目建议书被批准后，应由项目的投资方派代表组成项目法人筹备组，具体负责项目法人的筹建工作。在申报项目可行性研究报告时，需同时提出项目法人的组建方案，否则，其项目可行性研究报告不会被批准。项目可行性研究报告被批准后，正式成立项目法人，并按有关规定确保资金按时到位，同时及时办理公司设立登记。国家重点建设项目的公司章程报国家发展改革委备案；其他项目的公司章程按项目隶属关系分别报送有关部门和地方发改委。

4.2.2.2 项目法人组织形式

1. 国有独资公司

国有独资公司设立董事会，由投资方负责组建。各类建设项目的董事在建设期间应至少有一名长驻现场管理。董事会应建立例会制度，讨论建设项目的重大事宜，以决议形式予以确认并对资金支出进行严格管理。建设项目董事会职权包括以下内容：

1）负责筹措建设资金。

2）审核上报项目初步设计和核算文件。

3）审核上报年度投资计划，落实年度资金。

4）提出项目开工报告。

5）研究解决建设项目建设过程中发生的重大问题。

6）负责提出项目竣工验收报告。

7）审定偿还债务计划和生产经营方针，并负责按时偿还债务。

8）聘任或解聘项目总经理，并根据总经理的提名聘任或解聘其他高级管理人员。

2. 国有控股或参股的有限责任公司、股份有限公司

国有控股或参股的有限责任公司、股份有限公司设立股东会、董事会、监事会。

4.2.2.3 项目经理负责制

项目经理负责制是企业内部承包责任制的形式之一，是指项目经理全面负责的组织管理形式作为一种制度在企业内实行。项目经理负责制是一种现代化的组织管理制度。

1. 项目经理

项目经理居于整个项目的核心地位，他对整个项目经理部以及对整个项目起着举足轻重的作用。项目经理是受企业法定代表人的委托对项目全过程实行全面负责的项目管理者；是项目目标的全面实施者；是协调各方面关系使其相互紧密配合与协作的桥梁和纽带；他对项目实施进行控制，是各种信息的集散中心。他是项目责、权、利的主体；是组织管理责任的主体。项目经理是项目组织的核心，他对于整个建设项目管理以及对整个项目都起着举足轻重的作用。

业主经董事会的认可聘任或解聘项目经理。而承包商也要成立自己的项目部，任命项目经理。虽然都称作项目经理，但他们所处的角度不同，对项目管理的范围和职责也有所不同。业主的项目经理的职权包括以下内容：

1）组织编制项目初步设计文件，对决策性内容提出意见，并提交董事会审查。

2）组织设计、施工管理、施工队伍和材料设备采购的招标工作，组织编制和确定招标的方案、标底和评标的标准，评选和确定中标单位。在实行国际招标项目时，按国际规定执行。

3）编制并组织实施项目年度投资计划、用款计划、建设进度计划。

4）组织编制项目财务预、决算。

5）编制并组织实施归还贷款和其他债务计划。

6）组织工程建设实施，负责控制工程投资、工期和质量。

7）在建设过程中，在批准的概算范围内对单项工程的设计进行局部调整。

8）根据董事会授权处理项目实施过程中的重大紧急事件并及时向董事会报告。

9）负责生产准备工作和培训有关人员。

10）负责组织单项工程预验收和项目试生产。

11）拟定生产经营计划、企业内部机构设置、劳动定员定额方案及工资福利方案。

12）组织项目后评价，提出项目后评价报告。

13）按时向有关部门报送项目建设、生产信息和统计资料。

14）提请董事会聘任或解聘项目高级管理人员。

2. 项目经理部

项目经理部实质是在项目经理领导下的项目经营管理层，其职能是对项目管理实行全过程的综合管理。项目经理部是项目管理的中枢、项目责权利的落脚点。项目经理部是相对独立的，它既是企业的一级经济组织，又是企业的一级行政管理组织；项目经理部还具有单体性和临时性，它随着项目的立项而成立，随着项目的终结而解体。项目设置项目经理部或项目小组，它的组织和人员设置与所承担的项目管理任务相关。对中小型的建设项目，项目经理部人员通常有：项目经理、专业工程师（土建、安装、各专业设备等方面技术人员）、合

同管理人员、成本管理人员、信息管理员、秘书等。有时还可能有负责采购、库存管理、安全管理、计划等方面的人员。对大型的、特大型的项目，常常必须设置项目经理部（或项目指挥部），项目经理下设各个部门，如计划部、技术部、合同部、财务部、供应部、办公室等。

4.3　业主方项目管理方式

4.3.1　业主方自管方式

业主方自行组建项目管理班子，一般是建设单位设置基建机构，负责建设项目管理的全过程，如支配资金，办理各种手续及准备场地，设计招投标，采购设备，施工招标，验收工程等。有的还自己组织设计施工队伍。作为一个单位的基建部门，其专业技术人才的数量、人才结构、水平等往往不能满足工程建设的需要，而且由于工程建设任务不多，工作经验也难以积累，最终造成项目的管理不善。其组织结构如图 4-5 所示。

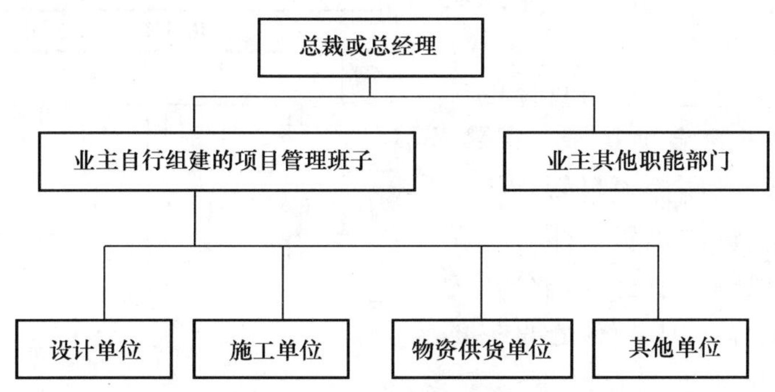

图 4-5　业主方自管组织结构示意图

工程指挥部是业主方自行管理的典型模式。指挥部通常由政府主管部门指令各有关方面派代表组成。在计划经济体制下，在当时的社会条件下，指挥部的管理体制对于保证重点工程建设项目的顺利实施，发展国民经济，起着非常重要的作用。工程指挥部组织结构如图 4-6 所示。进入市场经济情况下，其弊端也越来越多地显露出来，如工程指挥部的工作人员临时从四面八方调集而来，多数人员一般缺乏项目管理经验。由于是一次性、临时性工作，也难以积累经验，工作人员也不稳定。指挥部政企不分，与建设单位的关系是领导与被领导关系，指挥部凌驾于建设单位之上，一般仅对建设期负责，对经营期不负责，不负责投资回收和偿还贷款，因此他们考虑一次性投资多，考虑项目全寿命经济性少。采用指挥部管理组织方式存在的问题是：①以行政权力、利益方式代替科学管理；②以非稳定班子、非专业班子进行项目管理；③缺乏建设期和经营期的综合考虑。由于上述原因，此种方式一般项目现已不采用，但我国有些财政投资的大型项目还是采用工程指挥部的模式。

4.3.2　业主方委托项目管理方式

建设单位将整个工程项目的全部工作，包括可行性研究、建设准备、规划、勘察设计、材料供应、设备采购、施工、监理及工程验收等全部任务都委托给工程项目管理专业公司去

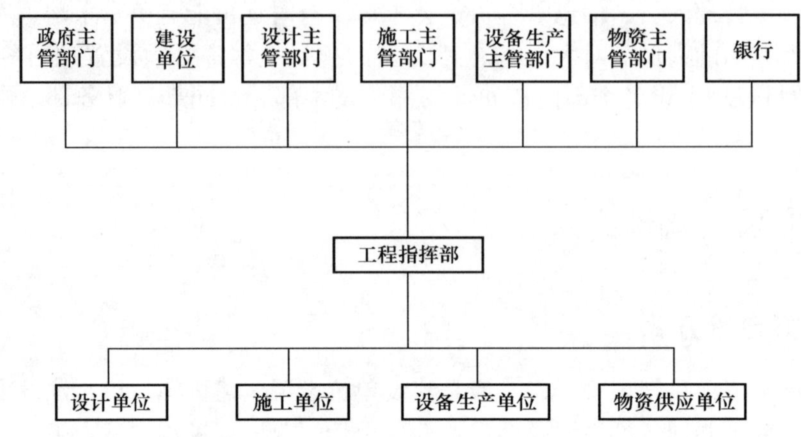

图4-6　工程指挥部项目管理组织结构示意图

做。这个专业公司派出项目经理，进行整个建设项目管理或组织有关专业公司共同完成整个建设项目。这种项目管理组织结构如图4-7所示。

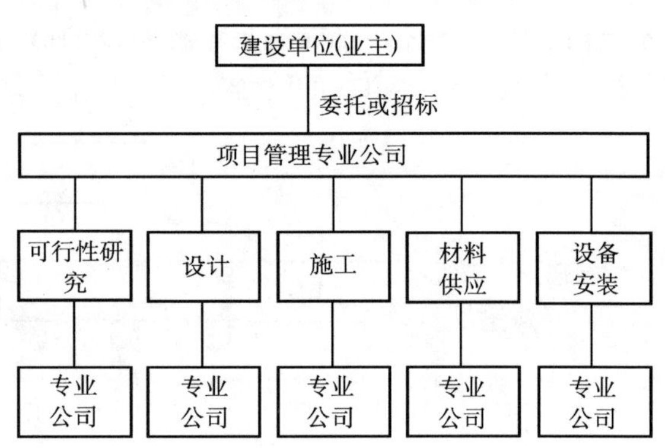

图4-7　工程托管项目管理组织结构示意图

采用这种方式，业主不参与具体的项目管理工作，主要进行有关决策、审核、确认和检查等工作。在委托项目管理模式中，项目管理公司提供的是咨询服务，不是承包。根据国际惯例，项目管理公司为业主的利益开展工作，但并不是业主的代理。

根据建设项目的规模和特点，业主可以委托一个单位对工程进行管理，也可以委托多个单位进行管理。

4.3.3　业主方和工程咨询单位合作进行项目管理

业主方与工程咨询单位合作进行项目管理，具体合作方式可以有不同情况：业主与工程咨询单位共同组建项目管理班子，双方人员在一个统一的项目经理领导下，分别承担不同的项目管理任务，其组织结构如图4-8所示。业主自己组建项目管理班子，全面负责整个建

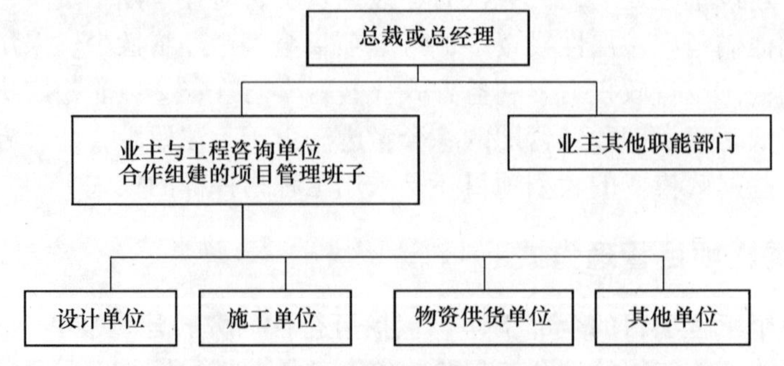

图4-8　业主与工程咨询单位共同组建项目管理班子组织结构示意图

设项目的组织实施，将一种或几种项目管理任务委托工程咨询单位完成，其组织结构如图4-9所示。如我国实行的工程监理制度，其性质就属于这种方式。

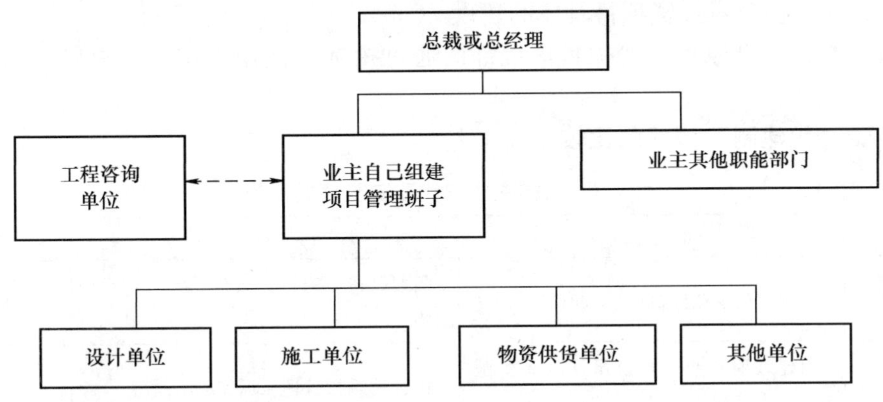

图4-9　业主将部分项目管理任务委托工程咨询单位的组织结构示意图

4.3.4　代建制管理方式

我国近年开始尝试和推行代建制，2004年7月颁布的《国务院关于投资体制改革的决定》明确提出，在政府投资项目中要推行“代建制”管理。政府投资项目代建制，是指政府对非经营性投资项目通过公开招标等方式选择专业化的项目建设管理单位（代建单位），由代建单位负责项目前期阶段和建设实施阶段的组织管理工作，控制项目投资、保证质量和工期，项目竣工验收后移交使用单位。代建单位作为项目建设期的法人，负责项目建设的全过程组织和管理，政府通过合同而非行政权力来约束代建单位。

代建制的实行使现行政府投资体制中“投资、建设、管理、使用”四位一体的管理模式各环节彼此分离，互相制约，可有效遏制政府投资项目中的腐败现象，对治理全国范围内普遍存在的工程项目“三超”（超投资、超规模、超标准）现象具有示范意义。

各地在政府投资项目管理的实践探索中，出现了以下三种主要“代建制”模式：

（1）深圳（珠海）模式　深圳市的代建制管理模式主要是借鉴香港等地的做法设立工务局，作为负责政府投资工程和其他重要公共工程建设管理的专门机构。取消政府投资工程“一次性业主”的建设管理模式。项目组是经批准成立并授权管理工程项目的具体执行机构，全面负责项目实施，并直接对分管领导负责。

深圳工务局是一个事业单位。其主要职责：

1）参与编制市政府投资市政基础设施工程项目的中长期建设规划和年度计划。

2）参与或主持市政府投资建设工程项目的前期工作。

3）根据市计划部门下达的政府投资项目计划，组织施工图设计和审查，编制项目预算，并分别报有关部门审批。

4）负责项目的施工报建、招投标管理、委托监理、签订合同、质监登记、安监登记等施工准备工作。

5）负责项目施工全过程的协调和监管。

6）负责编制项目的结算、竣工决算并送审，组织有关单位进行工程竣工验收，办理产权登记和资产移交手续。

（2）上海模式　由政府通过招标方式在市政局、水务局、交通局中选择专业性建筑项目管理公司，来管理政府投资项目具体的建设。

（3）北京模式　北京市政府项目审批部门通过招标与使用单位、代建单位三方签订委托代建合同。

三种主要“代建制”模式的比较见表4-2。

表4-2　三种主要“代建制”模式比较

模式	组织特点	运作成本	委托人意图
深圳（珠海）模式	成立专门事业性机构（政府自营）	需要聘请专家进行管理，有一定运作成本	体现较好
上海模式	组建政府专业投资公司（内部委托、市场运作）	由公司进行管理，运作成本低	体现较好
北京模式	不需要成立专门机构（政府参与市场）	政府需要专门人才进行管理，运作成本高	体现好

4.4　建设项目承发包模式

建设项目承发包模式又可以叫做工程任务委托模式，它反映了项目建设业主与承包人之间，承包人与分包人等之间的合同关系。

工程的承发包方式多种多样，适用于不同的情况。业主应结合自己的意愿、工程项目的具体情况，选择有利于自己进行项目管理，达到节约资金、确保质量目的的发包方式。而承包商应结合自身的经营状况、承包能力及工程项目的特点、业主所选定的发包方式等因素，选择承包有利于减少自身风险，又有合理利润的建设项目。建设项目承发包模式一般分为以下几类。

4.4.1　平行承发包

平行发包，也叫做分别发包。就是业主把任务分别委托给多个设计者和多个施工单位。各设计单位之间的关系是平行的，各施工单位之间关系也是平行的。

采用平行承发包方式，建设单位需要和多个设计单位、多个施工单位签订合同，为控制项目的总目标，建设单位协调工作量相当大。这种模式对投资控制不利，因为总造价要等签了最后一个合同才知道；对进度协调不利，因为要协调各个设计单位的进度，还要协调各个施工单位的进度，还要协调施工单位与设计单位的进度，协调工作量大；对合同管理来说，要签的合同太多，不便于进行管理。但这种模式也有有利的一面，即有利于边设计边施工。由于设计和施工任务经过分解分别发包，设计与施工阶段有可能形成搭接关系，从而缩短整个建设工程工期，有利于质量控制，有利于业主选择承建单位。

4.4.2　总承包

工程总承包是指从事工程总承包的企业受业主委托，按照合同约定对工程项目的勘察、设计、施工、采购等实行全过程或若干阶段的承包。是业主方把建设工程项目的设计任务和施工任务进行综合委托的模式。经业主同意，总承包单位可以根据实际需要将任务的一部分分别分包给其他符合资质的分包人。

我国《建筑法》第二十四条规定：“提倡对建筑工程实行总承包，禁止将建筑工程肢解发包。建筑工程的发包单位可以将建筑工程的勘察、设计、施工、设备采购一并发包给一个工程总承包单位，也可以将建筑工程勘察、设计、施工、设备采购的一项或者多项发包给一个工程总承包单位；但是，不得将应当由一个承包单位完成的建筑工程肢解成若干部分发包给几个承包单位。”

工程总承包是国内外建设活动中较多使用的发承包方式，业主方摆脱了工程建设过程中的杂乱事务，避免了人员与资金的浪费；主包方减少了变更、争议、纠纷和索赔的耗费，使资金、技术、管理各个环节衔接更加紧密。充分发挥大承包商所具有的较强技术力量、管理能力和丰富经验的优势。由于各建设环节均置于总承包商的指挥下，因此各环节的综合协调余地大大增强，这对于确保质量和进度是十分有利的。分包方的社会分工专业化程度由此得以提高。

4.4.2.1　按总承包范围分类

根据工程项目的不同规模、类型和业主要求，按总承包范围，工程总承包可分为设计总承包或施工总承包、设计施工总承包、EPC总承包、设计—采购总承包（E－P）、采购—施工总承包（P－C）等方式，还有考虑融资的BOT模式等。图4-10是几种主要总承包模式承包范围示意图。

	工程项目建设程序								
	项目决策	项目融资	初步设计	技术设计	施工图设计	材料设备采购	施工安装	试运行	项目运营
全过程总承包	——	——	——	——	——	——	——	——	
建造—经营—转让总承包（BOT）		——	——	——	——	——	——	——	——
设计—采购—施工总承包（EPC）			——	——	——	——	——	——	
设计—施工总承包（DB）			——	——	——		——		

图4-10　几种主要总承包模式承包范围示意图

1. 施工总承包

施工总承包是指业主方将全部施工任务发包给一个施工单位或由多个施工单位组成的联合体或合作体，施工总承包单位主要依靠自己的力量完成施工任务，经发包人同意，施工总承包单位可以根据需要再将施工任务分包给符合资质的分包单位施工。

施工总承包一般要等到施工图设计全部结束后，才能进行施工总承包的招标，建设周期较长，但不确定性因素减少了，有利于实行总价控制。与平行承发包模式相比，业主只负责对施工总承包单位的管理及组织协调，工作量大大减少。

2. 设计施工总承包

设计施工总承包（Design And Build）又称为“交钥匙”承包模式。业主在项目立项（或方案竞赛完成）以后，就将工程项目的设计和施工任务一次发包出去，签订一份合同。获得合同的承包商要负责项目的设计、施工到试运行全部工作；必要时，还包括工程项目的维修工作。采用这种方式，业主必须很有经验，能够同承包商讨论需要对方干什么，如技术要求、工程款支付方式和施工监督的方式。由于承包商在设计未完成之前就要进行报价，风险比较大，所以这种合同方式最适合他们非常熟悉的工程项目。采用这种合同方式，对业主的项目管理比较有利，因为其合同关系简单，组织协调工作量小。这种承包模式有利于投资控制、进度控制和合同管理。有许多业主愿意采用这种承发包模式。适应这种要求，国外某些大承包商往往和勘察设计单位组成一体化的承包公司，或者更进一步扩大到若干专业承包商和器材生产供应厂商，形成横向的经济联合体。近几年来，我国各部门和各地方建立的建设工程承包公司（集团）也属于这种承包单位。

采用这种承包方式，业主选择承包商的范围小，因为有此能力的承包商相对较少；使用这种模式，招标发包工作难度大，合同条款不易准确确定，容易造成较多的合同争议；再者由于承包风险大，合同价相对也较高；还有就是质量控制较难。

3. EPC 模式

EPC 为英文 Engineering - Procurement - Construction 的缩写，我国一些学者将其翻译为设计—采购—建造。这容易使人从中文的角度理解，从而将 EPC 模式与项目总承包模式相混淆。在 EPC 模式中，它不仅包括具体的设计工作，而且可能包括整个建设工程内容的总体策划以及整个建设工程实施组织管理的策划和具体工作。与项目总承包模式相比，EPC 模式将承包范围进一步向建设工程前期延伸，也就是我们所说的通常意义下的决策阶段。业主只要大致说明一下投资意图和要求，其工作均由 EPC 承包单位来完成。

项目总承包模式一般不特别说明其使用的工作范围，而 EPC 模式都特别强调适用于工厂、发电厂、石油开发和基础设施等建设项目。

项目总承包模式不意味着材料和工程设备的采购完全由业主掌握。实际上，在项目总承包模式中，大多数材料和工程设备通常是由项目总承包单位采购，但业主可能保留对部分重要工程设备和特殊材料的采购权。在 EPC 模式中，材料和工程设备的采购完全由 EPC 承包单位负责。

与建设工程承发包的其他模式相比，EPC 模式有以下几方面基本特征：

（1）承包商承担大部分风险　在 EPC 模式条件下，由于承包商的承包范围包括设计，因而很自然地要承担设计风险。此外，在其他模式中均由业主承担的“一个有经验的承包商不可预见且无法合理防范的自然力的作用”的风险，在 EPC 模式中也由承包商承担。这是一类较为常见的风险，一旦发生一般都会引起费用增加和工程延误。在其他模式中承包商对此所享有的索赔权在 EPC 模式中不复存在。这无疑大大增加了承包商在工程实施过程中的风险。

（2）业主或业主代表管理工程实施　在 EPC 模式条件下，业主不聘请“工程师”来管理工程，而是自己或委派业主代表来管理工程。

（3）总价合同　总价合同并不是 EPC 模式独有的，但是，与其他模式条件下的总价合同相比，EPC 合同更接近于固定总价合同。在 EPC 模式条件下，业主允许承包商因费用变化而调价的情况是不多见的。这一点也是 EPC 模式与同样是采用总价合同的项目总承包模式的重要区别。

由于 EPC 模式具有上述特征，因而应用这种模式须具备以下条件：

1）由于承包商承担了工程建设的大部分风险，因此，在招标阶段，业主应给予投标人充分的资料和时间，以使承包人能够仔细审核“业主的要求”，从而详细地了解该文件规定的工程目的、范围、设计标准和其他技术要求，向业主提交一份技术先进可靠、价格和工期合理的投标书。另外，承包商在投标前无法进行勘查的工作区域不能太大，否则承包商就无法判定具体的工程量，难以保证报价的准确性和合理性，最终要么损害业主的利益，要么损害承包商的利益。

2）虽然业主或业主代表有权监督承包商的工作，但不能过分地干预承包商的工作，也不要审批大多数的施工图。这样就有利于简化管理工作程序，保证工程按约定的时间建成。而从质量控制的角度考虑，业主应突出对承包商过去业绩的审查，尤其是在其他工程上采用此模式的业绩，并注重对承包商投标书中技术文件的审查以及质量保证体系的审查。

3）由于采用总价合同，因而工程的期中支付款应由业主直接按照合同规定支付，而不是像其他模式那样先由工程师审查工程量和承包商的结算报告，再决定和签发支付证书。

如果业主在招标时不满足上述条件和不愿接受其中某一条件，则该建设项目就不能采用 EPC 模式和 EPC 标准合同文件。

4. BOT 模式

BOT 模式是一种引入外资或私人资本弥补政府对公共基础设施投资不足的方式，有时也被称为“公共工程特许权”。根据我国《基础设施和公用事业特许经营管理办法》（2015年6 月1 日起施行），基础设施和公用事业特许经营，是指政府采用竞争方式依法授权中华人民共和国境内外的法人或者其他组织，通过协议明确权利义务和风险分担，约定其在一定期限和范围内投资建设运营基础设施和公用事业并获得收益，提供公共产品或者公共服务。基础设施和公用事业特许经营可以采取以下方式：

1）在一定期限内，政府授予特许经营者投资新建或改扩建、运营基础设施和公用事业，期限届满移交政府。即建设（Build）—经营（Operate）—转让（Transfer）。一般称标准 BOT。

2）在一定期限内，政府授予特许经营者投资新建或改扩建、拥有并运营基础设施和公用事业，期限届满移交政府。即建设（Build）—拥有（Own）—经营（Operate）—转让（Transfer）。简称 BOOT。

3）特许经营者投资新建或改扩建基础设施和公用事业并移交政府后，由政府授予其在一定期限内运营。即建设（Build）—转让（Transfer）—经营（Operate）。简称 BTO。

4）国家规定的其他方式。

BOT 模式在实践中还有其他一些演变形式，近年来在我国出现了许多 BOT 建设模式。

以上总承包模式对总承包企业的能力要求不同，总承包企业能力的扩展如图 4-11 所示。

4.4.2.2　按总承包单位形式分类

1. 一个承包单位总承包

一个建设项目建设全过程或其中某个阶段的全部工作，由一个承包单位负责组织实现。这个承包单位可以将若干个专业性工作交给不同的专业承包单位去完成，并统一协调和监督

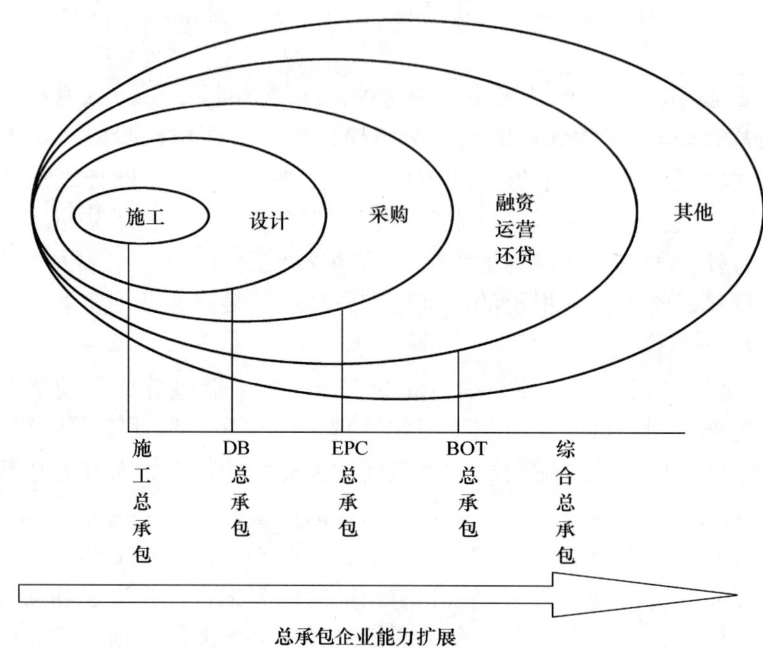

图 4-11 总承包企业能力扩展示意图

他们的工作。在这种情况下，建设单位仅同这个承包单位发生直接关系，而不同各专业承包单位发生关系。承担这种任务的单位叫做总承包单位，或简称总包。

一个总承包单位的总承包方式对业主项目管理有利，因为业主只需要和一个总承包单位签订合同，对投资控制有力。对进度控制和质量控制有有利的一面，也有不利的一面。这种形式对总承包单位而言风险大，需要具有较高的管理水平和丰富的实践经验才能取得成功。但另一方面，总包人也能获得高额利润，这是当前承包市场各承包商竞相力争获得总包合同的原因所在。

2. 联合总承包

联合总承包是指当工程项目规模巨大和技术复杂，以及承包市场竞争激烈，而由一家公司承包项目有困难时，可以由几家公司联合起来建立联合体去竞争承包合同，以发挥各公司的特长和优势，降低报价，提高工程质量，缩短工期，赢得竞争力。参加者可以在发挥各自长处的同时，减少风险。对业主而言，项目的组织管理简单。联合承包的形式，可用在工程项目的设计、施工和监理上。

联合承包，可以是同一国家的工程承包公司的国内联合；也可以是国际性的联合，即几个国家的工程公司的联合，或者外国公司与工程项目所在国的当地承包公司进行联合。

3. 合作体承包

合作体在形式上与联合体一样，但实质却有所不同：

1）参加合作体的各单位都没有足够的力量，都想利用合作体。他们之间既有合作的愿望，但又彼此不够信任。

2）各成员公司的投入都形成完整的承包力量，每家都有人员、机械、资金、管理人员等。

3）分配相当于内部分别独立承包，按各公司承担的工程内容核算。

4）根据内部合同，如其中某一家公司倒闭，其经济责任风险其他成员不予承担，而是由业主负责。

5）因为是一个合作体，故能互相协调。

4.4.3 总承包管理

总承包管理模式，是业主与某个具有丰富建设项目管理经验的一个总承包单位或联合体或合作体签定总承包管理协议，由总承包管理单位负责整个项目的组织与管理。一般情况下，总承包管理单位不直接参与具体的实施工作，具体的实施工作由各个分包商来完成。但有时也有另一种情况，就是总承包管理单位可能也有一定的能力参与其中部分实施工作，这时，它也可以参加这一部分的投标，通过竞争取得实施承包任务。

总承包管理模式总地说来对业主的工作是有利的。总承包管理单位的招标可以不依赖施工图等内容完成就可以开始，分包单位的招标也得到提前，因此可以大大缩短建设工期。对分包人的质量控制由总承包管理方完成，符合“他人控制”质量控制原则，对质量控制有利。由总承包管理单位对所有分包人实施管理及组织协调，大大减轻了业主的工作。各个分包合同交界面的定义由总承包管理单位负责，减轻了业主的工作量。大多数情况下，所有分包合同的招投标、合同谈判、签约工作由业主负责，业主方的招标及合同管理工作量大，对业主不利。

设计采购与施工管理总承包也属于总承包管理模式。设计采购与施工管理总承包［EPCM：即 Engineering（设计）、Procurement（采购）、Construction management（施工管理）的组合］是国际建筑市场较为通行的项目管理模式之一，也是我国目前推行总承包模式的一种。EPCM 承包商是通过业主委托或招标而确定的，承包商与业主直接签订合同，对工程的设计、材料设备供应、施工管理进行全面的负责。根据业主提出的投资意图和要求，通过招标为业主选择、推荐最合适的分包商来完成设计、采购、施工任务。设计、采购分包商对 EPCM 承包商负责，而施工分包商则不与 EPCM 承包商签订合同，但其接受 EPCM 承包商的管理，施工分包商直接与业主具有合同关系。因此，EPCM 承包商无须承担施工合同风险，承担的经济风险相对较小，获利较为稳定。

4.4.4 CM 模式

随着社会技术经济水平的发展，建设项目业主的需求也在不断变化和发展，总的趋势是希望简化自身的管理工作，得到更全面、更高效的服务，更好地实现建设项目预定的目标。与此相适应，建设工程组织管理模式也在不断地发展，国际上出现了许多新型模式。

4.4.4.1 CM 模式的概念及特点

1968 年，汤姆森等人受美国建筑基金会的委托，在美国纽约州立大学研究关于如何加快设计和施工速度以及如何改进控制方法的报告中，通过对许多大建筑公司的调查，在综合各方面经验的基础上，提出了快速路径方法，又称为阶段施工法。这种方法的基本特征是将设计工作分为若干阶段（如基础工程、上部结构工程、装修工程、安装工程）完成，每一阶段设计工作完成后，就组织相应工程内容的施工招标，确定施工单位后即开始相应工程内容的施工。与此同时，下一阶段的设计工作继续进行，完成后再组织相应的施工招标，确定相应的施工单位……其建设实施与传统模式比较如图 4-12 所示。

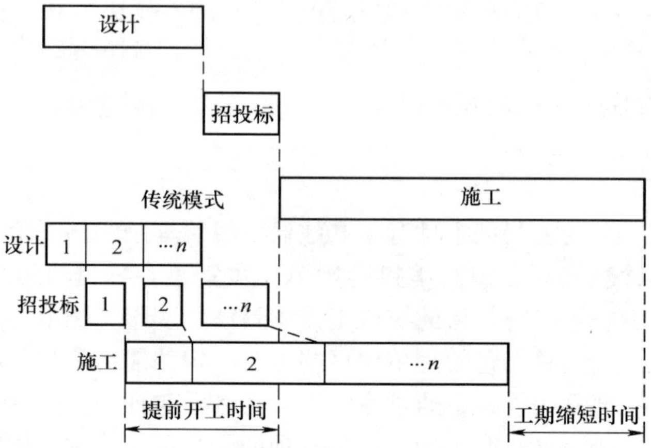

设计
招投标
传统模式
施工
设计 1 2 …n
招投标 1 2 …n
施工 1 2 …n
提前开工时间
工期缩短时间

图 4-12 CM 模式与传统模式比较

从图 4-12 可以看出，采用快速路径法可以将设计工作和施工招标工作与施工搭接起来。与传统模式相比，快速路径法可以缩短建设周期。对于大型、复杂的建设工程来说，这一时间差额很长，甚至可能超过一年。但与传统模式相比，快速路径方法大大增加了施工阶段组织协调和目标控制的难度。这表明，在采用快速路径法时，如果管理不当，就可能欲速则不达。因此，迫切需要采用一种与快速路径法相适应的新的组织管理模式。CM 模式就是在这样的背景下应运而生的。

所谓 CM 模式，也称为两阶段招标，或快速跟进法，就是在采用快速路径法时，从建设工程的开始阶段就雇用具有施工经验的 CM 单位（或 CM 经理）参与到建设工程实施过程中来，以便为设计人员提供施工方面的建议且随后负责管理施工过程。这种安排的目的是将建设项目的实施作为一个完整的过程来对待，并同时考虑设计和施工的因素，力求使建设项目在尽可能短的时间内，以尽可能经济的费用和满足要求的质量建成并投入使用。

CM 模式分为二阶段招标。

（1）第一阶段　一般是在当设计还处于初步设计阶段时，业主就邀请一家有经验的承包商，由业主的项目管理班子和监理工程师与其详细讨论有关工程类型、规模及承包商的能力等各种问题，然后进行投标。由于设计尚未完成，因此承包商只能在近似工程量清单和一份反映该项目可能有的分项工程的单价表上报价。经过综合评定，确定承包商即 CM 公司。

（2）第二阶段　被选中的 CM 公司与设计人员合作，就施工方法、设备选购、进度计划、分包商承担的工程任务等提出建议，并负责选定分包商的全部工作。在招标阶段中，CM 公司负责全部招标工作的组织、招标文件和合同文件的编制，并主持议标和合同谈判工作，直至最后签订分包合同。业主可以始终参与招标合同谈判的过程，并且分包的选定必须征得业主的认可。在施工阶段，CM 公司负责直接管理和协调各分包单位，并负责未分包工程和零星工程的施工，对合同规定范围的工程的质量、进度和投资负全部责任。

4.4.4.2 CM 模式的适用情况

从 CM 模式的特点来看，在以下几种情况下尤其能体现出它的优点：

（1）设计变更可能性较大的建设项目　某些建设项目采用传统模式，即等全部设计图样完成后再进行施工招标，在施工过程中仍然会有较多的设计变更（不包括因设计本身缺陷引起的变更）。在这种情况下，传统模式利于投资控制的优点体现不出来，而 CM 模式更能充分发挥其缩短建设周期的优点。

（2）时间因素最重要的建设项目　对于生产某些急于占领市场的产品的建设项目，如果采用传统模式组织施工，可能因建设周期太长而错失占领市场的时机。这种情况下，即使总投资可能较低，但仍会导致投资效益降低甚至很差。

（3）因为总的范围和规模不确定而无法准确定价的建设项目　这种情况表明业主的前期项目策划工作做得不好，如果等到建设项目总的范围和规模确定后再组织实施，持续时间太长。因此，可采取确定一部分工程内容即进行相应的施工招标，从而选定施工单位开始施工。但是，由于建设项目总体策划存在缺陷，因而 CM 模式应用的局部效果可能较好，而总体效果可能不理想。

以上都是从建设项目本身的情况说明 CM 模式的适用情况。而不论哪一种情况，应用 CM 模式都需要有具备丰富的施工经验和施工管理经验的高水平的 CM 单位，这可以说是应用 CM 模式的关键和前提条件。

4.4.5　Partnering 模式

4.4.5.1　Partnering 的概念

Partnering 一词看似简单，但要准确地译成中文却相当困难，我国有一些学者将其译为伙伴关系，还有一些学者则将其译为合作管理。对 Partnering 一词的理解，尤其要注意其作为英文动名词的特性，翻译成中文是不能与作为英文名词的 Partner 和 Partnership 相混淆。

Partnering 模式意味着业主与建设工程参与各方在相互信任、资源共享的基础上达成一种短期和长期的协议；在充分考虑参与各方利益的基础上确定建设工程共同的目标；建立工作小组，及时沟通以避免争议和诉讼的产生，相互合作、共同解决建设工程实施过程中出现的问题，共同分担工程风险和有关费用，以保证参与各方目标和利益的实现。

4.4.5.2　Partnering 模式的特征

（1）出于自愿　在 Partnering 模式中，参与 Partnering 模式的有关各方必须是完全自愿，而非出于任何原因的强迫。

（2）高层管理的参与　Partnering 模式的实施需要突破传统的观念和传统界限，因而参与建设项目管理各方的高层领导者的参与以及在高层领导者之间达成共识，对这种模式的顺利实施是非常重要的。由于这种模式要由参与各方共同组成工作小组，要分担风险、共享资源，甚至是公司的重要信息资源，因此高层领导者的认同、支持和决策是关键因素。

（3）Partnering 协议不是法律意义上的合同　Partnering 协议与工程合同是两个完全不同的文件。该协议并不改变参与各方在有关合同规定范围内的权利和义务关系，参与各方对有关合同规定的内容仍然要切实履行。

（4）信息公开　Partnering 模式强调资源共享，因此信息作为一种重要的资源对于参与各方必须公开。同时，参与各方要保持及时、经常和开诚布公的沟通，在相互信任的基础上，要保证工程的设计资料以及投资、进度、质量等信息能被参与各方及时、便利地获取。这不仅能保证建设工程目标得到有效的控制，而且能减少许多重复性的工作、降低成本。

4.4.5.3　Partnering 模式的适用情况

Partnering 模式总是与建设工程承发包模式中的某一模式结合使用，较为常见的情况是与总分包模式、项目总承包模式、CM 模式结合使用。这表明 Partnering 模式并不能作为一种独立的模式存在。

从 Partnering 模式的实践情况来看，并不存在什么使用范围的限制。但是 Partnering 模式的特点决定了它特别适用于以下几种类型的建设项目：

1）业主长期有投资活动的建设项目。

2）不宜采用公开招标和邀请招标的建设项目。

3）复杂的不确定因素较多的建设项目。

4）国际金融组织贷款的建设项目。

思　考　题

1. 什么是组织？项目管理组织有哪些职能？
2. 建立建设项目管理组织的步骤有哪些？
3. 建设项目组织结构形式通常有哪几种？
4. 直线式、职能式、矩阵式组织结构的优缺点有哪些？
5. 我国的项目法人责任制内容是什么？
6. 业主方项目管理方式有哪几种？
7. 建设项目承发包模式有几类？
8. 平行承发包模式有哪些优势？
9. 工程总承包有哪些模式？每种模式的主要特点是什么？
10. 总承包与总承包管理有什么不同？
11. CM 模式和 EPC 模式的特征和适用情况分别是什么？

5

第5章 建设项目招标投标及合同管理

5.1 招标投标概述

5.1.1 招标投标的概念与特点

招标投标是指业主事先提出工程发包、货物或服务采购的条件和要求（即提出标的），邀请众多投标人参加投标，并按照规定程序从中选择交易对象的一种市场交易行为。买方设定包括功能、质量、期限、价格为主的标的，邀请若干卖方通过投标进行竞争，买方从中选择优胜者并与其达成交易协议，随后按合同实现标的。建筑产品也是商品，工程项目的建设以招标投标的方式选择实施单位，是运用竞争机制来体现价值规律的科学管理模式。

工程招标是指招标人用招标文件将委托的工作内容和要求告之投标人，让他们按规定条件提出实施计划和价格，然后通过评审比较选出信誉可靠、技术能力强、管理水平高、报价合理的可信赖单位（设计单位、监理单位、施工单位、供货单位），以合同形式委托其完成。工程投标是指各投标人依据自身能力和管理水平，按照招标文件规定的统一要求递交投标文件，争取获得实施资格。

属于要约和承诺特殊表现形式的招标与投标是合同的形成过程，招标人与中标人签订明确双方权利义务的合同。

从采购交易过程来看，招标投标必然包括招标和投标两个最基本的环节，前者是招标人以一定的方式邀请不特定或一定数量的自然人、法人其他组织投标；后者是投标人响应招标人的要求参加投标竞争。没有招标就不会有供应商、承包商，也就没有设计单位、监理单位、施工单位的投标；没有投标，采购人的招标就没有得到响应，也就没有开标、评标、定标和合同签订及履行等。在世界各国和有关国际组织的招标采购法律规则中，尽管大都只称招标，但无不对投标作出相应的规定和约束。因此，招标与投标是一对相互对应范畴，无论叫招标投标还是招标，都是内涵和外延一致的概念。

招标投标必须符合程序规范、透明度高、公平竞争、一次报价、一次成交的要求。

（1）程序规范 按照《招标投标法》，招标投标双方之间具有法律效力的规则一般不能随意改变。当事人双方必须严格按既定程序和条件进行招标投标活动。招标投标程序由招标人和招标机构组织实施。

（2）公开、透明度高 招标是在尽可能大的范围内寻找合乎要求的中标者，一般情况下，邀请供应商或承包商的参与是无限制的。为此，公开招标时，招标人要在指定或选定的报刊或其他媒体上刊登招标通告，让所有潜在的投标人参加投标；提供给供应商或承包商的招标文件必须对拟采购的货物、工程或服务作出详细的说明，使投标人有共同的依据来编写投标文件；招标人事先在招标文件中规定评标标准；在提交投标文件的最后截止日公开开标；严格禁止招标人与投标人就投标文件的实质内容单独谈判。招标投标活动应完全置于公开的社会监督之下，可以防止不正当的交易行为。

（3）公平、客观 招标投标全过程自始至终按照事先规定的程序和条件，本着公平竞争的原则进行。在招标公告或投标邀请书发出后，任何有资格的投标者均可参加投标。招标方不得有任何歧视某一个投标者的行为。同样，评标委员会在组织评标时也必须公平客观地对待每一个投标者。

（4）交易双方一次报价成交 一般交易往往在进行多次谈判之后才能成交。招标采购则不同，禁止交易双方面对面的讨价还价。贸易主动权掌握在招标人手中，投标者只能应邀进行一次性报价。

基于以上特点，招标投标是最大限度的竞争，使参与投标的供应商和承包商获得公平、公正的待遇，以及提高公共采购的透明度和客观性，促进采购资金的节约和采购效益的最大化，杜绝腐败和滥用职权。

5.1.2 有关招标投标的法律规定

5.1.2.1 必须招标的建设项目

《招标投标法》规定，任何单位和个人不得将必须进行招标的项目化整为零或者以其他任何方式规避招标。如果发生此类情况，有权责令改正，可以暂停项目执行或者暂停资金拨付，并对单位负责人或其他直接责任人依法给予行政处分或纪律处分。

《招标投标法》规定，实施工程项目建设，包括项目的勘察、设计、施工、监理以及与工程建设有关的重要设备、材料等的采购，必须进行招标的范畴包括：

1）大型基础设施、公用事业等关系社会公共利益、公众安全的项目。

2）全部或者部分使用国有资金投资或者国家融资的项目。

3）使用国际组织或者外国政府贷款、援助资金的项目。

关系社会公共利益、公众安全的基础设施项目的范围包括：①煤炭、石油、天然气、电力、新能源等能源项目；②铁路、公路、管道、水运、航空以及其他交通运输业等交通运输项目；③邮政、电信枢纽、通信、信息网络等邮电通信项目；④防洪、灌溉、排涝、引（供）水、滩涂治理、水土保持、水利枢纽等水利项目；⑤道路、桥梁、地铁和轻轨交通、污水排放及处理、垃圾处理、地下管道、公共停车场等城市设施项目；⑥生态环境保护项目；⑦其他基础设施项目。

关系社会公共利益、公众安全的公用事业项目的范围包括：①供水、供电、供气、供热等市政工程项目；②科技、教育、文化等项目；③体育、旅游等项目；④卫生、社会福利等项目；⑤商品住宅，包括经济适用住房；⑥其他公用事业项目。

使用国有资金投资项目的范围包括：①使用各级财政预算资金的项目；②使用纳入财政管理的各种政府性专项建设基金的项目；③使用国有企业事业单位自有资金，并且国有资产投资者实际拥有控制权的项目。

国家融资项目的范围包括：①使用国家发行债券所筹资金的项目：②使用国家对外借款或者担保所筹资金的项目；③使用国家政策性贷款的项目；④国家授权投资主体融资的项目。

使用国际组织或者外国政府贷款、援助资金的项目包括：①使用世界银行、亚洲开发银行等国际组织贷款资金的项目；②使用外国政府及其机构贷款资金的项目；③使用国际组织或者外国政府援助资金的项目。

必须招标范围内的各类工程建设项目，达到下列标准之一的，必须进行招标：①施工单项合同估算价在人民币 200 万元以上的；②重要设备、材料等货物的采购，单项合同估算价在人民币 100 万元以上的；③勘察、设计、监理等服务的采购，单项合同估算价在人民币 50 万元以上的；④单项合同估算价低于第①、②、③项规定的标准，但项目总投资额在人民币 3000 万元以上的。

涉及国家安全、国家秘密、抢险救灾或者属于利用扶贫资金实行以工代赈、需要使用农民工等特殊情况，不适宜进行招标的项目，按照国家有关规定可以不进行招标。有下列情形之一的，可以不进行招标：需要采用不可替代的专利或者专有技术；采购人依法能够自行建设、生产或者提供；已通过招标方式选定的特许经营项目投资人依法能够自行建设、生产或者提供；需要向原中标人采购工程、货物或者服务，否则将影响施工或者功能配套要求；国家规定的其他特殊情形。

5.1.2.2　对招标项目的要求

工程项目的建设应当按照建设管理程序进行。招标项目按照国家有关规定需要履行项目审批手续的，应当先履行审批手续取得批准。当工程项目的准备情况满足招标条件时，招标单位应向建设行政主管部门提出申请。为了保证工程项目的建设符合国家或地方总体发展规划，以及能使招标后工作顺利进行，因此不同标的的招标均需满足相应的条件。

1. 前期准备应满足的要求

1）建设工程已批准立项。

2）向建设行政主管部门履行了报建手续，并取得批准。

3）建设资金能满足建设工程的要求，符合规定的资金到位率。

4）建设用地已依法取得，并领取了建设工程规划许可证。

5）技术资料能满足招标投标的要求。

6）法律、法规、规章规定的其他条件。

2. 对招标人的招标能力要求

1）是法人或依法成立的其他组织。

2）有与招标工作相适应的经济、法律咨询和技术管理人员。

3）有组织编制招标文件的能力。

4）有审查投标单位资质的能力。

5）有组织开标、评标、定标的能力。

利用招标方式选择承包单位属于招标单位自主的市场行为，因此，《招标投标法》规定，招标人具有编制招标文件和组织评标能力的，可以自行办理招标事宜，向有关行政监督部门进行备案即可，任何单位和个人不得强制其委托招标代理机构办理招标事宜。如果招标单位不具备上述第2）~5）条要求，需委托具有相应资质的中介机构代理招标。

3. 招标代理机构的资质条件

招标代理机构是依法成立的组织，与行政机关和其他国家机关没有隶属关系。为了保证圆满地完成代理业务，招标代理机构必须取得建设行政主管部门的资质认定。招标代理机构应具备的基本条件包括：

1）有从事招标代理业务的营业场所和相应资金。

2）有能够编制招标文件和组织评标的相应专业力量。

3）有可以作为评标委员会成员人选的技术、经济等方面的专家库。对“专家库”的要求包括：①专家人选。应是从事相关领域工作满8年并具有高级职称或具有同等专业水平的技术、经济等方面人员。②专业范围。专家的专业特长应能涵盖本行业或专业招标所需各个方面。③人员数量应能满足建立专家库的要求。

委托代理机构招标是招标人的自主行为，任何单位和个人不得强制委托代理或指定招标代理机构。招标人委托的代理机构应尊重招标人的要求，在委托范围内办理招标事宜，并遵守《招标投标法》对招标人的有关规定。

5.1.2.3　对招标有关文件的要求

招标人有权依据工程项目特点编写与招标有关的各类文件，但内容不得违反法律规范的相关规定。建设行政主管部门核查的内容主要包括：

1. 对投标人资格审查文件的核查

1）不得以不合理条件限制或排斥潜在投标人。为了使招标人能在较广泛范围内优选最佳投标人，以及维护投标人进行平等竞争的合法权益，不允许在资格审查文件中以任何方式限制或排斥本地区、本系统以外的法人或其他组织参与投标。

2）不得对潜在投标人实行歧视待遇。为了维护招标投标的公平、公正原则，不允许在资格审查标准中针对外地区或外系统投标人设立压低分数的条件。

3）不得强制投标人组成联合体投标。以何种方式参与投标竞争是投标人的自主行为，投标人可以选择单独投标，也可以作为联合体成员与其他人共同投标，但不允许既参加联合体又单独投标。

招标人有下列行为之一的，属于以不合理条件限制、排斥潜在投标人或者投标人：①就同一招标项目向潜在投标人或者投标人提供有差别的项目信息；②设定的资格、技术、商务条件与招标项目的具体特点和实际需要不相适应或者与合同履行无关；③依法必须进行招标的项目以特定行政区域或者特定行业的业绩、奖项作为加分条件或者中标条件；④对潜在投标人或者投标人采取不同的资格审查或者评标标准；⑤限定或者指定特定的专利、商标、品牌、原产地或者供应商；⑥依法必须进行招标的项目非法限定潜在投标人或者投标人的所有制形式或者组织形式；⑦以其他不合理条件限制、排斥潜在投标人或者投标人。招标人不得组织单个或者部分潜在投标人踏勘项目现场。

2. 对开标、评标和定标活动的监督

建设行政主管部门派员参加开标、评标、定标的活动，监督招标人按法定程序选择中标人。所派人员不作为评标委员会的成员，也不得以任何形式影响或干涉招标人依法选择中标人的活动。

3. 查处招标投标活动中的违法行为

《招标投标法》明确规定，有关行政监督部门有权依法对招标投标活动中的违法行为进行查处。视情节和对招标的影响程度，承担后果责任的形式可以为：判定招标无效，责令改正后重新招标；对单位负责人或其他直接责任者给予行政或纪律处分；没收非法所得，并处以罚款；构成犯罪的，依法追究刑事责任。

5.1.2.4　对投标的要求

1. 投标人的规定

投标人应当具备承担招标项目的能力；国家有关规定对投标人资格条件或者招标文件对投标人资格条件有规定的，投标人应当具备规定的资格条件。投标人参加依法必须进行招标的项目的投标，不受地区或者部门的限制，任何单位和个人不得非法干涉。与招标人存在利害关系可能影响招标公正性的法人、其他组织或者个人，不得参加投标。单位负责人为同一人或者存在控股、管理关系的不同单位，不得参加同一标段投标或者未划分标段的同一招标项目投标。

投标人发生合并、分立、破产等重大变化的，应当及时书面告知招标人。投标人不再具备资格预审文件、招标文件规定的资格条件或者其投标影响招标公正性的，其投标无效。

2. 投标文件的修改与撤回

投标人在招标文件要求提交投标文件的截止时间前，可以补充、修改或者撤回已提交的投标文件，并书面通知招标人。补充、修改的内容为投标文件的组成部分。投标人撤回已提交的投标文件，应当在投标截止时间前书面通知招标人。

3. 投标文件的送达与签收

投标人应当在招标文件要求提交投标文件的截止时间前，将投标文件送达投标地点。招标人收到投标文件后，应当签收保存，不得开启。投标人少于 3 个的，招标人应当依法重新招标。在招标文件要求提交投标文件的截止时间后送达的投标文件，招标人应当拒收。

未通过资格预审的申请人提交的投标文件，以及逾期送达或者不按照招标文件要求密封的投标文件，招标人应当拒收。招标人应当如实记载投标文件的送达时间和密封情况，并存档备查。

4. 投标保证金

招标人在招标文件中要求投标人提交投标保证金的，投标保证金不得超过招标项目估算价的 2%。投标保证金有效期应当与投标有效期一致。

投标人撤回已提交的投标文件，招标人已收取投标保证金的，应当自收到投标人书面撤回通知之日起 5 日内退还。投标截止后投标人撤销投标文件的，招标人可以不退还投标保证金。招标人最迟应当在书面合同签订后 5 日内向中标人和未中标的投标人退还投标保证金及银行同期存款利息。

5. 串通投标的规定

禁止投标人相互串通投标。有下列情形之一的，属于投标人相互串通投标：①投标人之间协商投标报价等投标文件的实质性内容；②投标人之间约定中标人；③投标人之间约定部分投标人放弃投标或者中标；④属于同一集团、协会、商会等组织成员的投标人按照该组织要求协同投标；⑤投标人之间为谋取中标或者排斥特定投标人而采取的其他联合行动。

有下列情形之一的，视为投标人相互串通投标：①不同投标人的投标文件由同一单位或者个人编制；②不同投标人委托同一单位或者个人办理投标事宜；③不同投标人的投标文件载明的项目管理成员为同一人；④不同投标人的投标文件异常一致或者投标报价呈规律性差异；⑤不同投标人的投标文件相互混装；⑥不同投标人的投标保证金从同一单位或者个人的账户转出。

禁止招标人与投标人串通投标。有下列情形之一的，属于招标人与投标人串通投标：①招标人在开标前开启投标文件并将有关信息泄露给其他投标人；②招标人直接或者间接向投标人泄露标底、评标委员会成员等信息；③招标人明示或者暗示投标人压低或者抬高投标报价；④招标人授意投标人撤换、修改投标文件；⑤招标人明示或者暗示投标人为特定投标人中标提供方便；⑥招标人与投标人为谋求特定投标人中标而采取的其他串通行为。

6. 联合体投标的规定

两个以上法人或者其他组织可以组成一个联合体，以一个投标人的身份共同投标。联合体各方均应当具备承担招标项目的相应能力；国家有关规定或者招标文件对投标人资格条件有规定的，联合体各方均应当具备规定的相应资格条件。

由同一专业的单位组成的联合体，按照资质等级较低的单位确定资质等级。联合体各方应当签订共同投标协议，明确约定各方拟承担的工作和责任，并将共同投标协议连同投标文件一并提交招标人。联合体中标的，联合体各方应当共同与招标人签订合同，就中标项目向招标人承担连带责任。

招标人接受联合体投标并进行资格预审的，联合体应当在提交资格预审申请文件前组成。资格预审后联合体增减、更换成员的，其投标无效。联合体各方在同一招标项目中以自己名义单独投标或者参加其他联合体投标的，相关投标均无效。

7. 中标的法定要求

依法必须进行招标的项目，招标人应当自收到评标报告之日起3 日内公示中标候选人，公示期不得少于3 日。投标人或者其他利害关系人对依法必须进行招标的项目的评标结果有异议的，应当在中标候选人公示期间提出。招标人应当自收到异议之日起3 日内作出答复；作出答复前，应当暂停招标投标活动。

招标人根据评标委员会提出的书面评标报告和推荐的中标候选人确定中标人。招标人也可以授权评标委员会直接确定中标人。中标人的投标应当符合下列条件之一：①能够最大限度地满足招标文件中规定的各项综合评价标准；②能够满足招标文件的实质性要求，并且经评审的投标价格最低，但是投标价格低于成本的除外。在确定中标人前，招标人不得与投标人就投标价格、投标方案等实质性内容进行谈判。

国有资金占控股或者主导地位的依法必须进行招标的项目，招标人应当确定排名第一的中标候选人为中标人。

8. 履约保证金

《招标投标法》规定，招标文件要求中标人提交履约保证金的，中标人应当提交。《招标投标法实施条例》进一步规定，履约保证金不得超过中标合同金额的10%。中标人应当按照合同约定履行义务，完成中标项目。

9. 招标投标投诉与处理

投标人或者其他利益关系人认为招标投标活动不符合法律、行政法规规定的，可以自知道或者应当知道之日起 10 日内向有关行政监督部门投诉。投诉应当有明确的请求和必要的证明材料。但是，对资格预审文件、招标文件、开标以及对依法必须进行招标项目的评标结果有异议的，应当依法先向招标人提出异议，其异议答复期间不计算在以上规定的期限内。投诉人就同一事项向两个以上有权受理的行政监督部门投诉的，由最先收到投诉的行政监督部门负责处理。行政监督部门应当自收到投诉之日起 3 个工作日内决定是否受理投诉，并自受理投诉之日起 30 个工作日内作出书面处理决定；需要检验、检测、鉴定、专家评审的，所需时间不计算在内。投诉人捏造事实、伪造材料或者以非法手段取得证明材料进行投诉的，行政监督部门应当予以驳回。

5.1.3　招标方式

为了规范招标投标活动，保护国家利益和社会公共利益以及招标投标活动当事人的合法权益，《招标投标法》规定招标方式分为公开招标和邀请招标两类。

5.1.3.1　公开招标

招标人通过报刊、信息网络或其他媒介等新闻媒体发布招标公告，凡具备相应资质、符合招标条件的法人或其他组织不受地域和行业限制均可申请投标。公开招标的优点是，招标人可以在较广的范围内选择中标人，投标竞争激烈，有利于将工程项目的建设交予可靠的中标人实施并取得有竞争性的报价。但其难点是，由于申请投标人较多，一般要设置资格预审程序，而且评标的工作量也较大，所需招标时间长、费用高。

5.1.3.2　邀请招标

招标人向预先选择的若干家具备承担招标项目能力、资信良好的特定法人或其他组织发出投标邀请，邀请对象的数目以 5 ~7 家为宜，但不应少于 3 家。被邀请人同意参加投标后，从招标人处获取招标文件，按规定要求进行投标报价。邀请招标的优点是，不需要发布招标公告和设置资格预审程序，节约招标费用和节省时间；由于对投标人以往的业绩和履约能力比较了解，减小了合同履行过程中承包方违约的风险。为了体现公平竞争和便于招标人选择综合能力最强的投标人中标，仍要求在投标书内报送表明投标人资质能力的有关证明材料，作为评标时的评审内容之一（通常称为资格后审）。邀请招标的缺点是，由于邀请范围较小、选择面窄，可能失去了某些在技术或报价上有竞争实力的潜在投标人，因此投标竞争的激烈程度相对较差。国务院发展计划部门确定的国家重点项目和省、自治区、直辖市人民政府确定的地方重点项目不适宜公开招标时，经国务院发展计划部门或省、自治区、直辖市人民政府批准可以进行邀请招标。

5.1.4　工程项目招标程序

招标是招标人选择中标人并与其签订合同的过程，而投标则是投标人力争获得实施合同的竞争过程。招标人和投标人均须遵循招标投标法律和法规的规定进行招标投标活动。图 5-1所示为公开招标程序，邀请招标可以参照实行。按照招标人和投标人参与程序，可将招标过程概括划分成招标准备阶段、招标投标阶段和决标成交阶段。

5.1.4.1　招标准备阶段主要工作

招标准备阶段的工作由招标人单独完成，投标人不参与。主要工作包括以下几个方面。

1. 工程报建

建设项目的立项文件获得批准后，招标人需向建设行政主管部门履行建设项目报建手续。只有报建申请批准后，才可以开始项目的建设。报建时应交验的文件资料包括：立项批准文件或年度投资计划；固定资产投资许可证；建设工程规划许可证和资金证明文件等。

2. 选择招标方式

1）根据工程特点和招标人的管理能力确定发包范围。

2）依据工程建设总进度计划确定项目建设过程中的招标次数和每次招标的工作内容。如监理招标、设计招标、施工招标、设备供应招标等。

3）按照每次招标前准备工作的完成情况，选择合同的计价方式。如施工招标时，已完成施工图设计的中小型工程，可采用总价合同；若为初步设计完成后的大型复杂工程，则应采用估计工程量单价合同。

4）依据工程项目的特点、招标前准备工作的完成情况、合同类型等因素的影响程序，最终确定招标方式。

3. 申请招标

招标人向建设行政主管部门办理申请招标手续。申请招标文件应说明：招标工作范围、招标方式、计划工期、对投标人的资质要求、招标项目前期准备工作的完成情况、自行招标还是委托代理招标等内容。

4. 编制招标有关文件

招标准备阶段应编制好招标过程中可能涉及的有关文件，保证招标活动的正常进行。这些文件大致包括：招标广告、资格预审文件、招标文件、合同协议书以及资格预审和评标的方法。

5.1.4.2　招标阶段的主要工作内容

公开招标时，从发布招标公告开始，若为邀请招标，则从发出投标邀请函开始，到投标截止日期为止的期间称为招标投标阶段。在此阶段，招标人应做好招标的组织工作，投标人则按招标有关文件的规定程序和具体要求进行投标报价竞争。招标人应当合理确定投标人编制投标文件所需的时间，自招标文件开始发出之日起到投标截止日止，最短不得少于20天。

1. 公布招标公告

招标公告的作用是让潜在投标人获得招标信息，以便进行项目筛选，确定是否参与竞争。招标公告或投标邀请函的具体格式可由招标人自定，内容一般包括：招标单位名称，建设项目资金来源，工程项目概况和本次招标工作范围的简要介绍，购买资格预审文件的地点、时间和价格等有关事项。

2. 资格预审

（1）资格预审的目的　对潜在投标人进行资格审查，主要目的是考查该企业总体能力是否具备完成招标工作所要求的条件。公开招标时设置资格预审程序，一是保证参与投标的法人或其他组织在资质和能力等方面能够满足完成招标工作的要求；二是通过评审优选出综合实力较强的一批申请投标人，再请他们参加投标竞争，以减小评标的工作量。

招标人应当按照资格预审公告、招标公告或者投标邀请书规定的时间、地点发售资格预审文件或者招标文件。资格预审文件或者招标文件的发售期不得少于5日。招标人发售资格预审文件、招标文件收取的费用应当限于补偿印刷、邮寄的成本支出，不得以营利为目的。

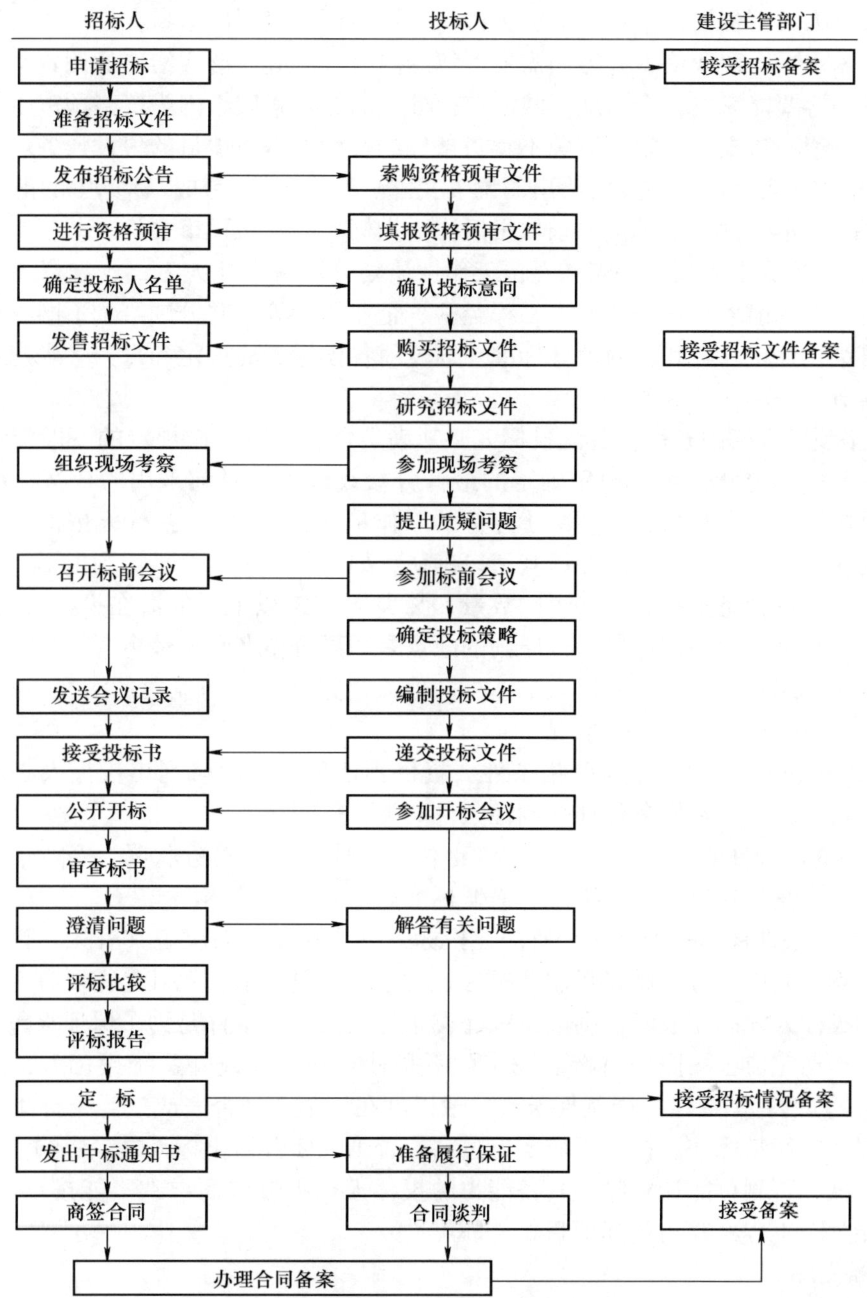

图 5-1　公开招标程序

招标人采用资格预审办法对潜在投标人进行资格审查的，应当发布资格预审公告、编制资格预审文件。招标人应当合理确定提交资格预审申请文件的时间。依法必须进行招标的项目提交资格预审申请文件的时间，自资格预审文件停止发售之日起不得少于 5 日。

（2）资格预审程序　分为以下几个步骤：

1）招标人依据项目的特点编写资格预审文件。资格预审文件分为资格预审须知和资格预审表两大部分。资格预审须知内容包括招标工程概况和工作范围介绍，对投标人的基本要求和指导投标人填写资格预审文件的有关说明。资格预审表列出对潜在投标人资质条件、实施能力、技术水平、商业信誉等方面需要了解的内容，以应答形式给出的调查文件。资格预审表开列的内容要能完整、全面地反映潜在投标人的综合素质，因为资格预审中评定过的条件在评标时一般不再重复评定，避免不具备条件的投标人承担项目的建设任务。

2）资格预审表是以应答方式给出的调查文件。所有申请参加投标竞争的潜在投标人都可以购买资格预审文件，由其按要求填报后作为投标人的资格预审文件。

3）招标人依据工程项目特点和发包工作性质划分评审的几大方面，如资质条件、人员能力、设备和技术能力、财务状况、工程经验、企业信誉等，并分别给予不同权重。对其中的各方面再细化评定内容和分项评分标准。通过对各投标人的评定和打分，确定各投标人的综合素质得分。

4）资格预审合格的条件。首先投标人必须满足资格预审文件规定的一般资格条件和强制性条件；其次评定分必须在预先确定的最低分数线以上。目前采用的合格标准有两种方式：一种是限制合格者数量，以便减小评标的工作量（如5家），招标人按得分高低次序向预定数量的投标人发邀请投标函并请其予以确认，如果某一家放弃投标则由下一家递补以维护预定数量；另一种是不限制合格者的数量，凡满足80%以上分的潜在投标人均视为合格，保证投标的公平性和竞争性。后一种原则的缺点是如果合格者数量较多时，将会增加评标的工作量。不论采用哪种方法，招标人都不得向他人透露有权参与竞争的潜在投标人的名称、人数以及与招标投标有关的其他情况。

（3）投标人必须满足的基本资格条件　资格预审须知中明确列出投标人必需满足的最基本条件，可分为一般资格条件和强制性条件两类。

1）一般资格条件的内容通常包括法人地位、资质等级、财务状况、企业信誉、分包计划等具体要求，是潜在投标人应满足的最低标准。

2）强制性条件视招标项目是否对潜在投标人有特殊要求而决定其有无。普通工程项目一般承包人均可完成，可不设置强制性条件。对于大型复杂项目尤其是需要有专门技术、设备或经验的投标人才能完成时，则应设置此类条件。强制性条件是为了保证承包工作能够保质、保量、按期完成，按照项目特点设定而不是针对外地区或外系统投标人，因此不违背《招标投标法》的有关规定。强制性条件一般以潜在投标人是否完成过与招标工程同类型和同容量工程作为衡量标准。标准不应定得过高，否则会使合格投标人过少影响竞争；标准也不应定得过低，否则可能让实际不具备能力的投标人获得合同而导致不能按预期目的完成，只要实施能力、工程经验与招标项目相符即可。

3. 招标文件

招标人根据招标项目的特点和需要来编制招标文件，它是投标人编制投标文件和报价的依据，因此，应当包括招标项目的技术要求、对投标人资格审查的标准（邀请招标的招标文件内需写明）、投标报价要求和评标标准等所有实质性要求和条件，以及拟签订合同的主要条款。国家对招标项目的技术、标准有规定的，应在招标文件中提出相应要求。招标项目如果需要划分标段、有工期要求时，也需在招标文件中载明。招标文件通常分为投标须知、合同条件、技术规范、图样和技术资料、工程量清单等几大部分内容。

招标人应当确定投标人编制投标文件所需要的合理时间。但是，依法必须进行招标的项目，自招标文件开始发出之日起至投标人提交投标文件截止之日止，最短不得少于20日。

招标人可以对已发出的资格预审文件或者招标文件进行必要的澄清或者修改。澄清或者修改的内容可能影响资格预审申请文件或者投标文件编制的，招标人应当在提交资格预审申请文件截止时间至少 3 日前，或者投标截止时间至少 15 日前，以书面形式通知所有获取资格预审文件或者招标文件的潜在投标人；不足 3 日或者 15 日的，招标人应当顺延提交资格预审申请文件或者投标文件的截止时间。

依法必须进行招标的项目的招标人不得利用划分标段规避招标。招标人应当在招标文件中载明投标有效期。投标有效期从提交投标文件的截止之日起算。潜在投标人或者其他利害关系人对招标文件有异议的，应当在投标截止时间 10 日前提出。招标人应当自收到异议之日起 3 日内作出答复；作出答复前，应当暂停招标投标活动。

4. 现场考察

招标人在投标须知规定的时间组织投标人自费进行现场考察。设置此程度的目的，一方面是让投标人了解工程项目的现场情况、自然条件、施工条件以及周围环境条件，以便于编制投标书；另一方面也是要求投标人通过自己的实地考察确定投标的原则和策略，避免合同履行过程中投标人以不了解现场情况为理由推卸应承担的合同责任。

5. 标前会议

投标人研究招标文件和现场考察后会以书面形式提出某些质疑问题，招标人可以及时给予书面解答，也可以留待标前会议上解答。如果对某一投标人提出的问题给予书面解答时，所回答的问题必须发送给每一位投标人以保证招标的公开和公平。回答函件作为招标文件的组成部分，如果书面解答的问题与招标文件中的规定不一致，以函件的解答为准。

标前会议是投标截止日期以前，按投标须知规定时间和地点召开的会议，又称交底会。标前会议上招标单位负责人除了介绍工程概况外，还可对招标文件中的某些内容加以修改（需报经招标投标管理机构核准）或予以补充说明，以及对投标人书面提出的问题和会议上即席提出的问题给予解答。会议结束后，招标人应将会议记录用书面通知的形式发给每一位投标人。补充文件作为招标文件的组成部分，具有同等的法律效力。

5.1.4.3　决标成交阶段的主要工作内容

从开标日到签订合同这一期间称为决标成交阶段，是对各投标书进行评审比较，最终确定中标人的过程。

1. 开标

公开招标和邀请招标均应举行开标会议，体现招标的公平、公正和公开原则。开标应当在招标文件确定的提交投标文件截止时间的同一时间公开进行，开标地点应当为招标文件中预先确定的地点。所有投标人均应参加开标会议，并邀请项目有关主管部门、经办银行等代表出席，招标投标管理机构派人监督开标活动。开标时，由投标人或其推选的代表检验投标文件的密封情况。确认无误后，如果有标底应首先公布，然后由工作人员当众拆封，宣读投标人名称、投标价格和标投文件的其他主要内容。所有在投标致函中提出的附加条件、补充声明、优惠条件、替代方案等均应宣读。开标过程应当记录，并存档备查。开标后，任何投标人都不允许更改投标书的内容和报价，也不允许再增加优惠条件。如果招标文件中没有说明评标、定标的原则和方法，则在开标会议上应予以说明，投标书经启封后不得再更改评标、定标办法。

如果在开标会议上发现有下列情况之一，应宣布投标书为废标：

1）投标书未按招标文件中要求密封。

2）逾期送达的标书。

3）未加盖法人或委托授权人印鉴的标书。

4）未按招标文件的内容和要求编写、内容不全或字迹无法辨认的标书。

5）投标人不参加开标会议的标书。

招标人应当按照招标文件规定的时间、地点开标。投标人少于3个的，不得开标；招标人应当重新招标。投标人对开标有异议的，应当在开标现场提出，招标人应当当场作出答复，并制作记录。

2. 评标

评标是对各投标书优劣的比较，以便最终确定中标人，由评标委员会负责评标工作。

（1）评标委员会　评标委员会由招标人的代表和有关技术、经济等方面的专家组成，成员人数为5人以上单数，其中招标人以外的专家不得少于成员总数的2/3。专家人选应来自于国务院有关部门或省、自治区、直辖市政府有关部门提供的专家名册，或从招标代理机构的专家库中以随机抽取方式确定。与投标人有利害关系的人不得进入评标委员会，以保证评标的公平和公正。

（2）评标工作程序　小型工程由于承包工作内容较为简单、合同金额不大，可以采用即开、即评、即定的方式，由评标委员会及时确定中标人。大型工程项目的评标因评审内容复杂、涉及面宽，通常需分成初评和详评两个阶段进行。

1）初评。评标委员会以招标文件为依据，审查各投标书是否为响应性投标，确定投标书的有效性。检查内容包括：投标人的资格、投标保证有效性、报送资料的完整性、投标书与招标文件的要求有无实质性背离、报价计算的正确性等。若投标书存在计算或统计错误，由评标委员会予以改正后请投标人签字确认。

有下列情形之一的，评标委员会应当否决其投标：①投标文件未经投标单位盖章和单位负责人签字；②投标联合体没有提交共同投标协议；③投标人不符合国家或者招标文件规定的资格条件；④同一投标人提交两个以上不同的投标文件或者投标报价，但招标文件要求提交备选投标的除外；⑤投标报价低于成本或者高于招标文件设定的最高投标限价；⑥投标文件没有对招标文件的实质性要求和条件作出响应；⑦投标人有串通投标、弄虚作假、行贿等违法行为。

2）详评。评标委员会对各投标书实施方案和计划进行实质性评价与比较。评审时不应再采用招标文件中要求投标人考虑因素以外的任何条件作为标准。设有标底的，评标时应参考标底。

详评通常分为两个步骤进行。首先对各投标书进行技术和商务方面的审查，评定其合理性以及若将合同授予该投标人在履行过程中可能给招标人带来的风险。评标委员会认为必要时可以单独约请投标人对标书中含义不明确的内容作必要的澄清或说明，但澄清或说明不得超出投标文件的范围或改变投标文件的实质性内容。澄清内容也要整理成文字材料，作为投标书的组成部分。在对标书审查的基础上、评标委员会比较各投标书的优劣，并编写评标报告。

3）评标报告。评标报告是评标委员会经过对各投标书评审后向招标人提出的结论性报告，作为定标的主要依据。评标报告应包括评标情况说明；对各个合格投标书的评价；推荐合格的中标候选人等内容。如果评标委员会经过评审，认为所有投标都不符合招标文件的要求，可以否决所有投标。出现这种情况后，招标人应认真分析招标文件的有关要求以及招标过程，对招标工作范围或招标文件的有关内容作出实质性修改后重新进行招标。

3. 定标

确定中标人前，招标人不得与投标人就投标价格、投标方案等实质性内容进行谈判。招标人应该根据评标委员会提出的评标报告和推荐的中标候选人确定中标人，也可以授权评标委员会直接确定中标人。中标人确定后，招标人向中标人发出中标通知书，同时将中标结果通知所有未中标的投标人并退还他们的投标保证金或保函。中标通知书对招标人和中标人具有法律效力，招标人改变中标结果或中标人拒绝签订合同均要承担相应的法律责任。

中标通知书发出后的 30 天内，双方应按照招标文件和投标文件订立书面合同，不得作实质性修改。招标人不得向中标人提出任何不合理要求作为订立合同的条件，双方也不得私下订立背离合同实质性内容的协议。

招标人和中标人应当依照《招标投标法》和《招标投标法实施条例》的规定签订书面合同，合同的标的、价款、质量、履行期限等主要条款应当与招标文件和中标人的投标文件的内容一致。

确定中标人后 15 天内，招标人应向有关行政监督部门提交招标投标情况的书面报告。

5.2　建设项目勘察设计招标

5.2.1　勘察设计招标概述

勘察设计的优劣对工程项目建设的成败有着至关重要的影响。以招标投标方式委托勘察设计任务，是为了让设计的技术和成果作为有价值的商品进入市场，打破地区、部门的界限开展设计竞争，通过招标择优确定实施单位，达到拟建工程项目能够采用先进的技术和工艺、降低工程造价、缩短建设周期和提高投资效益的目的。设计招标的特点是投标人将招标人对项目的设想变为可实施方案的竞争。

5.2.1.1　招标发包的工作范围

一般工程项目的设计分为初步设计和施工图设计两个阶段进行，对技术复杂而又缺乏经验的项目，在必要时还要增加技术设计阶段。为了保证设计指导思想连续地贯彻于设计的各个阶段，一般多采用技术设计招标或施工图设计招标，不单独进行初步设计招标，由中标的设计单位承担初步设计任务。招标人应依据工程项目的具体特点决定发包的工作范围，可以采用设计全过程总发包的一次性招标，也可以选择分单项或分专业的发包招标。

勘察任务可以单独发包给具有相应资质的勘察单位实施，也可以将其包括在设计招标任务中。由于勘察工作所取得的工程项目所需技术基础资料是设计的依据，必须满足设计的需要，因此将勘察任务包括在设计招标的发包范围内，由有相应能力的设计单位完成或由其再去选择承担勘察任务的分包单位，对招标人较为有利。勘察设计总承包与分为两个合同分别承包比较，不仅在合同履行过程中招标人和监理可以摆脱实施过程中可能遇到的协调义务，而且能使勘察工作直接根据设计需要进行，满足设计对勘察资料精度、内容和进度的要求，必要时还可以进行补充勘察工作。

5.2.1.2　设计招标特点

设计招标不同于工程项目实施阶段的施工招标、材料采购招标、设备采购招标，其特点表现为承包任务是投标人通过自己的智力劳动，将招标人对建设项目的设想变为可实施的蓝图；而后者则是投标人按设计的明确要求完成规定的特质生产劳动。因此，设计招标文件对投标人所提出的要求不十分明确具体，只是简单介绍工程项目的实施条件、预期达到的技术经济指标、投资限额、进度要求等。投标人按规定分别报出工程项目的构思方案、实施计划和报价。招标人通过开标、评标程序对各方案进行比较选择后确定中标人。鉴于设计任务本身的特点，设计招标应采用设计方案竞选的方式进行。设计招标与其他招标的主要区别表现为如下几个方面：

（1）招标文件的内容不同　设计招标文件中仅提出设计依据、工程项目应达到的技术指标、项目限定的工作范围、项目所在地的基本资料、要求完成的时间等内容，而无具体的工作量。

（2）对投标书的编制要求不同　投标人的投标报价不是按规定工程量清单填报单价后算出总价，而是首先提出设计构思和初步方案，并论述该方案的优点和实施计划，在此基础上进一步提出报价。

（3）开标形式不同　开标时不是由招标单位的主持人宣读投标书并按报价高低排定标价次序，而是由各投标人自己说明投标方案的基本构思和意图，以及其他实质性内容，而且不按报价高低排定标价次序。

（4）评标原则不同　评标时不过分追求投标价的高低，评标委员更多关注于所提供方案的技术先进性、所达到的技术指标、方案的合理性以及对工程项目投资效益的影响。

5.2.2　设计招标文件

方案竞选的设计招标文件是指导投标人正确编标报价的依据，既要全面介绍拟建工程项目的特点和设计要求，还应详细提出应当遵守的投标规定。

5.2.2.1　招标文件的主要内容

招标文件通常由招标人委托有资质的中介机构编制，其内容应包括以下几个方面：

1）投标须知，包括所有投标要求及有关事项。

2）设计依据文件，包括设计任务书及经批准的有关行政文件。

3）项目说明书，包括工作内容、设计范围和深度、建设周期、设计进度要求等方面内容，并告知建设项目的总投资限额。

4）合同的主要条件。

5）设计依据资料，包括提供设计所需资料的内容、方式和时间。

6）组织现场考察和召开标前会议的时间、地点。

7）投标截止日期。

8）招标可能涉及的其他有关内容。

5.2.2.2　设计要求文件的主要内容

招标文件中，对项目设计提出明确要求的“设计要求”或“设计大纲”是最重要的文件部分，文件大致包括以下内容：

1）设计文件编制的依据。

2）国家有关行政主管部门对规划方面的要求。

3）技术经济指标要求。

4）平面布局要求。

5.2.3　对投标人的资格审查

无论是公开招标时对申请投标人的资格预审，还是邀请招标时采用的资格后审，审查的基本内容相同。

5.2.3.1　资格审查

资格审查是指投标人所持有的资质证书是否与招标项目的要求一致，具备实施资格。

1. 勘察单位资格等级

工程勘察资质分为工程勘察综合资质、工程勘察专业资质、工程勘察劳务资质。

工程勘察综合资质只设甲级。取得工程勘察综合资质的企业，承接工程勘察业务的范围不受限制。

工程勘察专业资质根据工程性质和技术特点设立类别和级别。工程勘察专业类资质原则上设甲、乙两个级别，确有必要设置丙级勘察资质的地区经建设部批准后方可设置。取得工程勘察专业资质的企业，可以承接同级别相应专业的工程勘察业务。

工程勘察劳务资质不分级别。取得工程勘察劳务资质的企业，可以承接岩土工程治理、工程钻探、凿井工程勘察劳务工作。

2. 设计单位资格等级

工程设计资质分为工程设计综合资质、工程设计行业资质、工程设计专业资质、工程设计专项资质。

工程设计综合资质是指涵盖 21 个行业的设计资质。工程设计综合资质只设甲级。取得工程设计综合资质的企业，其承接工程设计业务范围不受限制。

工程设计行业资质是指涵盖某个行业资质标准中的全部设计类型的设计资质；工程设计专业资质是指某个行业资质标准中的某一个设计类型的设计资质；工程设计专项资质是指为适应和满足行业发展的需求，对已形成产业的专项技术独立进行设计以及设计、施工一体化而设立的资质。

工程设计行业资质、工程设计专业资质、工程设计专项资质设甲、乙两个级别。根据工程性质和技术特点，个别行业、专业、专项资质可以设丙级。

取得工程设计行业资质的企业，可以承接同级别的相应行业的工程设计业务；可以承接本行业范围内同级别的相应专项工程设计任务，不需再单独领取工程设计专项资质。

工程设计专项资质根据工程性质和技术特点设立类别和级别。取得工程设计专项资质的企业，可以承接同级别相应的专项工程设计业务。

建设工程勘察、设计资质标准和各资质类别、级别企业承担工程的范围由国务院建设行政主管部门和国务院有关部门制定。

5.2.3.2　能力审查

判定投标人是否具备承担发包任务的能力，通常审查人员的技术力量和所拥有的技术设备两方面。人员的技术力量主要考查设计负责人的资质能力，以及各类设计人员的专业覆盖面、人员数量、各级职称人员的比例等是否满足完成工程设计的需要。设备能力主要审核开展正常勘察或设计所需的器材和设备，在种类、数量方面是否满足要求。不仅看其总拥有量，还应审查完好程度和在其他工程上的占用情况。

5.2.3.3　经验审查

通过投标人报送的最近几年完成的工程项目表，评定其设计能力和水平。侧重于考查已完成的设计项目与招标工程在规模、性质、形式上是否相适应。

5.2.4　评标

5.2.4.1　设计投标书的评审

虽然投标书的设计方案各异，需要评审的内容很多，但大致可以归纳以下几个方面：

（1）设计方案的优劣　设计方案评审内容主要包括：设计指导思想是否正确；设计产品方案是否反映了国内外同类工程项目较先进的水平；总体布置的合理性；场地利用系数是否合理；工艺流程是否先进；设备选型的适用性；主要建筑物、构筑物的结构是否合理，造型是否美观大方并与周围环境协调；“三废”治理方案是否有效；其他有关问题。

（2）投入、产出经济效益比较　主要涉及以下几个方面：建筑标准是否合理；投资估算是否超过限额；先进的工艺流程可能带来的投资回报；实现该方案可能需要的外汇估算等。

（3）设计进度快慢　评价投标书内的设计进度计划，看其能否满足招标人制定的项目建设总进度计划要求。大型复杂的工程项目为了缩短建设周期，初步设计完成后就进行施工招标，在施工阶段陆续提供施工详图。此时应重点审查设计进度是否能满足施工进度要求，避免妨碍或延误施工的顺利进行。

（4）设计资历和社会信誉　不设置资格预审的邀请招标，在评标时还应进行资格后审，作为评审比较条件之一。

（5）报价的合理性　在方案水平相当的投标人之间再进行设计报价的比较，不仅评定总价，还应审查各分项取费的合理性。

5.2.4.2　勘察投标书的评审

勘察投标书主要评审以下几个方面：勘察方案是否合理；勘察技术水平是否先进；各种所需勘察数据能否准确可靠；报价是否合理。

5.2.5　定标

评标委员会通过投标人的评标答辩和对投标书进行评分比较后，在评标报告中推选出候选中标方案。由招标人定标并与候选中标人进行谈判。谈判的主要内容可能涉及探讨改正或补充原投标方案的某些内容，以及将其他投标人的某些设计特点融于该设计方案之中的可能性等有关事项。但为了保护未中标人的合法权益，如果使用其他投标人的技术成果时，需首先征得同意后实行有偿使用。

招标人与投标人签订合同后，对未中标的投标人应依据投标书设计工作量的大小，给予一定的经济补偿。

5.3　建设项目监理招标

5.3.1　建设项目监理招标概述

5.3.1.1　监理招标的特点

监理招标的标的是“监理服务”，其与工程项目建设中其他各类招标的最大区别表现为监理单位不承担物质生产任务，只是受招标人委托对生产建设过程提供监督、管理、协调、咨询等服务。鉴于标的具有的特殊性，招标人选择中标人的基本原则是“基于能力的选择”。

1. 招标宗旨是对监理单位能力的选择

监理服务是监理单位的高智能投入，服务工作完成的好坏不仅依赖于执行监理业务是否遵循了规范化的管理程度和方法，更多地取决于参与监理工作人员的业务专长、经验、判断能力、创新想象力以及风险意识。因此招标选择监理单位时，鼓励的是能力竞争，而不是价格竞争。如果对监理单位的资质和能力不给予足够重视，只依据报价高低确定中标人，就忽视了高质量服务，报价最低的投标人不一定就是最能胜任工作者。

2. 报价的选择居于次要地位

工程项目的施工、物资供应招标选择中标人的原则是在技术上达到要求标准的前提下，主要考虑价格的竞争性。而监理招标对能力的选择放在第一位，因为当价格过低时监理单位很难把招标人的利益放在第一位，为了维护自己的经济利益采取减少监理人员数量或多派业务水平低、工资低的人员，其后果必然导致对工程项目的损害。另外，监理单位提供高质量的服务，往往能使招标人获得节约工程投资和提前投产的实际效益，因此过多考虑报价因素得不偿失。但从另一个角度来看，服务质量与价格之间应有相应的平衡关系，所以招标人应在能力相当的投标人之间再进行价格比较。

3. 邀请投标人较少

选择监理单位一般采用邀请招标，且邀请数量以 3 ~ 5 家为宜。因为监理招标是对知识、技能和经验等方面综合能力的选择，每一份标书内都会提出具有独特见解或创造性的实施建议，但又各有长处或短处。如果邀请过多投标人参与竞争，不仅要增大评标工作量，而且定标后还要给予未中标人以一定的补偿费。

5.3.1.2　委托监理工作的范围

监理招标发包的工作内容和范围，可以是整个工程项目的全过程，也可以指监理招标人与其他人签订的一个或几个合同的履行。划分合同发包的工作范围时，通常考虑的因素包括：

（1）工程规模　中小型工程项目，有条件时可将全部监理工作委托给一个单位；大型或复杂工程，则应按设计、施工等不同阶段及监理工作的专业性质分别委托给几家单位。

（2）工程项目的专业特点　不同的施工内容对监理人员的素质、专业技能和管理水平的要求不同，应充分考虑专业特点的要求。如将土建和安装工程的监理工作分开招标，甚至在有特殊基础处理时将该部分从土建工程中分离出去单独招标。

(3) 被监理合同的难易程度 工程项目建设期间，招标人与第三人签订的合同较多，对易于履行合同的监理工作可并入相关工作的委托监理内容之中。如将采购通用建筑材料购销合同的监理工作并入施工监理的范围之内，而设备制造合同的监理工作则需委托专门的监理单位。

5.3.2 招标文件

监理招标实际上是征询投标人实施监理工作的方案建议。为了指导投标人正确编制投标书，招标文件应包括以下几方面内容，并提供必要的资料：

1）投标须知。包括：①工程项目综合说明。包括项目的主要建设内容、规模、工程等级、地点、总投资、现场条件、开竣工日期。②委托的监理范围和监理业务。③投标文件的格式、编制、递交。④无效投标文件的规定。⑤投标的起止时间，开标、评标、定标的时间和地点。⑥招标文件、投标文件的澄清与修改。⑦评标的原则等。

2）合同条件。

3）业主提供的现场办公条件（包括交通、通信、住宿、办公用房等）。

4）对监理单位的要求。包括对现场监理人员、检测手段、工程技术难点等方面的要求。

5）有关技术规定。

6）必要的设计文件、工程图和有关资料。

7）其他事项。

5.3.3 评标

5.3.3.1 对投标文件的评审

评标委员会对各投标书进行审查评阅，主要考察以下几方面的合理性：

1）投标人的资质。包括资质等级、批准的监理业务范围、主管部门或股东单位、人员综合情况等。

2）监理规划。

3）拟派项目的主要监理人员（重点审查总工程师和主要专业工程师）。

4）人员派驻计划和监理人员的素质（主要通过人员的学历证书、职称证书和上岗证书反映）。

5）监理单位提供用于工程的检测设备和仪器，或委托有关单位检测的协议。

6）近几年监理单位的业绩及奖惩情况。

7）监理费报价和费用组成。

8）招标文件要求的其他情况。

在审查过程中对投标书不明确之处可采用澄清问题会的方式请投标人予以说明，并可通过与总工程师的会谈，考察他的风险意识、对业主建设意图的理解、应变能力、管理目标的设定等的素质高低。

5.3.3.2 对投标文件的比较

监理评标的量化比较通常采用综合评分法对各投标人的综合能力进行对比。依据招标项目的特点设置评分内容和分值的权重。招标文件中说明的评标原则和预先确定的记分标准开标后不得更改，作为评标委员的打分依据。

5.4　施工招标

5.4.1　施工招标投标概述

5.4.1.1　施工招标的特点

施工招标与设计招标和监理招标比较，其特点是发包的工作内容明确、具体，各投标人编制的投标书在评标时易于进行横向对比。虽然投标人按招标文件的工程量表中既定的工作内容和工程量编标报价，但价格的高低并非是确定中标人的唯一条件，投标过程实际上是各投标人完成该项任务的技术、经济、管理等综合能力的竞争。

5.4.1.2　施工招标的发包工作范围

为了规范建筑市场有关各方的行为，《建筑法》和《招标投标法》规定一个独立合同发包的工作范围可以是：

1）全部工程招标，即将项目建设的所有土建、安装施工工作内容一次性发包。

2）单位工程招标。

3）特殊专业工程招标。

不允许将单位工程肢解成分部、分项工程进行招标。

5.4.2　招标准备工作

5.4.2.1　施工招标前应完成的工作

按照建筑法规的要求，初步设计完成后即可开始施工招标。但为了使投标人能够合理地预见合同履行过程中的风险来制定施工方案、进行编标报价以及签订合同后能够及时开工，招标人必须完成以下几方面工作：

（1）完成建设用地的征用和拆迁。

（2）有能够满足施工需要的设计图和技术资料。

（3）建设资金的来源已落实。

（4）施工现场的前期准备工作如果不包括在承包范围内，应满足“三通一平”的开工条件。

5.4.2.2　合同数量的划分

全部施工内容只发一个合同包招标，招标人仅与一个中标人签订合同，施工过程中管理工作比较简单；但有能力参与竞争的投标人较少。如果招标人有足够的管理能力，也可以将全部施工内容分解成若干个单位工程标段和特殊专业工程分别发包，这样一则可能发挥不同投标人的专业特长增强投标的竞争性；二则每个独立合同比总承包合同更容易落实，即使出现问题也是局部的，易于纠正或补救。但招标发包的数量多少要适当，合同太多会给招标工作和施工阶段的管理工作带来麻烦或不必要损失。依据工程特点和现场条件划分合同包的工作范围时，主要应考虑以下因素的影响：

（1）施工内容的专业要求　根据施工内容的专业要求可将土建施工和设备安装分别招

标。土建施工可采用公开招标，可跨行业、跨地域在较广泛的范围内选择技术水平高、管理能力强而报价又合理的投标人实施。设备安装工作由于专业技术要求高，可采用邀请招标选择有能力的中标人。

（2）施工现场条件 划分合同时应充分考虑施工过程中几个独立承包商同时施工可能发生的交叉干扰，以利于业主对各合同的协调管理。基本原则是现场施工尽可能避免平面或不同高程作业的干扰；还需考虑各合同施工中在空间和时间上的衔接，避免两个合同交界面工作责任的推诿或扯皮；以及关键线路上的施工内容划分在不同合同包时要保证总进度计划目标的实现。

（3）对工程总投资影响 合同数量划分的多与少对工程总造价的影响，不是可以一概而论的问题，应根据项目的具体特点进行客观分析。只发一个合同包便于投标人进行合理的施工组织，人工、施工机械和临时设备可以统一使用；划分合同数量较多时，各投标书的报价中均要分别考虑动员准备费、施工机械闲置费、施工干扰的风险费等。但大型复杂项目的工程总承包，由于有能力参与竞争的投标人较少，且报价中往往计入分包管理费，会导致中标的合同价较高。

（4）其他因素影响 工程项目的施工是一个复杂的系统工程，影响划分合同包的因素很多，如筹措建设资金的计划到位时间，施工图完成的计划进度等条件。

5.4.2.3 资格预审

资格预审是在招标阶段对申请投标人的第一次筛选，主要侧重于对承包商企业总体能力是否适合招标工程的要求进行审查。

1. 资格预审的主要内容

资格预审的内容应根据招标工程项目对投标人的要求来确定，中小型工程的审查内容可适当简单；大型复杂工程则要对承包商的能力进行全面审查。

2. 资格预审方法

（1）必须满足的条件 包括基本条件和强制性条件。

1）基本条件包括：①营业执照——允许承接施工工作范围符合招标工程要求。②资质等级——达到或超过项目要求标准。③财务状况——通过开户银行的资信证明来体现。④流动资金——不少于预计合同价的百分比（例如5%）。⑤分包计划——主体工程不能分包。⑥履约情况——没有毁约的历史。

2）强制性条件。强制性条件并非是每个招标项目都必须设置的条件。对于大型复杂工程或有特殊专业技术要求的施工招标，通常在资格预审阶段需考察申请投标人是否具有同类工程的施工经验和能力。强制性条件根据招标工程的施工特点设定具体要求，该项条件不一定与招标工程的实施内容完全相同，只要与本项工程的施工技术和管理能力在同一水平即可。

（2）加权打分量化审查 对满足上述条件申请投标人的资格预审文件，采用加权打分法进行量化评定和比较。权重的分配依据招标工程特点和对承包商的要求配设，打分过程中应注意对承包商报送资料的分析。

5.4.3 评标

建设工程招标评标的方法，是对建设工程招标评标活动进行的具体方式、规则和标准的统称。在建设工程招标评标办法的编制过程中，对评标方法的选择和确定，是一个十分重要的问题。它既要充分考虑到科学合理、公平正义，又要充分考虑到具体工程项目招标的具体情况、不同特点和招标人的合理意愿。实践中，经常使用的评标方法，主要有单项评议法、综合评议法和评标价法等。

5.4.3.1　单项评议法

单项评议法，又称单因素评议法、低标价法，是一种只对投标人的投标报价进行评议从而确定中标人的评标方法，主要适用于小型工程。

采用单项评议法评标，决定投标成败的唯一因素是标价的高低。一般的做法是，通过对投标书进行分析、比较，经初审后，筛选出低标价，通过进一步的澄清和答辩，经终审证明该低标价确定是切实可行、措施得当的合理低报价的，则确定该合理低标价中标。合理低标价不一定是最低投标价。所以，单项评议法可以是最低投标价中标，但并不保证最低投标价必然中标。

采用单项评议法对投标报价进行评议的方法多种多样，其代表性的模式主要有：

（1）将投标报价与标底价相比较的评议方法　这种方法是将各投标人的投标报价直接与经招标投标管理机构审定后的标底价相比较，以标底价为基础来判断投标报价的优劣，经评标被确认为合理低标价的投标报价即能中标。

（2）将各投标报价相互进行比较的评议方法　从纯粹择优的角度看，可以对投标人的投标报价不作任何限制、不附加任何条件，只将各投标人的投标报价相互进行比较，而不与标底相比，经评标确认投标报价属最低价或次低价的（即为合理低标价的），即可中标。

这种对投标报价的评议方法，优点是给了投标人充分自主报价的自由，标底的保密性不成问题，评标工作也比较简单。不足之处是，招标人无需编制标底，或虽有标底，但形同虚设，不起什么作用，因而导致招标人对投标报价的预期和认同心中无数，事实上处于一种盲目状态，很难说清楚是否科学、合理；而投标人为了中标常常会进行竞相压价的恶性竞争，也极易形成串通投标。

在市场机制健全的社会里，上述方法应该说是一种比较简便可行的评标方法，因为承包商无利可图时一般不会承接任务，即使承接了大多是一种经营策略，不会以损害社会利益和工程质量为代价。而从招标人角度看，由于其是真正的利益主体，不可能不关心报价的可行性和工程质量，在招标人十分关注报价可行性的前提下，当然是中标的投标报价越低越好。在市场机制不健全、市场主体不成熟、政府监管不到位等情况下，采用这种方法评议投标报价，常常得不到合理报价，实践的效果并不理想，因而不宜采用。

（3）将投标报价与标底价结合对投标人报价因素进行比较的评议方法　这种方法的特点，是要借助于一个可以作为评标参照物的价格。这个在评标中作为参照物的价格，是指投标报价最接近于该价时便能中标的价格，作者称之为“最佳评标价”。

5.4.3.2　综合评议法

综合评议法，是对价格、施工组织设计（或施工方案）、项目经理的资历和业绩、质量、工期、信誉和业绩等因素进行综合评价，从而确定中标人的评标方法。它是适用最广泛的评标方法，各地通常都采用这种方法。

综合评议法需要综合考虑投标书的各项内容是否同招标文件所要求的各项文件、资料和技术要求相一致；不仅要对价格因素进行评议，而且还要考虑其他因素，对其他因素进行评议。由于综合评议法不是将价格因素作为评审的唯一因素（或指标），因此就有一个评审因素（或评审指标）如何设置的问题。

从各地的实践来看，综合评议法的评审因素一般设置如下：

（1）标价（即投标报价） 评审投标报价预算数据计算的准确性和报价的合理性等。

（2）施工方案或施工组织设计 评审施工方案或施工组织设计是否齐全、完整、科学合理，包括施工方法是否先进、合理；施工进度计划及措施是否科学、合理、可靠，能否满足招标人关于工期或竣工计划的要求；质量保证措施是否切实可行；安全保证措施是否可靠；现场平面布置及文明施工措施是否合理可靠；主要施工机具及劳动力配备是否合理；提供的材料设备能否满足招标文件及设计要求；项目主要管理人员及工程技术人员的数量和资历等。

（3）质量 评审工程质量是否达到国家施工验收规范标准。质量必须符合招标文件要求，质量措施是否全面和可行。

（4）工期 指工程施工期，是工程正式开工之日到施工单位提交竣工报告之日为止的期间。评审工期是否满足招标文件的要求。

（5）信誉和业绩 包括经济、技术实力，项目经理施工经历，在手任务；近期施工承包合同履约情况（履约率）；服务态度；是否承担过类似工程；曾获得的优良工程及优质以上的工程情况，优良品率；经营作风和施工管理情况；是否获得过部省级、地市级的表彰和奖励；企业社会整体形象等。

为了让信誉好、质量高、实力强的企业多得标、得好标，在综合评议法的诸评审因素中，应适当侧重对施工方案、质量和信誉等因素的评议，在施工方案因素中应适当突出对关键部位施工方法或特殊技术措施及保证工程质量、工期的措施的评议。

综合评议法按其具体分析方式的不同，又可分为定性综合评议法和定量综合评议法。

（1）定性综合评议法 定性综合评议法，又称评议法。通常的做法是，由评标组织对工程报价、工期、质量、施工组织设计、主要材料消耗、安全保障措施、业绩 、信誉等评审指标，分项进行定性比较分析，综合考虑，经评议后，选择其中被大多数评标组织成员认为各项条件都比较优良的投标人为中标人，也可用记名或无记名投票表决的方式确定中标人。定性综合评议法的特点是不量化各项评审指标。它是一种定性的优选法。采用定性综合评议法，一般要按从优到劣的顺序，对各投标人排列名次，排序第一名的即为中标人。但当投标人超过一定数量（如在 5 家以上）时，可以选择排序第二名的投标人为中标人。

采用定性综合评议法，有利于评标组织成员之间的直接对话和交流，能充分反映不同意见，在广泛深入地开展讨论、分析的基础上，可集中大多数人的意见，一般也比较简便易行。但这种方法，评议标准弹性较大，衡量的尺度不具体，各人的理解可能会相去甚远，造成评标意见悬殊过大，会使定标决策左右为难，不能令人信服。

（2）定量综合评议法 定量综合评议法，又称打分法、百分制计分评议法（百分法）。通常的做法是，事先在招标文件或评标办法中将评标的内容进行分类，形成若干评价因素，并确定各项评价因素在百分之内所占的比例和评分标准，开标后由评标组织中的每位成员按照评分规则，采用无记名方式打分，最后统计投标人的得分，得分最高者（排序第一名）或次高者（排序第二名）为中标人。

采用定量综合评议法，原则上实行得分最高的投标人为中标人。但当招标工程在一定限额（如 1000 万元等）以上，最高得分者和次高得分者的总得分差距不大（如差距仅在 2 分之内），且次高得分者的报价比最高得分者的报价低到一定数额（如低 2% 以上）的，可以选择次高得分者为中标人。对此，在制定评标办法时，应作出详尽说明。

定量综合评议法的主要特点是能量化各评审因素。对各评审因素的量化，也就是评分因素的分值分配和具体打分标准的确定，是一个比较复杂的问题，各地的做法不尽相同。从理论上讲，评标因素指标的设置和评分标准分值的分配，应充分体现企业的整体素质和综合实力，准确反映公开、公平、公正的竞争法则，使质量好、信誉高、价格合理、技术强、方案优的企业能多中标、中好标。

5.4.3.3　评标价法

评标委员会首先通过对各投标书的审查，淘汰技术方案不满足基本要求的投标书，然后对基本合格的标书按预定的方法将某些评审要素按一定规则折算为评审价格，加到该标书的报价上形成评标价。以评标价最低的标书为最优（不是投标报价最低）。评标价仅作为衡量投标人能力高低的量化比较方法，与中标人签订合同时仍以投标价格为准。可以折算为价格的评审要素一般包括：

1）投标书承诺的工期提前给项目可能带来的超前收益，以月为单位按预定计算规则折算为相应的货币值，从该投标人的报价内扣减此值。

2）实施过程中必然发生而投标书中又属明显漏项部分，给予相应的补项，增加到报价上去。

3）技术建议可能带来的实际经济效益，按预定的比例折算后，在投标价内减去该值。

4）投标书内提出的优惠条件可能给招标人带来的好处，以开标日为准，按一定的方法折算后，作为评审价格因素之一。

对其他可以折算为价格的要素，按照对招标人有利或不利的原则，增加或减少到投标报价上去。

5.5　建设项目物资采购招标

5.5.1　建设项目物资招标概述

工程建设项目所需物资按标的物的特点可以区分为大宗材料采购和大型设备采购两大类。采购大宗建筑材料或定型批量生产的中小型设备，由于标的物的规格、性能、主要技术参数均为通用指标，因此招标一般仅限于对投标人的商业信誉、报价和交货期限等方面的比较。而采购非批量生产的大型复杂机组设备、特殊用途的大型非标准部件，招标评选时要对投标人的商业信誉、加工制造能力、报价、交货期限和方式、安装（或安装指导）、调试、保修及操作人员培训等各方面条件进行全面比较。

5.5.2　合同包的划分

工程项目建设所需的各种物资应按实际需求时间分成几个阶段进行招标。每次招标时，可依据物资的性质只发一个合同包或分成几个合同包同时招标。投标人可以投一个或其中的几个包，但不能仅投一个包中的某几项。如采购钢材的招标，将钢筋供应作为一个合同包，其中包括Φ8、Φ12、Φ20、Φ22 等型号，投标人不能仅投其中的某一项，而必须包括全部规格和数量供应的报价。划分采购标和合同包的原则应有利于吸引较多的投标人参加竞争，从而达到降低货物价格，保证供货时间和质量的目的。主要考虑的因素包括：

（1）有利于投标竞争　按照标的物预计金额的大小恰当地分标和划分合同包。若一个包划分过大，中小供货商就无力问津；反之，划分得过小则对有实力供货商又缺少吸引力。

（2）工程进度与供货时间的关系　分阶段招标的计划应以到货时间满足施工进度计划为条件，综合考虑制造周期、运输、仓储能力等因素。既不能延误施工的需要，也不应过早到货，以免支出过多保管费用及占用建设资金。

（3）市场供应情况　项目建设需要大量建筑材料和设备，应合理预计市场价格的浮动影响，合理分阶段、分批采购。

（4）资金计划　考虑建设资金的到位计划和周转计划，合理地进行分次采购招标。

5.5.3　大型设备采购的资格预审

合格的投标人应具有圆满履行合同的能力，具体要求应符合以下条件：

1）具有独立订立合同的权利。

2）在专业技术、设备设施、人员组织、业绩经验等方面具有设计、制造、质量控制、经营管理的相应资格和能力。

3）具有完善的质量管理体系。

4）业绩良好。要求具有设计、制造与招标设备相同或相近设备 1 ~ 2 台（套），保持 2 年以上良好运行经验，在安装调试运行中未发现重大设备质量问题或已有有效改进措施。

5）有良好的银行资信和商业信誉等。

5.5.4　评标

材料、设备供货评标的特点是不仅要看报价的高低，还要考虑招标人在货物运抵现场过程中可能要支付的其他费用，以及设备在评审预定的寿命期内可能投入的运营和管理费用的多少。如果投标人的设备报价较低但运营费用很高时，仍不符合以最合理价格采购的原则。货物采购评标，一般采用评标价法或综合评分法，也可以将二者结合使用。

5.5.5　评标价法

评标价法是以货币价格作为评标指标，依据标的性质不同可以分为以下几类比较方法。

5.5.5.1　最低投标价法

采购简单商品、半成品、原材料以及其他性能、质量相同，较易进行比较的货物时，仅以报价和运费作为比较要素，选择总价格最低者中标。

5.5.5.2　综合评标价法

以投标价为基础，将评审各要素按预定方法换算成相应价格值，增加或减少到报价上形成评标价。采购机组、车辆等大型设备时，较多采用这种方法。投标价之外需考虑的因素通常包括：

（1）运输费用　招标人可能额外支付的运费、保险费和其他费用，如运输超大件设备时需要对道路加宽、桥梁加固所需支出的费用等。换算为评标价时，可按照运输部门（铁路、公路、水运)、保险公司以及其他有关部门公布的取费标准，计算货物运抵最终目的地将要发生的费用。

(2) 交货期　评标时以招标文件的“供货一览表”中规定的交货时间为标准。投标书中提出的交货期早于规定时间，一般不给予评标优惠，因为施工还不需要时的提前到货，不仅不会使招标人获得提前收益，反而要增加仓储管理费和设备保养费。如果迟于规定的交货日期且推迟的时间尚在可以接受的范围内，则交货日期每延迟 1 个月，按投标价的一定百分比（一般为 2%）计算折算价，增加到报价上去。

(3) 付款条件　投标人应按招标文件中规定的付款条件报价，对不符合规定的投标，可视为非响应性而予以拒绝。但在大型设备采购招标中，如果投标人在投标致函内提出了“若采用不同的付款条件（如增加预付款或前期阶段支付款）可以降低报价”的供选择方案时，评标时也可予以考虑。当要求的条件在可接受范围内，应将偏离要求给招标人增加的费用（奖金、利息等)，按招标文件规定的贴现率换算成评标时的净现值，加到投标致函中提出的更改报价上后作为评标价。如果投标书中提出可以减少招标文件说明的预付款金额，则招标人延迟支付部分减少的利息，也应以贴现方式从投标价内扣减此值。

(4) 零配件和售后服务　零配件以设备运行 2 年内各类易损备件的获取途径和价格作为评标要素。售后服务一般包括安装监督、设备调试、提供备件、负责维修、人员培训等工作，评价提供这些服务的可能性和价格。评标时如何对待这两笔费用，视招标文件中的规定区别对待。当这些费用已要求投标人包括在报价之内，评标时不再重复考虑；若要求投标人在报价之外单独填报，则应将其加到投标价上。如果招标文件对此没作任何要求，评标时应按投标书附件中由投标人填报的备件名称、数量计算可能需购置的总价格，以及由招标人自己安排的售后服务价格加到投标价上去。

(5) 设备性能、生产能力　投标设备应具有招标文件技术规范中要求的生产效率。由于设备是厂家定型设计和生产的，不易随意改动，如果所提供设备的性能、生产能力等某些技术指标没有达到要求的基准参数，则每种参数比基准参数每减低 1% 时，都应以投标设备实际生产效率成本为基础计算，在投标价上增加若干金额。

将以上各项评审价格综合到报价上去后，累计金额即为该标书的评标价。

5.5.5.3　以设备寿命周期成本为基础的评标价法

采购生产线、成套设备、车辆等运行期内各种费用较高的货物，评标时可预先确定一个统一的设备评审寿命期（短于实际寿命期)，然后再根据投标书的实际情况在报价上加上该年限运行期间所发生的各项费用，再减去寿命期末设备的残值。计算各项费用和残值时，都应按招标文件规定的贴现率折算成净现值。

这种方法是在综合评标价的基础上，进一步加上一定运行年限内的费用作为评审价格。这些以贴现值计算的费用包括：

1) 估算寿命期内所需的燃料消耗费。

2) 估算寿命期内所需备件及维修费用。

3) 估算寿命期设备残值。

5.5.5.4　综合评分法

按预先确定的评分标准，分别对各投标书的报价和各种服务进行评审记分。

1. 评审记分内容

主要内容包括：投标价格；运输费、保险费和其他费用的合理性；投标书中所报的交货期限；偏离招标文件规定的付款条件影响；备件价格和售后服务；设备的性能、质量、生产能力；技术服务和培训；其他有关内容。

2. 评审要素的分值分配

评审要素确定后，应依据采购标的物的性质、特点以及各要素对总投资的影响程度分配权重和记分标准，既不能等同对待，也不应一概而论。

综合记分法的优点是简便易行，评标考虑要素较为全面，可以将难以用金额表示的某些要素量化后加以比较。缺点是各评标委员独自给分，对评标人的水平和知识面要求高，主观随意性大；而且投标人提供的设备型号各异，难以合理确定不同技术性能的相关分值差异。

5.6　建设项目合同管理

建设工程的合同实施与管理是项目管理中一项十分重要的内容，在工程项目的建设过程中，各方参与主体的行为必定会形成各个方面的社会关系，涉及政府建设管理机关、项目法人单位、设计单位、施工单位、建设监理单位等。除了政府建设管理机关是依据法律及相关规范对工程建设主体行使行政监督管理外，其他各个方面社会关系都是约定形成的合同法律关系。

合同管理是指为了工程项目的顺利实施，严格按照合同文件的约定的工期、质量、成本等，完成的建设工程的活动。合同管理工作对于工程项目建设顺利实施关系重大。虽然不同的工程项目管理模式和不同的合同类型，对项目管理的要求及项目管理的内容不同。但合同管理的基本原理及性质却是一致的。

5.6.1　合同谈判前的审查分析

工程承包经过招标、投标、中标的一系列交易过程之后，根据《合同法》规定，发包人和承包人的合同法律关系就已经建立。但是，由于建设工程标的规模大、金额高、合同履行时间长、技术复杂，再加上可能由于时间紧工程招标投标工作较仓促，从而可能会导致合同条款完备性不够，甚至合法性不足，给今后合同的履行带来很大困难。因此，中标后，发包人和承包人在不背离原合同实质性内容的原则下，还必须通过合同谈判，将双方在招标投标过程中达成的协议具体化或作某些增补或删减，对价格等所有合同条款进行法律认证，最终订立一份对双方均有法律约束力的合同文件。根据我国《招标投标法》的规定，发包人和承包人必须在中标通知书发出之日起30日内签订合同。

由于这是双方合同关系建立的最后也是最关键的一步，因而无论是发包人还是承包人都极为重视合同的措辞和最终合同条款的制定，力争在合同条款上通过谈判全力维护自己的合法利益。为了切实维护自己的合法利益，在合同谈判之前，无论是发包人还是承包人都必须认真仔细地研究招标文件及双方在招标投标过程中达成的协议，审查每一个合同条款，分析该条款的履行后果，从中寻找合同漏洞及于己不利的条款，力争通过合同谈判使自己处于较为有利的位置，以改善合同条件中一些主要条款的内容，从而能够从合同条款上全力维护自己的合法权益。

合同审查分析是一项技术性很强的综合性工作，它要求合同管理者必须熟悉与合同相关的法律法规，精通合同条款，对工程环境有全面的了解，有合同管理的实际工作经验并有足够的细心和耐心。

工程合同审查分析主要包括以下几方面内容。

1. 合同效力的审查与分析

合同必须在合同依据的法律基础的范围内签订和实施，否则会导致合同全部或部分无效，从而给合同当事人带来不必要的损失。这是合同审查分析的最基本也是最重要的工作。合同效力的审查与分析主要从以下几方面入手：

（1）合同当事人资格的审查　即合同主体资格的审查。无论是发包人还是承包人必须具有发包和承包工程及签订合同的资格，即具备相应的民事权利能力和民事行为能力。有些招标文件或当地法规对外地或外国承包商有一些特别规定，如在当地注册、获取许可证等。在我国，承包人要承包工程不仅必须具备相应的民事权利能力（营业执照、许可证），而且还必须具备相应的民事行为能力（资质等级证书）。

（2）工程项目合法性审查　即合同客体资格的审查。主要审查工程项目是否具备招标投标以及签订和实施合同的一切条件，包括：是否具备工程项目建设所需要的各种批准文件；工程项目是否已经列入年度建设计划；建设资金与主要建筑材料和设备来源是否已经落实。

（3）合同订立过程的审查　如审查招标人是否有规避招标行为和隐瞒工程真实情况的现象；投标人是否有串通作弊、哄抬标价或以行贿的手段谋取中标的现象；招标代理机构是否有泄露应当保密的与招标投标活动有关的情况和资料的现象，以及其他违反公开、公平公正原则的行为。

有些合同需要公证，或由官方批准后才能生效，这应当在招标文件中说明。在国际工程中，有些国家项目、政府工程，在合同签订后，或业主向承包商发出中标通知书后，还得经过政府批准后，合同才能生效。对此，应当特别注意。

（4）合同内容合法性审查　主要审查合同条款和所指的行为是否符合法律规定，如分包转包的规定、劳动保护的规定、环境保护的规定、赋税和免税的规定、外汇额度条款、劳务进出口等条款是否符合相应的法律规定。

2. 合同的完备性审查

根据《合同法》规定，合同应包括合同当事人，合同标的、标的的数量和质量，合同价款或酬金，履行期限、地点和方式，违约责任和解决争议的方法。一份完整的合同应包括上述所有条款。由于建设工程的工程活动多，涉及面广，合同履行中不确定性因素多，从而给合同履行带来很大风险。如果合同不够完备，就可能会给当事人造成重大损失。因此，必须对合同的完备性进行审查。合同的完备性审查包括：

（1）合同文件完备性审查　即审查属于该合同的各种文件是否齐全。如发包人提供的技术文件等资料是否与招标文件中规定的相符，合同文件是否能够满足工程需要等。

（2）合同条款完备性审查　这是合同完备性审查的重点，即审查合同条款是否齐全，对工程涉及的各方面问题都有规定，合同条款是否存在漏项等。合同条款完备性程度与采用何种合同文本有很大关系：如果采用合同示范文本，则一般认为该合同条款较完备。此时，应重点审查专用合同条款是否与通用合同条款相符，是否有遗漏等；如果未采用合同示范文本，但合同示范文体存在，在审查时应当以示范文本为样板，将拟签订的合同与示范文本的对应条款一一对照，从中寻找合同漏洞；若无标准合同文本，如联营合同等，无论是发包人还是承包人在审查该类合同的完备性时，应尽可能多地收集实际工程中的同类合同文本，并进行对比分析，以确定该类合同的范围和合同文本结构形式。再将被审查的合同按结构拆分开，并结合工程的实际情况，从中寻找合同漏洞。

3. 合同条款的公正性审查

公平公正、诚实信用是《合同法》的基本原则，当事人无论是签订合同还是履行合同，都必须遵守该原则。但是，在实际操作中，由于建筑市场竞争异常激烈，而合同的起草权掌握在发包人手中，承包人只能处于被动应付的地位，因此业主所提供的合同条款往往很难达到公平公正的程度。所以，承包人应逐条审查合同条款是否公平公正，对明显缺乏公平公正的条款，在合同谈判时，通过寻找合同漏洞、向发包人提出自己的合理化建议、利用发包人澄清合同条款及进行变更的机会，力争使发包人对合同条款作出有利于自己的修改。同时，发包人应当认真审查研究承包人的投标文件，从中分析投标报价过程中承包人是否存在欺诈等违背诚实信用原则的现象。

对施工合同而言，应当重点审查以下内容：

（1）工作范围　即承包人所承担的工作范围，包括施工，材料和设备供应，施工人员的提供，工程量的确定，质量、工期要求及其他义务。工作范围是制定合同价格的基础，因此，工作范围是合同审查与分析中一项极其重要的不可忽视的问题。招标文件中往往有一些含糊不清的条款，故有必要进一步明确工作范围。在这方面，经常发生的问题有：因工作范围和内容规定不明确或承包人未能正确理解而出现报价漏项，从而导致成本增加甚至整个项目出现亏损；由于工作范围不明确，对一些应包括进去的工程量没有进行计算而导致施工成本上升；规定工作内容时，对于规格、型号、质量要求、技术标准文字表达不清楚，从而在实施过程中易产生合同纠纷；对于承包的国际工程，在将外文标书翻译成中文时出现错误，如将金扶手翻译成镀金扶手，将发电机翻译成发动机等，这些必然导致报价失误。

因此，合同审查一定要认真仔细，规定工作内容时一定要明确具体，责任分明。特别是在固定总价合同中，根据双方已达成的价格，查看承包人应完成哪些工作，合同责任界面划分是否明确，对追加工程能否另计费用。对招标文件中已经体现，工程质量也已列入，但总价中未计入者，要明确是否已经逐项指明不包括在本承包范围内，否则要补充计价并相应调整合同价格。为现场监理工程师提供的服务如包含在报价内，分析承包人应提供的办公及住房的建筑面积、标准，工作、生活设备数量和标准等是否明确。合同中是否有诸如“除另有规定外的一切工程”“承包人可以合理推知需要提供的为本工程服务所需的一切工程”等含糊不清的词句。

（2）权利和责任　合同应公平合理地分配双方的责任和权益。因此，在合同审查时，一定要列出双方各自的责任和权利，在此基础上进行权利义务关系分析，检查合同双方责权是否平衡、合同是否有逻辑问题等。同时，还必须对双方责任和权利的制约关系进行分析。如在合同中规定一方当事人有一项权利，则要分析该权利的行使会对对方当事人产生什么影响，该权利是否需要制约，权利方是否会滥用该权利，使用该权利的权利方应承担什么责任等。据此可以提出对该项权利的反制约。

如果合同中规定一方当事人必须承担一项责任，则要分析承担该责任应具备什么前提条件，以及相应应该拥有什么权利，如果对方不履行相应的义务应承担什么责任等。例如，合同规定承包商必须按时开工，则在合同中应相应地规定业主应按时提供现场施工条件并及时支付预付款等。

在审查时，还应当检查双方当事人的责任和权利是否具体、详细、明确，责权范围界定是否清晰等。例如，对不可抗力的界定必须清晰，如风力为多少级，降雨量为多少毫米，地震的震级为多少等。如果招标文件提供的气象、水文和地质资料明显不全，则应争取列入非正常气象、水文和地质情况下业主提供额外补偿的条款，或在合同价格中约定对气象、水文和地质条件的估计，如超过该假定条件，则需要增加额外费用。

5.6.2　工程合同的谈判

5.6.2.1　合同谈判的准备工作

合同谈判是业主与承包商面对面的直接较量，谈判的结果直接关系到合同条款的订立是否于己有利，因此，在合同正式谈判前，无论是业主还是承包商，都必须深入细致地作好充分的思想准备、组织准备、资料准备等，做到知己知彼，心中有数，为合同谈判的成功奠定坚实的基础。

1. 谈判的思想准备

合同谈判是一项艰苦复杂的工作，只有有了充分的思想准备，才能在谈判中坚待立场，适当妥协，最后达到目标。因此，在正式谈判之前，应对以下两个问题作好充分的思想准备：

（1）谈判目的　这是必须明确的首要问题，因为不同的目标决定了谈判方式与最终谈判结果，一切具体的谈判行为方式和技巧都是为谈判的目的服务的。因为，首先必须确定自己的谈判目标，同时，要分析揣摩对方谈判的真实意图，从而有针对性地进行准备并采取相应的谈判方式和谈判策略。

（2）确立己方谈判的基本原则和谈判中的态度　明确谈判目的后，必须确立己方谈判的基本立场和原则，从而确定在谈判中哪些问题是必须坚持的，哪些问题可以做出一定的合理让步以及让步的程度等。同时，还应具体分析在谈判中可能遇到的各种复杂情况及其对谈判目标实现的影响，谈判有无失败的可能，遇到实质性问题争执不下该如何解决等。做到既保证合同谈判能够顺利进行，又保证自己能够获得于己有利的合同条款。

2. 合同谈判的组织准备

在明确了谈判目标并作好了应付各种复杂局面的思想准备后，就必须着手组织一个精明强干、经验丰富的谈判班子具体进行谈判准备和谈判工作。谈判组成员的专业知识结构、综合业务能力和基本素质对谈判结果有着重要的影响。一个合格的谈判小组应由有着实质性谈判经验的技术人员、财务人员、法律人员组成。谈判组长应由思维敏捷、思路清晰、具备高度组织能力与应变能力、熟悉业务并有着丰富经验的谈判专家担任。

3. 合同谈判的资料准备

合同谈判必须有理有据，因此谈判前必须收集整理各种基础资料和背景材料，包括对方的资信状况、履约能力、发展阶段、项目由来及资金来源、土地获得情况、项目目前进展情况等，以及在前期接触过程中已经达成的意向书、会议纪要、备忘录等。并将资料分成类：一是准备原招标文件中的合同条件、技术规范及投标文件、中标函等文件，以及向对方提出的建议等资料；二是准备好谈判时对方可能索取的资料以及在充分估计对方可能提出各种问题的基础上准备好适当的资料论据，以便对这些问题做出恰如其分的回答；三是准备好能够证明自己能力和资信程度等的资料，使对方能够确信自己具备履约能力。

4. 背影材料的分析

在获得上述基础资料及背景材料后，必须对这些资料进行详细分析。包括：

（1）对己方的分析　签订工程合同之前，必须对自己的情况进行详细分析。对发包人来说，应按照可行性研究的有关规定，做定性和定量的分析研究，在此基础上论证项目在技术上、经济上的可行性，经过方案比较，推荐最佳方案。在此基础上，了解自己建设准备工作情况，包括技术准备、征地拆迁、现场准备及资金准备等情况，以及自己对项目在质量、工期、造价等方面的要求，以确定己方的谈判方案。

对承包商而言，在接到中标函后，应当详细分析项目的合法性与有效性，项目的自然条件和施工条件，己方在承包该项目有哪些优势，存在哪些不足，以确立己方在谈判中的地位。同时，必须熟悉合同审查表中的内容，以确立己方的谈判原则和立场。

（2）对对方的分析　对对方的基本情况的分析主要从以下几个方面入手：

1）对方是否为合法主体，资信情况如何。这是首先必须要确定的问题。如果承包人越级承包，或者承包人履约能力极差，就可能会造成工程质量低劣，工期严重延误，从而导致合同根本无法顺利进行，给发包人带来巨大损害。相反，如果工程项目本身因为缺少政府批文而不合法，发包主体不合法，或者发包人的资信状况不良，也会给承包人带来巨大损失。因此在谈判前必须确认对方是履约能力强、资信情况好的合法主体；否则，就要慎重考虑是否与对方签订合同。

2）谈判对手的真实意图。只有在充分了解对手的谈判诚意和谈判动机后，并对此做好充分的思想准备，才能在谈判中始终掌握主动权。

3）对方谈判人员的基本情况。包括对方谈判人员的组成，谈判人员的身份、年龄、健康状况、性格、资历、专业水平、谈判风格等，以便己方有针对性地安排谈判人员并做好思想上和技术上的准备，并注意与对方建立良好的关系，发展谈判双方的友谊，争取在到达谈判桌以前就有亲切感和信任感，为谈判创造良好的氛围。同时，还要了解对方是否熟悉己方。另外，必须了解对方各谈判人员对谈判所持的态度、意见，从而尽量分析并确定谈判的关键问题和关键人物的意见和倾向。

5. 谈判方案的准备

在确立己方的谈判目标及认真分析己方和对手情况的基础上，拟定谈判提纲。同时，要根据谈判目标，准备几个不同的谈判方案，还要研究和考虑其中哪个方案较好以及对方可能倾向于哪个方案。这样，当对方不易接受某一方案时，就可以改换另一种方案，通过协商就可以选择一个为双方都能够接受的最佳方案。谈判中切忌只有一个方案，当对方拒不接受时，易使谈判陷入僵局。

5.6.2.2　谈判程序

1. 一般讨论

谈判开始阶段通常都是先广泛交换意见，各方提出自己的设想方案，探讨各种可能性，经过商讨逐步将双方意见综合并统一起来，形成共同的问题和目标，为下一步详细谈判做好准备。不要一开始就使会谈进入实质性问题的争论，或逐条讨论合同条款。要先搞清基本概念和双方的基本观点，在双方相互了解基本观点之后，再逐条逐项仔细地讨论。

2. 技术谈判

在一般讨论之后，就要进入技术谈判阶段。主要对原合同中技术方面的条款进行讨论，包括工程范围、技术规范、标准、施工条件、施工方案、施工进度、质量检查、竣工验收等。

3. 商务谈判

主要对原合同中商务方面的条款进行讨论，包括工程合同价款、支付条件、支付方式、预付款、履约保证、保留金、货币风险的防范、合同价格的调整等。需要注意的是，技术条款与商务条款往往是密不可分的，因此，在进行技术谈判和商务谈判时，不能将两者分割开来。

4. 合同拟定

谈判进行到一定阶段后，在双方都已表明了观点，对原则问题双方意见基本一致的情况下，相互之间就可以交换书面意见或合同稿。然后以书面意见或合同稿为基础，逐条逐项审查讨论合同条款。先审查一致性问题，后审查讨论不一致的问题，对双方不能确定、达不成一致意见的问题，再请示上级审定，下次谈判继续讨论，直至双方对新形成的合同条款一致同意并形成合同草案为止。

5.6.2.3　谈判的策略和技巧

谈判是通过不断讨论、争执、让步确定各方权利、义务的过程，实质上是双方各自说服对方和被对方说服的过程，它直接关系到谈判桌上各方最终利益的得失，因此，必须注重谈判的策略和技巧。以下介绍几种常见的谈判的策略和技巧。

1. 掌握谈判议程，合理分配各议题时间

工程合同谈判一般会涉及诸多需要讨论的事项，而各事项的重要程度并不相同，谈判各方对同一事项的关注程度也不一定相同。成功的谈判者善于掌握谈判的进程，在充满合作气氛的阶段，商讨自己所关注的议题，从而抓住时机，达成有利于己方的协议。在气氛紧张时，则引导谈判进入双方具有共识的议题，一方面缓和气氛，另一方面缩小双方差距，推进谈判进程。同时，谈判者应合理分配谈判时间，对于各议题的商讨时间应得当，不要过于拘泥于细节性问题。这样可以缩短谈判时间，降低交易成本。

2. 高起点战略

谈判的过程是各方妥协的过程，通过谈判，各方都或多或少会放弃部分利益以求得项目的进展。而有经验的谈判者在谈判之初会有意识地向对方提出苛刻的谈判条件，这样对方会过高地估计本方的谈判底线，从而在谈判中做出更多让步。

3. 注意谈判氛围

谈判各方往往存在利益冲突，要兵不血刃即获得谈判成功是不现实的。但有经验的谈判者会在各方分歧严重、谈判气氛激烈时采取润滑措施，舒缓压力。在我国最常见的方式是饭桌式谈判。通过宴请，联络对方感情，拉近双方的心理距离，进而在和谐的氛围中重新回到议题。

4. 拖延与休会

当谈判遇到障碍，陷入僵局时，拖延与休会可以使明智的谈判者有时间冷静思考，在客观分析形势后提出替代方案。在一段时间的冷处理后，各方都可以进一步考虑整个项目的意义，进而弥合分歧，将谈判从低谷引向高潮。

5. 避实就虚

谈判各方都有自己的优势和弱点。谈判者应在充分分析形势的情况下，做出正确判断，利用正确判断，抓住对方弱点，猛烈攻击，迫其就范，做出妥协。而对己方的弱点，则要尽量注意回避。

6. 对等让步

当己方准备对某些条件做出让步时，可以要求对方在其他方面也应做出相应的让步。要争取把对方的让步作为自己让步的前提和条件。同时应分析对方让步与己方做出的让步是否均衡，在未分析研究对方可能做出的让步之前轻易表态让步是不可取的。

7. 分配谈判角色

谈判时应利用本谈判组成员各自不同的性格特征各自扮演不同的角色。有的积极进攻，有的和颜悦色。这样软硬兼施，可以事半功倍。

8. 善于抓住实质性问题

任何一项谈判都有其主要目标和主要内容。在整个项目的谈判过程中，要始终注意抓住主要的实质性问题，如工作范围、合同价格、工期、支付条件、验收及违约责任等来谈，不要为一些鸡毛蒜皮的小事争论不休，而把大的问题放在一边。要防止对方转移视线，回避主要问题，或避实就虚，在主要问题上打马虎眼，而故意在无关紧要的问题上兜圈子。这样，若到谈判快结束时再把主要问题提出来，就容易草草收场，形成于已不利的结局，使谈判达不到预期效果。

5.6.3 工程合同履行分析

5.6.3.1 合同分析的概念与作用

合同分析是指从执行的角度分析、补充、解释合同，将合同目标和合同规定落实到合同实施的具体问题上和具体事件上，用以指导具体工作，使合同能符合日常工程管理的需要。

合同签订后，合同当事人的主要任务是按合同约定圆满地实现合同目标，完成合同责任。而整个合同责任的完成是靠在一段段时间内，完成一项项工程和一个个工程活动实现的。因此对承包商来说，必须将合同目标和责任贯彻落实在合同实施的具体问题上和各工程小组以及各分包商的具体工程活动中。承包商的各职能人员和各工程小组都必须熟练地掌握合同，用合同指导工程实施和工作，以合同作为行为准则。

从项目管理的角度来看，合同分析就是为合同控制确定依据。合同分析确定合同控制的目标，并结合项目进度控制、质量控制、成本控制的计划，为合同控制提供相应的合同工作、合同对策、合同措施。从此意义上讲，合同分析是承包商项目管理的起点。

合同履行阶段的合同分析不同于合同谈判阶段的合同审查与分析。合同谈判时的合同分析主要是对尚未生效的合同草案的合法性、完备性和公正性进行审查，其目的是针对审查发现的问题，争取通过合同谈判改变合同草案中于已不利的条款，以维护己方的合法权益。而合同履行阶段的合同分析主要是对已经生效的合同进行分析，其目的主要是明确合同目标，并进行合同结构分解，将合同落实到合同实施的具体问题上和具体事件上，用以指导具体工作，保证合同能够顺利履行。

合同分析有如下作用：

1. 分析合同漏洞，解释争议内容

工程的合同状态是静止的，而工程施工的实际情况千变万化，一份再标准的合同也不可能将所有问题都考虑在内，难免会有漏洞。同时，许多工程的合同是由发包方自行起草的，条款简单，诸多的合同条款均未详细、合理地约定。在这种情况下，通过分析这些合同漏洞，并将分析的结果作为合同的履行依据非常必要。

由于合同中出现错误、矛盾和歧义性解释，以及施工中出现合同未作出明确约定的情况，在合同实施过程中双方会有许多争执。要解决这些争执，首先必须作合同分析，按合同条文的表达，分析它的意思，以判定争执的性质。要解决争执，双方必须就合同条文的理解达成一致。特别是在索赔中，合同分析为索赔提供了理由和根据。

2. 分析合同风险，制定风险对策

工程承包是高风险行业，存在诸多风险因素，这些风险有的可能在合同签订阶段已经经过合理分摊，但仍有相当的风险并未落实或分摊不合理。因此，在合同实施前有必要做进一步的全面分析，以落实风险责任。对己方应承担的风险也有必要通过风险分析和评价，制定和落实风险回应措施。

3. 分解合同工作并落实合同责任

合同事件和工程活动的具体要求（如工期、质量、技术、费用等）、合同双方的责任关系、事件和活动之间的逻辑关系极为复杂，要使工程按计划有条理地进行，必须在工程开始前将它们落实下来，从工期、质量、成本、相互关系等各方面定义合同事件和工程活动，这就需要通过合同分析分解合同工作，落实合同责任。

4. 进行合同交底，简化合同管理工作

在实际工作中，由于许多工程小组、项目管理职能人员所涉及的活动和问题并不涵盖整个合同文件，而仅涉及一小部分合同内容，因此他们没有必要花费大量的时间和精力全面把握合同，他们只需要掌握自己所涉及的部分合同内容。为此，由合同管理人员先做全面的合同分析，再向各职能人员和工程小组进行合同交底就不失为较好的方法。

从另一方面讲，由于合同条文往往不直观明了，一些法律语言不容易理解，遇到具体问题，即使查阅合同，也不是所有查阅人都能够准确全面地把握合同。只有由合同管理人员通过合同分析，将合同约定用最简单易懂的语言和形式表达出来，使大家了解自己的合同责任，从而使得日常合同管理工作简单、方便。

5.6.3.2　合同分析的要求

1. 准确客观

合同分析的结果应准确、全面地反映合同内容。如果不能透彻、准确地分析合同，就不可能有效、全面地执行合同，从而导致合同实施产生更大失误。事实证明，许多工程失误和合同争议都起源于不能准确地理解合同。

对合同的工作分析，划分双方合同责任和权益，都必须实事求是，根据合同约定和法律规定，客观地按照合同目的和精神来进行，而不能以当事人的主观愿望解释合同，否则必然导致合同争执。

2. 简明清晰

合同分析的结果必然采用使不同层次的管理人员、工作人员都能够接受的表达方式，使用简单易懂的工程语言，如图、表等形式，对不同层次的管理人员提供不同要求、不同内容的合同分析资料。

3. 协调一致

合同双方及双方的所有人员对合同的理解应一致。合同分析实质上是双方对合同的详细解释，由于在合同分析时要落实各方面的责任，这容易引起争执。因此，双方在合同分析时应尽可能协调。

5.6.3.3　合同工作分析及合同交底

1. 合同工作分析

合同工作分析是在合同总体分析和进行合同结构分解的基础上，依据合同协议书、合同条件、规范、设计施工图、工作量表等，确定各项目管理人员及各工程小组的合同工作，以及划分各责任人的合同责任。合同工作分析涉及承包商签约后的所有活动，其结果实质上是承包商的合同执行计划，它包括：

1）工程项目的结构分解，即工程活动的分解和工程活动逻辑关系的安排。

2）技术会审工作。

3）工程实施方案、总体计划和施工组织计划。在投标书中已包括这些内容，但在施工前，应进一步细化，作详细的安排。

4）工程详细的成本计划。

5）合同工作分析，不仅针对承包合同，而且包括与承包合同同级的各个合同的协调，包括各个分合同的工作安排和各分合同之间的协调。

根据合同工作分析，落实各分包商、项目管理人员及各工程小组的合同责任。对分包商，主要通过分包合同确定双方的责权利关系，以保证分包商能及时按质、按量地完成合同责任。如果出现分包商违约或完不成合同，可对其进行合同处罚和索赔。对承包商的工程小组可以通过内部的经济责任制来保证。落实工期、质量、消耗等目标后，应将其与工程小组经济利益挂钩，建立一套经济奖罚制度，以保证目标的实现。

合同工作分析的结果是合同事件表。合同事件表反映了合同工作分析的一般方法，它是工程施工中最重要的文件之一，从各个方面定义了该合同事件。合同事件表实质上是承包商详细的合同执行计划，有利于项目组在工程施工中落实责任，具体安排工作，进行合同监督、跟踪、分析和处理索赔事项。合同事件表（见表5-1）说明如下。

表5-1　合同事件表

子　项　目	事件编码	日期变更次数
事件名称和简要说明 事件内容说明 前提条件 本事件的主要活动		

（续）

子　项　目	事 件 编 码	日期变更次数
负责人（单位） 费用： 计划 实际 其他参加者 工期： 计划 实际		

（1）事件编码　这是为了计算机数据处理的需要。计算机对事件的各种数据处理都靠编码识别。所以编码要能反映事件的各种特性，如所属的项目、单项工程、单位工程、专业性质、空间位置等。通常它应与网络事件（或活动）的编码有一致性。

（2）事件名称和简要说明　对一个确定的承包合同，承包商的工程范围、合同责任是一定的，则相关的合同事件和工程活动也是一定的，在一个工程中，这样的事件通常可能有几百甚至几千件。

（3）变更次数和最近一次的变更日期　它记载着与本事件相关的工程变更。在接到变更指令后，应落实变更，修改相应栏目的内容。最近一次的变更日期表示从这一天以来的变更尚未考虑到，这样可以检查每个变更指令落实的情况，既防止重复，又防止遗漏。

（4）事件的内容说明　主要为该事件的目标，如某一分项工程的数量、质量、技术要求以及其他方面的要求。这些由工程量清单、工程说明、设计图、规范等定义，是承包商应完成的任务。

（5）前提条件　该事件进行前应有哪些准备工作，应具备什么样的条件——这些条件有的应由事件的责任人承担，有的应由其他工程小组、其他承包商或业主承担。这里不仅确定了事件之间的逻辑关系，而且确定了各参加者之间的责任界限。

（6）本事件的主要活动　即完成该事件的一些主要活动和它们的实施方法、技术与组织措施。

（7）费用　费用包括计划成本和实际成本，有两种情况，即若该事件由分包商承担，则计划费用为分包合同价格。如果在总包和分包之间发生索赔，则应修改这个值，而相应的实际费用为最终实际结算账单金额总和；若该事件由承包商的工程小组承担，则计划成本可由成本计划得到，一般为直接成本，而实际成本为会计核算的结果，在事件完成后填写。

（8）计划和实际的工期　计划工期由网络分析得到。这里有计划开始期、结束期和持续时间。实际工期按实际情况，在该事件结束后填写。

（9）其他参加人　即对该事件的实施提供帮助的其他人员。

2. 合同交底

合同交底是指合同管理人员在对合同的主要内容作出解释和说明的基础上，通过组织项目管理人员和各工程小组负责人学习合同条文和合同总体分析结果，使大家熟悉合同中的主要内容、各种规定、管理程序，了解承包商的合同责任和工程范围、各种行为的法律后果等，使大家都树立全局观念，避免执行中的违约行为，同时使大家的工作协调一致。

在我国传统的施工项目管理系统中，人们十分注重“图纸交底”工作，但却没有“合同交底”工作，所以项目组和各工程小组对项目的合同体系、合同基本内容不甚了解。我国工程管理者和技术人员有十分牢固的按图施工的观念，这本身无可厚非。但在现代市场经济中必须转变到“按合同施工”上来，特别是在工程使用非标准合同文本或本项目组不熟悉的合同文本时，这个“合同交底”工作就显得更为重要。

合同交底应分解落实如下合同和合同分析文件：合同事件表（任务单、分包合同）、设计施工图、设备安装图、详细的施工说明等。最重要的是以下几方面内容：①工程的质量、技术要求和实施中的注意点；②工期要求；③消耗标准；④合同事件之间的逻辑关系；⑤各工程小组（分包商）责任界限的划分；⑥不完成责任的影响和法律后果等。

合同管理人员应在合同的总体分析和合同结构分解、合同工作分析的基础上，按施工管理程序，在工程开工前，逐级进行合同交底，使得每一个项目参加者都能够清楚地掌握自身的合同责任，以及自己所涉及的应当由对方承担的合同责任，以保证在履行合同义务过程中自己不违约，同时，如发现对方违约，及时向合同管理人员汇报，以便及时要求对方履行合同义务及进行索赔。在交底的同时，应将各种合同事件的责任分解落实到各分包商或工程小组直至每一个项目参加者，以经济责任制形式规范各自的合同行为，以保证合同目标能够实现。

5.6.4　工程项目合同控制

5.6.4.1　合同控制方法

要完成目标就必须对其实施有效的控制，控制是项目管理的重要职能之一。所谓控制，就是行为主体为保证在变化的条件下实现其目标，按照实现拟定的计划和标准，通过各种方法，对被控制对象实施中发生的各种实际值与计划值进行检查、对比、分析和纠正，以保证工程实施按预定的计划进行，顺利地实现预定的目标。合同控制是指承包商的合同管理组织为保证合同所约定的各项义务的全面完成及各项权利的实现，以合同分析的成果为基准，对整个合同实施过程进行全面监督、检查、对比和纠正的管理活动。它包括以下几个方面。

1. 工程实施监督

工程实施监督是工程管理的日常事务性工作，首先应表现在对工程活动的监督上，即保证按照预先确定的各种计划、设计、施工方案实施工程。工程实施状况反映在原始的工程资料（数据）上，如质量检查报告、分项工程进度报告、记工单、用料单、成本核算凭证等。

2. 跟踪

跟踪即将收集到的工程资料和实际数据进行整理，得到能够反映工程实施状况的各种信息，如各种质量报告、各种实际进度报表、各种成本和费用收支报表以及它们的分析报告。将这些信息与工程目标（如合同文件、合同分析文件、计划、设计等）进行对比分析，就可以发现两者的差异。差异的大小，即为工程实施偏离目标的程度。如果没有差异，或差异较小，则可以按原计划继续实施工程。

3. 诊断

诊断即分析差异的原因，采取调整措施。差异表示工程实施偏离目标的程度，必须详细分析差异产生的原因和它的影响，并对症下药，采取措施进行调整，否则这种差异会逐渐积累，最终导致工程实施远离目标，甚至可能导致整个工程失败。所以，在工程实施过程中要不断进行调整，使工程实施一直围绕合同目标进行。

5.6.4.2　合同控制的日常工作

1）参与落实计划。合同管理人员与项目的其他职能人员一起落实合同实施计划，为各工程小组、分包商的工程提供必要的保证，如施工现场的安排，人工、材料、机械等计划的落实，工序间的搭接关系和安排以及其他一些必要的准备工作。

2）协调各方关系。在合同范围内，协调业主、工程师、项目管理各职能人员、所属的各工程小组和分包商之间的工作关系，解决相互之间出现的问题，如合同责任界面之间的争执、工程活动之间时间上和空间上的不协调。合同责任界面争执是工程实施中很常见的。承包商与业主、与业主的其他承包商、与材料和设备供应商、与分包商，以及承包商的各分包商之间、工程小组与分包商之间常常互相推卸一些合同中或合同事件表中未明确划定的工程活动的责任，这就会引起内部和外部的争执，对此，合同管理人员必须做好判定和调解工作。

3）指导合同工作。合同管理人员对各工程小组和分包商进行工作指导，作经常性的合同解释，使各工程小组都有全局观念，对工程中发现的问题提出意见、建议或警告。合同管理人员在工程实施中起“漏洞工程师”的作用，但其不是寻求与业主、工程师、各工程小组、分包商的对立，其目标不仅仅是索赔和反索赔，而且还要将各方面在合同关系上联系起来，防止漏洞和弥补损失，更完善地完成工程。例如，促使工程师放弃不适当、不合理的要求（指令），避免对工程的干扰、工期的延长和费用的增加；协助工程师工作，弥补工程师工作的遗漏，如及时提出对施工图、指令、场地等的申请，尽可能提前通知工程师，让工程师有所准备，使工程更为顺利。

4）参与其他项目控制工作。合同项目管理的有关职能人员每天检查、监督各工程小组和分包商的合同实施情况，对照合同要求的数量、质量、技术标准和工程进度，发现问题并及时采取对策措施。对已完工程做最后的检查核对，对未完成的或有缺陷的工程责令其在一定的期限内采取补救措施，防止影响整个工期。按合同要求，会同业主及工程师等对工程所用材料和设备开箱检查或作验收，看是否符合质量、设计施工图和技术规范等的要求，进行隐蔽工程和已完工程的检查验收，负责验收文件的起草和验收的组织工作，参与工程结算，会同造价工程师对向业主提出的工程款账单和分包商提交的收款账单进行审查和确认。

5）合同实施情况的追踪、偏差分析及参与处理。

6）负责工程变更管理。

7）负责工程索赔管理。

8）负责工程文档管理。对向分包商发出的任何指令，向业主发出的任何文字答复、请示，业主方发出的任何指令，都必须经合同管理人员审查，记录在案。

9）争议处理。承包商与业主、与总（分）包的任何争议的协商和解决都必须有合同管理人员的参与，对解决方法进行合同和法律方面的审查、分析及评价，这样不仅保证工程施工一直处于严格的合同控制中，而且使承包商的各项工作更有预见性，更能及早地预测合同行为的法律后果。

5.6.5　合同跟踪

在工程实施过程中，由于实际情况千变万化，导致合同实施与预定目标（计划和设计）

的偏离，如果不及时采取措施，这种偏差就会日积月累，由小到大。这就需要对合同实施情况进行跟踪，以便及时发现偏差，不断调整合同实施，使之与总目标一致。

5.6.5.1　合同跟踪的依据

合同跟踪时，判断实际情况与计划情况是否存在差异的依据主要有：合同和合同分析的结果，如各种计划、方案、合同变更文件等，它们是比较的基础，是合同实施的目标和方向；各种实际的工程文件，如原始记录、各种工程报表、报告、验收结果等；工程管理人员每天对现场情况的直观了解，如对施工现场的巡视，与各种人谈话，召集小组会议，检查工程质量等。

5.6.5.2　合同跟踪的对象

合同实施情况追踪的对象主要有如下几个方面。

1. 具体的合同事件

对照合同事件表的具体内容，分析该事件的实际完成情况。

2. 工程小组或分包商的工程和工作

一个工程小组或分包商可能承担许多专业相同、工艺相近的分项工程或许多合同事件，所以必须对它们实施的总情况进行检查分析。在实际工程中常常因为某一工程小组或分包商的工作质量不高或进度拖延而影响整个工程施工。合同管理人员在这方面应给工程小组或分包商提供帮助，如协调他们之间的工作，对工程缺陷提出意见、建议或警告，责成他们在一定时间内提高质量、加快工程进度等。

3. 业主和工程师的工作

业主和工程师是承包商的主要工作伙伴，对他们的工作进行监督和跟踪十分重要。业主和工程师必须正确、及时地履行合同责任，及时提供各种工程实施条件，如及时发布施工图、提供场地，及时下达指令、做出答复，及时支付工程款等，若做不到位这些常常会成为承包商推卸工程责任的托词，所以要特别重视。在这里，合同工程师应寻找合同中以及对方合同执行中的漏洞。在工程中，承包商应积极主动地做好工作，如提前催要施工图、材料，对工作事先通知。这样不仅可以让业主和工程师及时准备，以建立良好的合作关系，保证工程顺利实施，而且可以明确自己的责任。有问题及时与工程师沟通，多向工程师汇报情况，及时听取其指示（书面的）。及时收集各种工程资料，对各种活动和双方的交流做好记录。对有恶意的业主提前防范，并及时采取措施。

4. 工程总的实施状况

1）工程整体施工秩序状况。如果出现以下情况，合同实施必定存在问题：现场混乱、拥挤不堪，承包商与业主的其他承包商、供应商之间协调困难，合同事件之间和工程小组之间协调困难，出现事先未考虑到的情况和局面，发生较严重的工程事故等。

2）已完工程没有通过验收，出现大的工程质量事故，工程试运行不成功或达不到预定的生产能力等。

3）施工进度未能达到预定计划，主要的工程活动出现拖期，在工程周报和月报上计划和实际进度出现大的偏差。

4）计划和实际的成本曲线出现大的偏离。在工程项目管理中，工程累计成本曲线对合同实施的跟踪分析起很大作用。计划成本累计曲线通常在网络分析、各事件计划成本确定后得到，在国外它又被称为工程项目的成本模型。而实际成本曲线由实际施工进度安排和实际成本累计得到，两者对比，可以分析出实际和计划的差异。

通过合同实施情况追踪、收集、整理，能反映工程实施状况的各种工程资料和实际数据，如各种质量报告、各种实际进度报表、各种成本和费用收支报表及其分析报告。将这些信息与工程目标，如合同文件、合同分析的资料、各种计划、设计等进行对比分析，可以发现两者的差异。根据差异的大小确定工程实施偏离目标的程度。如果没有差异或差异较小，则可以按原计划继续实施工程。

思　考　题

1. 《招标投标法》中规定了几种招标方式？各有何特点？
2. 公开招标程序包括哪些步骤？
3. 对投标人的资格预审包括哪些内容？
4. 招标文件应当包括哪些内容？
5. 设计招标的特点表现在哪几个方面？
6. 监理招标的特点表现在哪几个方面？
7. 施工招标的评标方法有哪些？
8. 设备招标如何进行评标？
9. 简述合同分析的作用。
10. 如何进行施工合同的结构分解？
11. 如何做好合同交底工作？
12. 合同控制的日常工作有哪些？

第6章 建设项目设计阶段管理

6.1 建设项目设计阶段概述

6.1.1 建设项目设计阶段

6.1.1.1 建设项目设计阶段的概念

建设项目设计是指根据工程的要求，对建设项目所需的技术、经济、资源、环境等条件进行综合分析、论证，编制建设项目设计文件的活动。它是对拟建项目在技术和经济上进行的全面安排，是组织施工的依据。它根据建设项目的总体需求和地质勘察报告，对建设项目的外形和内在的实体进行筹划、研究、构思、设计和描绘，形成设计说明书和设计施工图等相关文件，使得建设项目的质量目标和水平具体化。

建设项目设计阶段是在项目建议书、可行性研究等立项决策阶段的基础上，通过设计文件将项目定义和策划的主要内容具体化和明确化，是对下阶段项目具体实施的指导性依据。建设项目策划的内容能否充分地体现，是关系到项目最终交付使用后的运营效果和项目成败的关键。

建设项目设计需严格贯彻执行国家经济建设的方针、政策，符合国家现行的工程建设标准和设计规范，遵守设计工作程序，以提高经济效益、社会效益、环境效益为核心，大力促进技术进步。设计要切合实际、安全可靠、技术先进、经济合理、美观适用，要节约用地、节约能源，有利生产、方便生活，要实行资源的综合利用，要重视环境保护工作，重视技术与经济的结合，积极采用新技术、新工艺、新材料、新设备以保证建设项目的先进性和可靠性。

6.1.1.2 建设项目设计阶段的范围和阶段划分

1. 设计阶段的范围

对于建设项目的设计阶段，可以从狭义和广义两个层次进行理解。

狭义上的“设计阶段”是指从组织设计竞赛或委托方案（或设计概念）设计开始，到施工图设计结束为止的设计过程。建设项目设计依据工作进程和深度不同，一般按扩大初步设计、施工图设计两个阶段进行；技术上复杂的工业交通项目可按初步设计、技术设计和施工图设计三个阶段进行。

但是从建设项目管理角度出发，建设项目的设计工作往往贯穿于工程建设的全过程，从选址、可行性研究、决策立项，到设计准备、方案设计、初步设计、施工图设计、招标投标以及施工，一直延伸到项目的竣工验收、投入使用以及回访总结为止。与此同时，与之相应的业主方对设计的管理和协调也贯穿于这个过程的始终。在实际工程中，由于采用的工程承发包模式及项目管理模式不同，设计阶段和施工过程的划分并非泾渭分明，在整个施工过程中，设计施工图存在大量的修改和细化，因此，在设计阶段的项目管理中，必须考虑与招标投标、材料设备采购和施工等工作的配合和搭接等问题，设计阶段必须与施工过程统一考虑。在采购和施工过程中设计人员要参与解决大量的技术问题，作为项目管理者，应当从广义角度上来理解设计阶段，广义上的设计阶段贯穿项目实施的始终。

2. 设计阶段的划分

两阶段设计和三阶段设计，是我国建设项目设计行业长期形成的基本工作模式。其目的在于通过对不同阶段设计深度的控制来保证设计质量。两阶段设计即初步设计和施工图设计，适用于一般建设项目，三阶段设计比两阶段设计多了一步技术设计，适用于技术复杂，或要求特殊的项目。

（1）初步设计　初步设计是指编制拟建工程的方案图、说明书和总概算，实质上是一项带有规划性质的“轮廓”设计。它要解决拟建项目的技术可靠性和经济合理性问题，它是根据批准的可行性研究报告或设计任务书和可靠的设计基础资料进行编制的。

（2）技术设计　技术设计是根据批准的初步设计文件进行编制的，是对一些技术复杂或有特殊要求的项目，为进一步解决某些具体技术问题或确定某些技术方案而进行的设计，是协调编制拟建项目的各有关工种施工图、说明书和修正总概算的依据，是初步设计的深化，使建设项目的设计工作更具体、更完善，从而对初步设计所采用的工艺流程和建筑结构中的重大问题作出进一步的确定，或校正设备选型与数量。

（3）施工图设计　施工图设计是根据批准的初步设计文件（或技术设计文件）和主要设备订货情况绘制建筑安装工程和非标准设备需要的施工图，完整地表现建（构）筑物外型、内部空间的分割、结构体系、构造状况以及建筑群的组成和周围环境的配合。具有详细的构造与尺寸，它还包括各种运输、通信、管道系统、建筑设备的设计。在工艺方面，应具体确定各种设备的型号、规格及各种非标准设备的施工图。在施工图设计阶段应编制施工图预算，经审定后，作为预算包干、工程结算的依据。

6.1.2　建设项目设计阶段的管理概述

6.1.2.1　设计方案阶段的管理内容

建设项目设计方案阶段的管理内容主要包括建设项目设计发包与承包、设计方案征集的管理、总体设计管理、初步设计阶段的管理和技术设计阶段的管理，其工作要点如下：

1. 建设项目设计发包与承包管理

建设项目设计应当依照《招标投标法》的规定实行招标发包或直接发包，建设项目设计的招标人应当在评标委员会推荐的候选方案中确定中标方案，但若推荐的候选方案不能最大限度地满足招标文件规定的要求时，应当依法重新招标。建设项目设计单位不得将所承揽的建设项目设计任务转包，承包方必须在建设项目设计资质证书规定的资质等级和业务范围内承揽设计业务。设计的发包方与承包方应当执行国家规定的设计程序，签订建设工程设计合同，并执行国家有关建设工程设计费的管理规定。

2. 设计方案征集的管理

建设项目设计方案征集的方法主要有两种，一种是设计方案招标；一种是设计方案竞选。

（1）设计方案招标　设计方案招标是用竞争机制优选设计方案和设计单位，主要有公开招标和邀请招标两种方法。采用公开招标方式，招标人应当按国家规定发布招标公告；采用邀请招标方式，招标人应当向三个以上设计单位发出招标邀请书。

（2）设计方案竞选　设计方案竞选即通常所说的设计方案竞赛，分公开竞赛和邀请竞赛两种方式。据统计，技术经济合理的设计，可以降低工程造价 5% ~10%，有时甚至可达到 10% ~20%。设计方案竞选就是通过对参选工程设计方案的经济分析，从若干设计方案中选出最佳方案的过程。

设计方案竞选的管理内容主要有：实行设计方案竞选的建设项目设计范围的管理，组织设计方案竞选的建设单位或中介机构应具备的条件和建设项目应具备的条件的管理，参加竞选设计单位资质资格管理，设计方案竞选基本程序的履行管理，竞选评审及评价报告的管理，中选方案修改与整合方面内容的管理等。

3. 总体设计阶段的管理

总体设计是为解决总体开发方案和建设项目的总体部署等重大问题所进行的总体规划设计。总体设计应满足国家规定的内容和深度要求，应当满足业主的期望和受益者的要求，并符合社会要求。总体设计文件应当进行多方案技术经济评价和相类似项目的比较，应侧重对生产工艺安排的先进合理性、生产技术的先进程度能否达到预计的生产规模，“三废”治理和环境保护方案是否满足当地政府的要求，各种能源的需求是否合理，工程估算、工程建设周期等是否符合有关要求等方面进行管理。总体设计文件经评审和修改后，应上报主管部门审查，取得上级主管部门的批准。

4. 初步设计阶段的管理

初步设计阶段的管理对整个设计阶段的管理是非常重要的，因为此阶段对建设项目的投资、质量、进度等各方面都有重大影响作用。初步设计阶段管理包括对设计单位资质的管理、从业人员的资格管理，及对初步设计文件的管理。从事初步设计工作的设计单位资质和从业人员的资格应当符合国家的相应规定；初步设计文件应当满足国家规定的内容和编制深度的有关要求。初步设计成果文件也应上报上级主管部门，获得批准。

5. 技术设计阶段的管理

技术设计是针对技术上复杂或有特殊要求而又缺乏设计经验的建设项目而增设的一个设计阶段。技术设计阶段管理的重点在于对技术设计文件的编制、审核、评审、上报批准等各方面。技术设计文件应符合国家制定或有关部门自行制定的内容和编制深度等方面的要求，对技术设计图的管理主要是审核各专业设计是否符合预定的质量标准和要求，同样还要审核相应的修正概算文件是否符合投资限额的要求。

6.1.2.2　施工图设计阶段的管理

施工图是指导施工的直接依据，也是设计阶段质量管理的一个重点，因此，在建设项目设计管理中施工图设计阶段的管理是极其必要的。

1. 施工图设计的管理

施工图设计管理涉及设计班子的组成与配合，设计内容及深度要求的满足，使用功能及质量要求的满足；设计进度管理，设计合同管理，设计标准化的推广，设计规范以及工程建设强制性标准的遵守；设计人员之间的协调配合、校对以及施工图的审核，施工图的出图、签字、盖章，施工图预算的编制等方面的管理内容。其中施工图设计质量的管理尤为重要。完成的施工图设计文件应具备相应的质量特性，如功能性、安全性、经济性、可信性、可实施性、适应性和时间性。设计单位要严格履行委托工程设计合同约定的日期，保质、保量、准时交付施工图及概（预）算文件。

2. 施工图设计文件的审查管理

为加强建设项目设计质量监督与管理，施工图设计文件必须进行审查，施工图审查是指国务院建设行政主管部门和省、自治区、直辖市人民政府建设行政主管部门，依照《房屋建筑和市政基础设施工程施工图设计文件审查管理办法》认定的设计审查机构，根据国家的法律、法规、技术标准与规范，对施工图进行结构安全和强制性标准、规范执行情况等进行的独立审查。施工图审查是政府主管部门对建设项目设计质量监督管理的重要环节，是基本建设必不可少的程序，施工图一经审查批准，不得擅自进行修改，如遇特殊情况需要进行涉及审查主要内容的修改时，必须重新报请原审批部门，由原审批部门委托审查机构审查后再批准实施。建设项目施工竣工验收时，有关部门应当按照审查批准的施工图进行验收。

6.1.2.3　标准设计的管理

工程标准设计是指在工程设计中，国家和行业针对建设工程、建筑物、构筑物、工程设施、构配件与制品和装置等编制的在一定范围内通用的标准图、通用图和复用图，一般统称为标准图，它是为推广使用新产品、新技术、新工艺和新材料所编制的工程设计文件。标准设计的编制、采用、推广，构成了标准设计管理的主要内容。

1. 采用和推广标准设计的意义

标准设计是在经过大量调查研究，反复总结生产、建设实践经验和吸收科研成果的基础上制定出来的，因此在建设项目中积极采用和推广标准设计具有以下现实意义：

1）有利于提高设计效率，减少重复劳动，缩短设计周期，节约设计费用。据统计，采用标准设计一般可加快设计进度1～2倍。

2）可使工艺定型，易提高工人技术水平，易使生产均衡，提高劳动生产率和节约材料，有益于较大幅度降低建设项目建设投资。

3）可加快施工准备和定制预制构件等工作，并能使施工速度大大加快，既有利于保证工程质量，又能降低建筑安装工程费用。

4）按通用性条件编制，按规定程序审批，可供大量重复使用，做到既经济又优质，并便于采用和推广行之有效的新技术、新成果。

5）贯彻执行国家的技术经济政策，密切结合自然条件和技术发展水平，合理利用资源和材料设备，考虑施工、生产、使用和维修的要求，便于工业化生产。

2. 标准设计的分类

标准设计的种类很多，有工厂全厂的标准设计（如火电厂、糖厂、纺织厂和造纸厂等），有车间或某个单项工程的标准设计，有公用辅助工程（如供水、供电等）的标准设计，有某些建筑物、构筑物（如冷水塔等）的标准设计等。标准设计从管理权限和适用范围方面来讲，主要类型有：

（1）国家标准设计　指在全国范围内需要统一的标准设计。

（2）部级标准设计　指在全国各行业范围内需要统一的标准设计，应由主编单位提出并报主管部门审批颁发。

（3）省、市、自治区标准设计　指在本地区范围内需要统一的标准设计，由主编单位提出并报省、市、自治区主管基建的综合部门审批颁发。

（4）设计单位自行制定的标准设计　指在本单位范围内需要统一，在本单位内部使用的设计技术原则、设计技术规定，由设计单位批准执行并报上一级主管部门备案。

6.2　建设项目设计阶段投资管理

6.2.1　建设项目设计阶段投资管理的意义

1. 建设项目设计阶段的投资管理直接或间接地影响项目的建设成本和经常性费用

工程设计对成本的直接影响体现在技术方案的选择、建筑材料的选用、性能标准的确定等对建设成本的影响。以房屋建筑工程为例，根据有关部门测算，不同建筑要素的选择对成本影响见表6-1。

表6-1　建筑要素对项目成本的影响

建筑要素	对项目成本的影响	建筑要素	对项目成本的影响
跨度	-21%～15%	层高	-1%～13%
跨数	2%～3.5%	进深	-3%～1%
建筑高层	8.3%～33.3%	平面形式	1%～10%
层数	10%～20%	建筑外形	3%～8%

因此，设计阶段是决定建筑产品价值形成的关键阶段，“笔下一条线，投资千千万”正是这一特性的具体写照。

工程设计对成本的间接影响体现为设计质量对项目成本的影响。由于设计质量差而导致工程施工停工、返工甚至造成质量事故和安全隐患，都会造成成本的极大浪费。设计质量差还会导致建筑产品功能不合理，影响正常使用，造成投资浪费。

工程设计对成本的影响还体现在工程设计影响建设项目使用阶段的经常性费用，如暖通费、照明费、保养费、维修费等，合理设计可使项目建设的全寿命周期费用最低。

2. 建设项目设计阶段的投资管理效益最显著

据有关资料分析，在初步设计阶段，影响项目成本的可能性为75%～95%；在技术设计阶段，影响项目成本的可能性为35%～75%；在施工图设计阶段，影响项目成本的可能性为5%～35%。

由此可见，在建设项目全过程费用管理中，设计阶段是决定工程项目成本的数额及是否合理的关键阶段，设计阶段具有降低工程成本的巨大潜力。

3. 建设项目设计阶段的投资管理充分体现了项目管理的主动性

由于建筑产品具有单件性、价值大的特点，如果仅是当实际成本偏离目标成本时采取对策，就是被动控制，不能预防差异的发生，而且往往损失很大。在设计阶段，通过采取设计方案的技术经济分析、价值工程、限额设计等控制手段，与设计概算、施工图预算相结合，可以使设计更经济，实现项目管理的主动性。

4. 建设项目设计阶段的投资管理充分体现了项目管理的系统性

设计阶段根据项目决策阶段确立的建设项目总目标，从对项目的筹划、研究、构思、设计直至形成设计图和说明等相关文件，使得建设目标和水平具体化。这一过程从解决总体开发方案和建设项目总体部署等重大问题开始，到建筑设计、结构设计和其他各专业设计方案的确定，直至最后确定并绘制出能满足施工要求的反映工程尺寸、布置、选材、构造、相互关系、质量要求等的详细图纸和说明，它充分体现了项目管理的系统思想。

5. 建设项目设计阶段的投资管理便于技术与经济相结合

专业设计人员在设计过程中往往更关注工程的使用功能，力求采用比较先进的技术方法实现项目所需的功能，而对经济因素考虑较少。在设计阶段进行投资管理，就能在制定技术方案时充分考虑其经济后果，使方案达到技术与经济的统一。

6.2.2　建设项目设计阶段的投资管理的任务

6.2.2.1　设计准备阶段投资管理的主要任务

在建设项目的设计准备阶段，投资管理的主要任务是按项目的构思和要求编制投资规划，深化投资估算，进行投资目标的分析、论证和分解，以作为建设项目实施阶段投资控制的重要依据。在此阶段的投资控制工作，是要参与对建设项目的建设环境以及各种技术、经济和社会因素进行调查、分析、研究、计算和论证，参与建设项目的功能定义和投资定义等。

在作出项目建设的投资决策以后，项目的建设就进入实施阶段，此时首先是着手开始工程设计工作。设计阶段项目投资的控制是要用项目决策阶段的投资估算，指导工程设计的进行，控制与工程设计结果相对应的投资费用，使设计阶段形成的建设项目投资数值能够被控制在投资估算允许的浮动范围以内。

投资估算是在建设项目的投资决策阶段，确定拟建项目所需投资数量的费用计算文件。与投资决策过程中的各个工作阶段相对应，投资估算也需按相应阶段进行编制。编制投资估算的主要目的，一是作为拟建项目投资决策的依据；二是若决定项目的建设，则其将成为拟建项目实施阶段投资控制的目标值。

6.2.2.2　设计阶段投资管理的主要任务

在建设项目的设计阶段，投资管理的主要任务和工作是按批准的项目规模、内容、功能、标准和投资规划等指导和控制设计工作的开展，组织设计方案竞赛，进行方案比选和优化，编制及审查设计概算和施工图预算，采用各种技术方法控制各个设计阶段所形成的拟建项目的投资费用。

设计过程各阶段投资控制的主要任务见表 6-2。

表 6-2 各设计阶段投资管理任务

设计阶段	设计阶段投资管理任务
设计方案优化阶段	1. 编制设计方案优化任务书中有关投资控制的内容 2. 对设计单位方案优化提出投资评价建议 3. 根据优化设计方案编制项目总投资修正估算 4. 编制设计方案优化阶段资金使用计划并控制其执行 5. 比较修正投资估算与投资估算，编制各种投资控制报表和报告
扩初设计阶段	1. 编制、审核扩初设计任务书中有关投资控制的内容 2. 审核项目设计总概算，并控制在总投资计划范围内 3. 采用价值工程方法，挖掘节约投资的可能性 4. 编制本阶段资金使用计划并控制其执行 5. 比较设计概算与修正投资估算，编制各种投资控制报表和报告
施工图设计阶段	1. 根据批准的总投资概算，修正总投资规划，提出施工图设计的投资控制目标 2. 编制施工图设计阶段资金使用计划并控制其执行，必要时对上述计划提出调整建议 3. 跟踪审核施工图设计成果，对设计从施工、材料、设备等多方面作必要的市场调查和技术经济论证，并提出咨询报告，如发现设计可能会突破投资目标，则协助设计人员提出解决办法 4. 审核施工图预算，如有必要调整总投资计划，采用价值工程的方法，在充分考虑满足项目功能的条件下进一步挖掘节约投资的可能性 5. 比较施工图预算与投资概算，提交各种投资控制报表和报告 6. 比较各种特殊专业设计的概算和预算，提交投资控制报表和报告 7. 控制设计变更，注意审核设计变更的结构安全性、经济性等 8. 编制施工图设计阶段投资控制总结报告 9. 审核、分析各投标单位的投标报价 10. 审核和处理设计过程中出现的索赔和与资金有关的事宜 11. 审核招标文件和合同文件中有关投资控制的条款

6.2.3 建设项目设计阶段的投资控制目标体系

设计阶段投资控制的目标是：初步设计概算不超过可行性研究报告中的总投资估算，施工图设计预算不超过设计概算，施工配合过程中设计变更引起的预算改变不超过批准的总投资额。

由于项目建设期长、消耗物资大、国家价格变动范围大、技术进步速度快，不可能从建设项目一开始，就确定一个固定的投资目标，而只能设置一个大致的投资控制目标。随着工程的不断深入，投资控制目标才逐渐清晰、准确，这就是投资估算、设计概算、投资包干价和承包合同价。因此，投资控制目标也是分阶段设置的。

（1）投资估算　方案设计和初步设计的投资控制目标。

（2）设计概算　技术设计和施工图设计的投资控制目标。

（3）投资包干价　包干单位在建设实施阶段的投资控制目标。

（4）设计预算或建筑安装工程承包合同价　施工阶段控制建筑安装工程的投资目标。

它们之间相互制约、相互补充，前者控制后者，后者补充前者，共同组成投资控制的目标系统。

6.2.4 建设项目设计阶段投资控制的思路

如前所述，设计阶段是建设项目投资控制的重要阶段。在这一阶段，应采用新思路、新技术来改进初步设计、技术设计和施工图设计，对概预算进行审核并提出调整的建议。

1. 通过限额设计来实现投资控制

限额设计就是按照批准的投资估算控制初步设计，按照批准的初步设计总概算控制施工图设计，同时各专业在保证达到使用功能的前提下，按分配的投资限额控制设计，严格控制技术设计和施工图设计的不合理变更，保证总投资限额不被突破。即在设计过程中，对概预算投资切块分解，使所设计的各个分项工程不超过投资分目标值，采用限额设计的措施对各个分项工程所采用的技术方案进行技术经济论证，并以此作为控制施工及设备招标的依据。

2. 通过优化设计来挖掘节约投资的潜力

在设计阶段应用价值工程原理和方法，协调项目功能和成本之间的关系，发挥集体智慧，对技术方案进行功能和价值的分析，进行技术方案的优化，在满足使用功能的情况下要考虑选择经济适用的技术方案，通过设计优化不断挖掘节约投资的潜力，努力提高项目价值。

3. 用建设项目全寿命周期的思想控制投资

用建设项目全寿命的思想控制投资，要考虑全寿命期间的投资最省，不仅考虑建设期的投资，还要考虑运营期经常费用是否节约。如果建设的部门为了片面追求建设期的投资最小，选择和使用价格较低廉的材料和设备而不顾运营期成本的增高，将会造成项目总投资的增加因此在选择技术方案时，要充分考虑项目整个生命期的投资费用。

6.2.5 设计阶段投资控制的方法

6.2.5.1 价值工程方法

1. 价值工程原理

价值工程是运用集体智慧和有组织的活动，对所研究对象的功能与费用进行系统分析并不断创新，使研究对象以最低的总费用可靠地实现其必要的功能，以提高研究对象价值的思想方法。

（1）价值工程的含义　价值工程是通过各相关领域的协作，对所研究对象的功能与成本进行系统分析，不断创新，旨在提高所研究对象价值的思想方法和管理技术。这里“价值”定义可以用以下公式表示：

$$V = \frac{F}{C} \tag{6-1}$$

式中　V——价值（value）；

F——功能（function）；

C——成本或费用（cost）。

价值工程的定义包括以下几方面的含义：

1）价值工程的性质属于一种“思想方法和管理技术”。

2）价值工程的核心内容是对“功能与成本进行系统分析”和“不断创新”。

3）价值工程的目的是提高产品的“价值”。若把价值的定义结合起来，便应理解为旨在提高功能对成本的比值。

4）价值工程通常是由多个领域协作而开展的活动。

（2）价值工程的特点　具体如下：

1）以使用者的功能需求为出发点。价值工程出发点的选择应满足使用者对功能的需求。

2）对所研究对象进行功能分析，并系统研究功能与成本之间的关系。价值工程对功能进行分析的技术内容特别丰富，既要辨别必要功能或不必要功能、过剩功能或不足功能，又要计算出不同方案的功能量化值；还要考虑功能与其载体的有分有合问题。通过功能与成本进行比较，形成比较价值的概念和量值。由于功能与成本关系的复杂性，必须用系统的观点和方法对其进行深入研究。

3）致力于提高价值的创造性活动。提高功能与成本的比值是一项创造性活动，要有技术创新。提高功能或降低成本，都必须创造出新的功能载体或者创造新的载体加工制造的方法，否则，提高价值只是一句空话。

4）有组织、有计划、有步骤地开展工作。开展价值工程活动的过程涉及各个部门的各方面人员。彼此之间，要沟通思想、交换意见、统一认识、协调行动，要步调一致地开展工作。

（3）价值工程的一般工作程序　开展价值工程活动一般分为4个阶段、12个步骤，见表6-3。

表6-3　价值工程的一般工作程序

阶段	步　　骤	应回答的问题
准备阶段	1. 对象选择 2. 组成价值工程小组 3. 制定工作计划	VE的对象是什么？
分析阶段	4. 搜集整理信息资料 5. 功能系统分析 6. 功能评价	该对象的用途是什么？ 成本和价值是多少？
创新阶段	7. 方案创新 8. 方案评价 9. 提案编写	是否有替代方案？ 新方案的成本是多少？能否满足要求？
实施阶段	10. 审批 11. 实施与检查 12. 成果鉴定	

2. 价值工程在建设项目设计阶段的应用

进行工程项目的建设，就需要投入资金，以获得建设项目功能。在建设项目的设计阶段，应用价值工程具有重要的意义，它是投资控制的有效方法之一。尽管在产品形成的各个阶段都可以应用价值工程提高产品的价值，但不同的阶段进行价值工程活动，其经济效果的提高幅度却是大不相同的。一旦设计图完成，产品的价值就基本决定了，因此应用价值工程的重点是在产品的研究和设计阶段。在设计阶段应用价值工程，对建设项目的设计方案进行功能与费用分析和评价，可以起到节约投资，提高建设项目投资收益的效果。

同一个建设项目同一单项或单位工程可以有不同的设计方案，也就会有不同的投资费用，这就可用价值工程方法进行设计方案的选择。这一过程的目的在于论证拟采用的设计方案技术上是否先进可行，功能上是否满足需要，经济上是否合理，使用上是否安全可靠。因此，要善于应用价值工程的原理，以提高设计对象价值为中心，把功能分析作为重点，通过价值和功能分析将技术问题与经济问题紧密地结合起来。价值工程中价值的大小取决于功能和费用，从价值与功能和费用的关系式中可以看出提高产品价值的基本途径有以下几方面：

1）保持产品的功能不变，降低产品成本，以提高产品的价值。

2）在产品成本不变的条件下，提高产品的功能，以提高产品的价值。

3）产品成本虽有增加，但其功能提高的幅度更大，相应提高产品的价值。

4）在不影响产品主要功能的前提下，针对用户的特殊需要，适当降低一些次要功能，大幅度降低产品成本，提高产品价值。

5）运用新技术革新产品，既提高功能又降低成本，以提高价值。

6.2.5.2　选择和评价主要的经济性设计参数

业主对建设项目设计的要求，除了要达到安全、可靠和功能适用的目标外，还必须达到经济性的目标要求。所谓经济性是指保证工程安全可靠和适用的前提下，做到建设周期短、工程投资低、交付使用后经济效益高。建设项目经济性的内涵主要包括：节约用地和能源；投资回收期短、内部收益率高；投资省、工期短；使用成本低、维修费用少。

（1）经济性与设计参数的选择　建设投资和建成后使用成本的决定性因素，是设计阶段设计参数的正确选择。有些设计参数是由客观自然条件决定的，应按实际情况，如气温、地质情况等采用；有些是人为的，如工作制度、管理方式等。业主提供的原始数据，必须准确、有根据且经过检验；设计单位选定的参数，必须要先进、合理、具有科学性，有些关键参数，业主应负责审定。

（2）经济性的评价标准　采用先进技术并尽可能地降低造价是设计单位的职责，但是，投资节省的设计并不等于就是一个经济的设计，只有结合全寿命周期中的使用成本进行综合评价，才能品评设计的经济性，这就是业主要把握的关键所在。设计单位对方案进行技术经济分析，可用投资回收期和内部收益率来综合评价项目设计的经济性。

6.2.5.3　审查设计概算

设计概算的审查目标是概算不超过可行性研究的项目投资估算费用。

（1）设计概算的组成　设计概算由三级概算组成：单位工程概算、单项工程综合概算和建设项目总概算。

1）单位工程概算。单位工程概算分为建筑工程概算和设备、安装工程概算两部分，算至直接费。建筑工程概算又分为土建工程概算、给水排水工程概算、采暖工程概算、通风工程概算、电气照明工程概算、管道工程概算、特殊构件概算等，设备及安装工程概算又分为机械设备及安装工程概算、电气设备及安装工程概算等。一般按工程量依据“概算定额”编制。

2）单项工程综合概算。实际是将组成单项工程的单位工程概算列表汇总，也算至直接费。

3）建设项目总概算。它是将单项工程综合概算（称第一部分工程费用）汇总后，加上第二部分工程建设其他费用、预备费用、税金和利息及涨价因素等组成。

① 第一部分费用：包括主要建设项目综合概算、辅助性和服务性建设项目综合概算、生活福利设施工程综合概算、室外工程综合概算、场外工程综合概算。

② 第二部分费用：土地征用费、建设单位管理费、勘察设计费、研究试验费、联合运转费、生产职工培训费、施工机构迁移费、引进技术及设备的其他费用、电费、矿山巷道维修费及办公和生活用具购置费等。

（2）设计概算的作用 具体如下：

1）设计概算是总造价的最高限额。一经上级批准，总概算就是总造价的最高限额，不得任意突破，如有突破须报原审批部门批准。

2）设计概算是编制投资计划的依据。若实际投资超过了总概算，设计单位和建设单位须共同提出追加投资的申请报告，经上级计划部门批准后，方能追加投资。

3）设计概算是拨款和贷款的依据。

4）设计概算是投资包干的依据。

5）设计概算是考核设计方案的经济合理性和控制施工图预算的依据。

（3）设计概算的审查 设计概算编得准确合理，才能保证投资计划的真实性。审查概算的目的就是力求投资的准确、完整，防止扩大投资规模或出现漏项，减少投资缺口。要打足投资，不留缺口，提高建设项目的经济效益。

1）审查的重点。

① 审查编制的依据。审查编制依据是否合法，审查定额、标准、价格、取费标准的时效性，审查编制依据的适用范围。

② 审查概算的构成。包括工程量、市场价格、收费标准，审查经济效益、“三废”投资和各项经济技术指标是否合理；审查方案比较是否全面，经济评价是否合理；审查设备投资是否合理，有无替代途径等。

2）审查方式。掌握建设概况，在弄清设计意图和概算编制说明的基础上，与国内外同类建设项目的投资进行对比分析，了解国内外的新情况、新问题，向上级主管部门报告，研究调整总概算，并报审批单位，催办审批下达文件。

6.2.5.4 审查设计预算

设计预算的审查目标是使得设计预算不超过设计概算。

（1）审查的重点 审查施工图预算是否符合编制要求；编制的依据是否合法及定额的时效性；工程量计算是否准确；各项取费标准是否符合规定，有无重复计费，费用调整是否真实；汇率计算、贷款利息、通货膨胀等各项因素是否考虑齐全；总预算是否在总概算控制范围之内等。

（2）审查的方式 审查方式有单审和会审两种。单审由建设银行、建设单位和施工企业单独进行，如发现问题，按国家规定充分协商，实事求是地修正预算。会审由建设主管部门或建设单位牵头，邀请建设银行及设计、施工部门组成班子进行。一般来讲，中小型建设项目采用单审，会审仅用于复杂的大中型建设项目。

施工预算审查涉及的单位多、工作量大，所以，选定审查方法很重要。常用的审查方法有：对比审查、利用手册审查、编制标准单元审查、编制标准工程做法审查、重点审查、筛选审查、逐项审查等。

6.2.5.5　审查设计变更中的预算修改

有时，业主由于工程变化或要求修改设计，设计者本身对设计变更，承包人在施工过程中要求设计上变动等，均需由设计单位出具设计变更书，业主认可后才能执行。由于这些变更所引起的工程费用的增减，就是对预算的修改，所以业主对变更的费用要审查，使其尽量不超过批准的总投资额。

6.3　建设项目设计阶段进度管理

6.3.1　设计阶段进度管理的意义

1. 设计阶段进度管理是建设项目进度管理的重要内容

建设项目进度管理的目标是建设工期，而建设项目设计作为建设项目实施阶段的一个重要环节，其设计周期又是建设工期的组成部分。因此，为了实现建设项目进度总目标，就必须对设计进度进行控制。

建设项目设计工作涉及众多因素，包括规划、勘察、地理、地质、水文、能源、市政、环境保护、运输、物资供应、设备制造等。设计本身又是多专业的协作产物，它必须满足使用要求，同时也要讲究美观和经济效益，并考虑施工的可能性。为了对上述诸多复杂的问题进行综合考虑，建设项目设计要划分为初步设计和施工图设计两个阶段，特别复杂的工程设计还要增加技术设计阶段。这样，建设项目的设计周期往往很长，有时需要经过多次反复才能定案。因此，管理建设项目设计进度，不仅对建设项目总进度的管理有着很重要的意义，同时通过确定合理的设计周期，也使建设项目设计的质量得到了保证。

2. 设计阶段进度管理是施工进度管理的前提

在建设项目实施过程中，必须是先有设计图，然后才能按图施工。只有及时供应设计图，才可能有正常的施工进度；否则，设计就会拖施工的后腿。在实际工作中，由于设计进度缓慢和设计变更多，使施工进度受到牵制的情况是经常发生的。为了保证施工进度不受影响，应加强设计进度管理。

3. 设计阶段进度管理是设备和材料供应进度管理的前提

实施建设项目所需要的设备和材料是根据设计而来的。设计单位必须提出设备清单，以便进行加工订货或购买。由于设备制造需要一定的时间，因此，必须控制设计工作的进度，才能保证设备加工的进度。材料的加工和购买也是如此。

这样，在设计和施工两个实施环节之间就必须有足够的时间，以便进行设备与材料的加工订货和采购。因此，必须对设计进度进行控制，以保证设备和材料供应的进度，进而保证施工进度。

6.3.2　设计阶段进度管理的工作程序

建设项目设计阶段进度管理的主要任务是出图控制，也就是通过采取有效措施使建设项目设计者如期完成初步设计、技术设计、施工图设计等各阶段的设计工作，并提交相应的设计图及说明。为此，要审核设计单位的进度计划和各专业的出图计划，并在设计实施过程中，跟踪检查这些计划的执行情况，定期将实际进度与计划进度进行比较，进而纠正或修订进度计划。若发现进度拖延，应督促设计单位采取有效措施加快进度。图6-1是考虑三阶段设计的进度管理工作流程图。

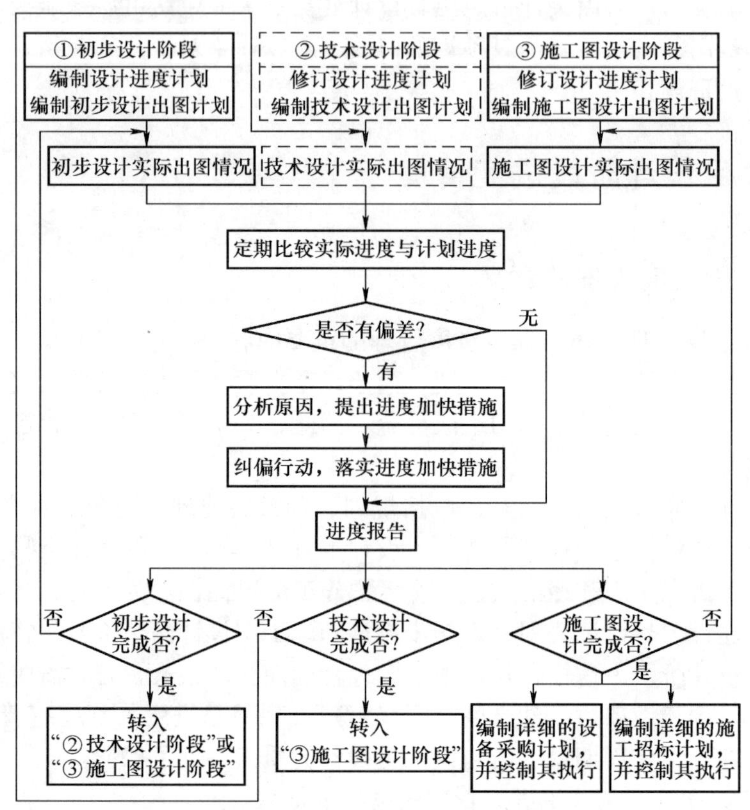

图6-1　建设项目设计阶段进度管理工作流程图

6.3.3　设计阶段进度控制目标体系

6.3.3.1　建设项目设计阶段进度控制目标体系

建设项目设计阶段进度控制的最终目标是按质、按量、按时间要求提供施工图设计文件。确定建设项目设计进度控制总目标时，其主要依据有：建设项目总进度目标对设计周期的要求；设计周期定额、类似建设项目的设计进度、建设项目的技术先进程度等。

为了有效地控制设计进度，还需要将建设项目设计进度控制总目标按设计进展阶段和专业进行分解，从而形成设计阶段进度控制目标体系。

1. 设计进度控制分阶段目标

为了确保设计进度控制总目标的实现，应明确每一阶段的进度控制目标。

（1）设计准备工作时间目标　设计准备工作阶段主要包括：规划设计条件的确定、设计基础资料的提供以及委托设计等工作，它们都应有明确的时间目标。设计工作能否顺利进行，以及能否缩短设计周期，与设计准备工作时间目标的实现关系极大。

（2）初步设计、技术设计工作时间目标　初步设计应根据建设单位所提供的设计基础资料进行编制。初步设计和总概算经批准后，便可作为确定建设项目投资额、编制固定资产投资计划、签订总包合同及贷款合同、实行投资包干、控制建设工程拨款、组织主要设备订货、进行施工准备及编制技术设计（或施工图设计）文件等的主要依据。技术设计应根据初步设计文件进行编制，技术设计和修正总概算经批准后，便成为建设项目拨款和编制施工图设计文件的依据。

为了确保工程建设进度总目标的实现，并保证工程设计质量，应根据建设项目的具体情况，确定出合理的初步设计和技术设计周期。该时间目标中，除了要考虑设计工作本身及进行设计分析和评审所花的时间外，还应考虑设计文件的报批时间。

（3）施工图设计工作时间目标　施工图设计应根据批准的初步设计文件（或技术设计文件）和主要设备订货情况进行编制，它是工程施工的主要依据。施工图设计是工程设计的最后一个阶段，其工作进度将直接影响建设项目的施工进度，进而影响建设项目进度总目标的实现。因此，必须确定合理的施工图设计交付时间，确保建设项目设计进度总目标的实现，从而为工程施工的正常进行创造良好的条件。

2. 设计进度控制分专业目标

以上是设计进度控制分阶段目标，为了有效地控制建设项目设计进度，还可以将各阶段设计进度目标具体化，进行进一步分解。例如，可以将初步设计工作时间目标分解为方案设计时间目标和初步设计时间目标，将施工图设计时间目标分解为基础设计时间目标、结构设计时间目标、装饰设计时间目标及安装图设计时间目标等。这样，设计进度控制目标便构成了一个从总目标到分目标的完整的目标体系。

6.3.3.2 设计阶段进度管理的工作任务

设计阶段进度管理的主要任务按照设计阶段划分见表6-4。

表6-4 设计阶段进度管理任务

设计阶段	设计阶段进度管理任务
设计方案优化阶段	1. 编制设计方案优化进度计划并监督其执行 2. 比较进度计划值与实际值，编制本阶段进度管理报表和报告 3. 编制本阶段进度管理总结报告
扩初设计阶段	1. 编制扩初设计阶段进度计划并监督其执行 2. 审核设计单位提出的设计进度计划 3. 比较进度计划值与实际值，编制本阶段进度管理报表和报告 4. 审核设计进度计划和出图计划，并控制执行，避免发生因设计单位推迟进度而造成施工单位要求的索赔 5. 编制本阶段进度管理总结报告
施工图设计阶段	1. 编制施工图设计进度计划，审核设计单位的出图计划，如有必要，修改总进度规划，并控制其执行 2. 在设计单位的协助下编制甲供材料、设备的采购计划，在设计单位的协助下编制进口材料、设备清单，以便报关 3. 对设计文件做出决策和审定 4. 协调主设计单位与分包设计单位的关系，协调主设计与装修设计、特殊专业设计的关系，控制施工图设计进度满足招标工作、材料及设备订货和施工进度的要求 5. 比较进度计划值与实际值，提交各种进度管理报表和报告 6. 审核招标文件和合同文件中有关进度管理的条款 7. 控制设计变更及其审查批准实施的时间 8. 编制施工图设计阶段进度管理总结报告

6.3.3.3 设计阶段进度管理措施

1. 影响设计进度的因素

建设项目设计工作属于多专业协作配合的智力劳动，在设计过程中，影响其进度的因素有很多，归纳起来，主要有以下几个方面：

（1）建设意图及要求改变的影响 建设项目设计是本着业主的建设意图和要求而进行的，所有的工程设计必然是业主意图的体现。因此，在设计过程中，如果业主改变其建设意图和要求，就会引起设计单位的设计变更，必然会对设计进度造成影响。

（2）设计审批时间的影响 建设项目设计是分阶段进行的，如果前一阶段（如初步设计）的设计文件不能顺利得到批准，必然会影响到下一阶段（如施工图设计）的设计进度。因此，设计审批时间的长短，在一定条件下将影响到设计进度。

（3）设计各专业之间协调配合的影响 如前所述，建设项目设计是一个多专业、多方面协调合作的复杂过程，如果业主、设计单位、监理单位等各单位之间，以及土建、电气、通信等各专业之间没有良好的协作关系，必然会影响建设项目设计工作的顺利实施。

（4）工程变更的影响 当建设项目采用CM法实行：分段设计、分段施工时，如果在已施工的部分发现一些问题而必须进行工程变更的情况下，也会影响设计工作进度。

（5）材料代用、设备选用失误的影响 材料代用、设备选用的失误将会导致原有工程设计失效而重新进行设计，这也会影响设计工作进度。

2. 设计阶段进度控制的措施

为了实施进度控制，必须根据建设项目的具体情况，认真制定进度控制措施，以确保建设项目进度控制目标的实现。进度控制的措施应包括组织措施、技术措施、经济措施及合同措施。

（1）组织措施 进度控制的组织措施主要包括：

1）建立进度控制目标体系，明确进度控制人员及其职责分工。

2）建立建设项目进度报告制度及进度信息沟通网络。

3）建立进度计划审核制度和进度计划实施中的检查分析制度。

4）建立进度协调会议制度，包括协调会议举行的时间、地点，协调会议的参加人员等。

5）建立设计施工图审查、设计变更管理制度。

（2）技术措施 进度控制的技术措施主要包括：

1）审查设计单位提交的进度计划，使设计单位能在合理的状态下设计。

2）编制进度控制工作细则，指导施工进度控制。

3）采用网络计划技术及其他科学适用的计划方法，并结合计算机的应用，对建设项目进度实施动态控制。

（3）经济措施 建设单位可以对设计单位是否按合同要求完成设计任务制定相应的经济措施。设计单位内部也可以建立设计工作经济责任制，把设计人员的经济利益与完成任务的数量和质量结合起来，以调动设计人员的积极性。

（4）合同措施 进度控制的合同措施主要包括：

1）推行CM承发包模式，对建设项目实行分段设计。

2）加强合同管理，协调合同工期与进度计划之间的关系，保证合同中进度目标的实现。

3）严格控制合同变更，对各方提出的工程变更和设计变更，应严格审查后再补入合同文件之中。

4）加强风险管理，在合同中应充分考虑风险因素及其对进度的影响，以及相应的处理方法。

5）加强索赔管理，公正地处理索赔。

3. 设计阶段进度控制的方法

（1）监理单位的进度监控　业主可委托监理单位进行工程设计监理，按合同要求对设计工作进度进行严格监控。监理单位对于设计进度的监控应实施动态控制。在设计工作开始之前，首先应由监理工程师审查设计单位所编制的进度计划的合理性和可行性。在进度计划实施过程中，监理工程师应定期检查设计工作的实际完成情况，并与计划进度进行比较分析。一旦发现偏差，就应在分析原因的基础上提出纠偏措施，以加快设计工作进度。必要时，应对原进度计划进行调整或修订。

在设计进度控制中，监理工程师要对设计单位填写的设计图进度表（见表6-5）进行核查分析，并提出自己的见解。从而将各设计阶段的每一张图（包括其相应的设计文件）的进度都纳入监控之中。

表 6-5　设计图进度表

<table>
<tr><td>工程项目名称</td><td colspan="3"></td><td>项目编号</td><td></td></tr>
<tr><td>监理单位</td><td colspan="3"></td><td>设计阶段</td><td></td></tr>
<tr><td>图纸编号</td><td></td><td>图纸名称</td><td></td><td>图纸版次</td><td></td></tr>
<tr><td colspan="2">设计负责人</td><td colspan="2"></td><td>制表日期</td><td></td></tr>
<tr><td>设计步骤</td><td colspan="3">监理工程师批准的计划完成时间</td><td colspan="2">实际完成时间</td></tr>
<tr><td>草图</td><td colspan="3"></td><td colspan="2"></td></tr>
<tr><td>制图</td><td colspan="3"></td><td colspan="2"></td></tr>
<tr><td>设计单位自审</td><td colspan="3"></td><td colspan="2"></td></tr>
<tr><td>监理工程师审核</td><td colspan="3"></td><td colspan="2"></td></tr>
<tr><td>发出</td><td colspan="3"></td><td colspan="2"></td></tr>
<tr><td colspan="6">偏差原因分析：</td></tr>
<tr><td colspan="6">措施及对策：</td></tr>
</table>

（2）建筑工程管理方法　建筑工程管理（Construction Management，简称 CM）方法是近年来在国外推行的一种系统工程管理方法，其特点是将工程设计分阶段进行，每阶段设计好之后就进行招标施工，并在全部工程竣工前，可将已完部分工程交付使用。这样，不仅可以缩短建设项目的建设工期，还可以使部分工程分批投产，以提前获得收益。

6.4 建设项目设计阶段质量管理

6.4.1 设计质量的概念及管理依据

1. 设计质量的概念

建设项目的质量目标和水平，要通过设计使其具体化，以此作为施工的依据。所以，设计质量的优劣，直接影响建设项目的功能、实用价值和投资的经济效益，关系到国家财产和人民生命的安全。而设计质量涉及面较广，影响因素较多，概括而言，它是一个多层次的概念，如图6-2所示。

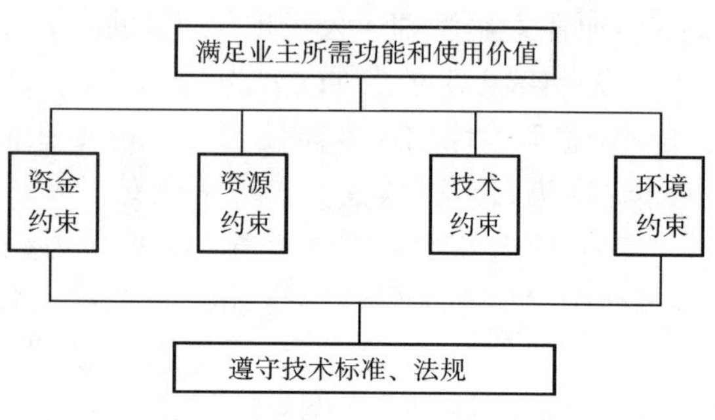

图6-2 设计质量示意图

作为目标层，项目的设计首先应满足业主所需的功能和使用价值，符合业主投资的意图。而业主所需的功能和使用价值不可能随心所欲，必然要受到资金、资源、技术、环境等因素的制约，例如，资金有无限额，来源是否可靠；材料、设备、动力等资源是否充足，有无缺口；工艺、设备是否先进、配套；技术的复杂性和可行性；社会环境和自然环境对项目建设和营运的利弊等，均会使项目的质量目标与水平受到限制。

所有工程设计必须遵守有关城市规划、环保、质量、防灾、抗灾、安全等一系列的技术标准和技术规程，这是保证设计质量的基础。实践证明，不遵守有关技术标准、法规，不但业主所需的功能和使用价值得不到保障，反而有可能造成危害和损失。

综上所述，设计质量的概念，就是在严格遵守技术标准、法规的基础上，正确处理和协调资金、资源、技术、环境条件的制约，使设计项目能更好地满足业主所需要功能和使用价值，能充分发挥项目投资的经济效益。

2. 设计质量计划的编制依据

1）有关工程建设及治理管理方面的法律、法规，如有关城市规划、建设用地、市政管理、环境保护、“三废”治理、建设项目质量监督等方面的法律、法规。

2）有关工程建设的技术标准，如各种设计规范、规程、标准，设计参数的定额指标等。

3）项目可行性研究报告、项目评估报告及选址报告。

4）体现业主建设意图的设计规划大纲、设计纲要和设计合同等。

5）反映项目建设过程中和建成后所需要的有关技术、资源、经济及社会协作等方面的协议、数据和资料。

6.4.2 设计单位的资质管理

单位资质制度是指建设行政主管部门对从事建筑活动单位的人员素质、管理水平、资金数量、业务能力等进行审查，以确定其承担任务的范围，并发给相应的资质证书。个人资格制度是指建设行政主管部门及有关部门对从事建筑活动的专业技术人员，依法进行考试和注册，并颁发执业资格证书，并使其获得相应签字权。国家对从事建设工程设计活动的单位，实行资质管理；对从事建设项目设计活动的专业技术人员，实行执业资格注册管理制度。建设项目设计单位应当在其资质等级许可的范围内承揽业务。

设计单位资质是代表设计单位设计能力水平的一个重要标志，设计单位资质管理是确保工程质量的一项关键措施，也是设计质量事前控制的重点工作。一个建设项目找到一个技术素质好、管理水平高的设计单位，是保证工程设计质量，乃至整个工程质量的前提。

1. 工程设计单位资质类别和等级

工程设计资质类别分工程设计综合资质、工程设计行业资质、工程设计专业资质和工程设计专项资质四类。

工程设计综合类资质只设甲级。工程设计行业资质、工程设计专业资质、工程设计专项资质设甲级、乙级。

根据工程性质和技术特点，个别行业、专业、专项资质可以设丙级，建筑工程专业资质可以设丁级。

取得工程设计综合资质的企业，可以承接各行业、各等级的建设工程设计业务；取得工程设计行业资质的企业，可以承接相应行业相应等级的工程设计业务及本行业范围内同级别的相应专业、专项（设计施工一体化资质除外）工程设计业务；取得工程设计专业资质的企业，可以承接本专业相应等级的专业工程设计业务及同级别的相应专项工程设计业务（设计施工一体化资质除外）；取得工程设计专项资质的企业，可以承接本专项相应等级的专项工程设计业务。

2. 设计单位资质考核要点

对于工程设计单位的资质进行核查，是设计质量控制工作的第一步。由于设计工作是一个技术性很强的工作，它需要从事这一工作的单位或个人具备相应的能力和手段，同时设计成果又是由人来完成，而质量的责任由单位和个人共同来承担，因此，对单位的资质和个人的资格均要认真审核。应重点核查以下内容：

1）检查设计单位的资质证书类别和等级及所规定的适用业务范围与拟建工程的类型、规模、地点、行业特性及要求的设计任务是否相符，资质证书所规定的有效期是否已过期，其资质年检结论是否合格。

2）检查设计单位的营业执照，重点是有效期和年检情况。

3）对参与拟建工程的主要技术人员的执业资格进行检查，对专职技术骨干比例进行考查，包括一级注册建筑师；一级注册工程师（结构）和在国家实行其他专业注册工程师制度后的注册工程师；注册造价工程师；取得高级职称的技术人员及从事工程设计实践 10 年以上并取得中级职称的技术人员。重点检查其注册证书的有效性，签字权的级别是否与拟建工程相符。

4）对勘察、设计单位实际的建设业绩、人员素质、管理水平、资金情况、技术装备进行实地考察，特别是对其近期完成的与拟建工程类型、规模、特点相似或相近的工程勘察、设计任务进行查访，了解其服务意识和工作质量。

5）对勘察、设计单位的管理水平，重点考查是否达到了与其资质等级相应的要求水平。如甲级要求建立以设计项目管理为中心，以专业管理为基础的管理体制，实行设计质量、进度、费用控制；企业管理组织结构、标准体系、质量体系健全，并能实现动态管理，宜通过 ISO 系列标准体系认证。

6.4.3　设计各阶段的质量控制

6.4.3.1　各阶段设计深度的质量控制

1. 设计准备阶段的质量控制

1）组织设计招标或方案竞赛。根据项目建设有关批文、资料，编制设计大纲或方案竞赛文件，组织设计招标或方案竞赛，评定设计方案。

2）优选勘察、设计、科研单位。进行勘察、设计、科研单位的资质审查，优选勘察、设计、科研单位，签订合同并履行合同。

3）审查设计方案。审查设计方案，以保证项目设计符合设计大纲要求，符合国家有关工程建设的方针、政策，符合现行设计规范、标准，符合国情；结合工程实际，技术先进，能充分发挥建设项目的社会效益、经济效益和环境效益。

4）建立项目设计协调程序。项目设计协调程序是指在合同文件的基础上进一步明确工程公司与用户之间在设计工作方面的关系、联络方式和报告制定。因此，项目负责人应协助设计负责人编制有关项目设计方面的协调程序。

5）编制项目设计计划。项目计划由项目负责人负责编制。该计划应以项目合同为基础，符合项目计划对设计的要求，并进一步深化。项目设计计划的主要内容如下：

① 确定设计工作范围。

② 确定设计原则。如是否需要考虑预留发展方案，项目可以采用的费用设计范围，设计中需考虑通用性的要求、特殊安全要求、质量保证的要求。

6）设计规定、标准和规范。列出合同中规定采用的设计标准规范和规定的名称，提出需编制的特定工程标准和设计规定清单。

7）设计各专业的职责。明确公用工程设计中和工艺设计中各专业之间的分工。用符号标注由厂商负责的设计范围及交接点位置等。

2. 设计展开阶段质量管理

（1）设计周期的确定　设计周期是指完成投资项目工程设计所需的时间，即对某项工程编制初步设计、技术设计和施工图设计等全部文件所需的时间。设计周期的长短，取决于建设项目的类型、性质、设计规模、难易程度、技术要求和工作量大小等因素。合理的设计周期是保证设计深度和质量的一个重要因素。

（2）设计深度　建设项目各个设计阶段的内容和应达到的设计深度，国家和地方都有一定的规定和要求，它是衡量设计质量的重要方面。

1）初步设计的深度。初步设计的深度应能满足设计方案的比选和确定主要设备、材料订货，土地征用，项目投资的控制，施工图的编制，施工组织设计的编制，施工准备和生产准备等要求。各类建设项目的初步设计内容不尽相同。如工业建设项目初步设计的主要内容包括：设计依据，设计指导思想，建设规模，产品方案，原料、燃料、动力的用量和来源，工艺流程，主要设备选型及配置，主要建筑物、构筑物，公用、辅助设施，新技术采用情况，主要材料用量，外部协作条件，占地面积和土地利用情况，综合利用和“三废”治理、环境保护设施和评价，生活区建设，抗震和人防措施，生产组织和劳动定员，各项技术经济指标，建设顺序和期限，总概算等。

2）技术设计的深度。技术复杂而又缺乏设计经验的投资建设项目，一般要进行技术设计。它是根据批准的初步设计和更详细的勘察、调查、研究资料和技术经济计算编制的。技术设计的深度一般应能满足有关特殊工艺流程方面的试验、研究及确定，新型设备的试验、制作和确定，大型建筑物、构筑物等某些关键部位的试验研究和确定，以及某些技术复杂问题的研究和确定等要求。技术设计的内容应视建设项目的具体情况、特点和需要而定，国家不作硬性的规定。

3）施工图设计的深度。施工图设计是工程设计的最后一个阶段。它是初步设计（或三阶段设计中的技术设计）的进一步具体化和形象化，是把前期设计中所有的设计内容和方案绘制成可用于施工的施工图。施工图的设计深度应能满足设备和材料的安排，各种非标准设备的制作，施工图预算的编制，工程施工需要以及工程价款结算需要等要求。施工图设计根据批准的初步设计（或技术设计）文件编制，其内容主要包括：绘制总平面图，绘制建筑物和构筑物详图，绘制公用设备详图，绘制工艺流程和设备安装图，编制重要施工、安装部位和生产环节的施工操作说明，以及编制设备、材料明细表和汇总表等，并确定工程合理的使用年限。

6.4.3.2　设计阶段质量管理任务

设计阶段质量管理的主要任务按照设计阶段划分（见表6-6）。

表6-6　各设计阶段质量管理任务

设计阶段	设计阶段质量管理任务
设计方案优化阶段	1. 编制设计方案优化任务书中有关质量控制的内容 2. 审核优化设计方案是否满足业主的质量要求和标准 3. 审核优化设计方案是否满足规划及其他规范要求 4. 组织专家对优化设计方案进行评审 5. 在方案优化阶段进行设计协调，督促设计单位完成设计工作 6. 从质量控制角度对优化设计方案提出合理化建议
扩初设计阶段	1. 编制扩初设计任务书中有关质量控制的内容 2. 审核扩初设计方案是否满足业主的质量要求和标准 3. 对重要专业问题组织专家论证，提出咨询报告 4. 组织专家对扩初设计进行评审 5. 分析扩初设计对质量目标的风险，并提出风险管理的对策与建议 6. 若有必要，组织专家对结构方案进行分析论证 7. 对智能化总体方案进行专题论证及技术经济分析 8. 对建筑设备系统技术经济等进行分析、论证，提出咨询意见 9. 审核各专业工种设计是否符合规范要求 10. 审核各特殊工艺设计、设备选型，提出合理化建议 11. 在扩初设计阶段进行设计协调，督促设计单位完成设计工作 12. 编制本阶段质量控制总结报告

（续）

设计阶段	设计阶段质量管理任务
施工图设计阶段	1. 跟踪审核设计图，发现图中的问题，及时向设计单位提出 2. 在施工图设计阶段进行设计协调，督促设计单位完成设计工作 3. 审核施工图设计与说明是否与扩初设计要求一致，是否符合国家有关设计规范，有关设计质量要求和标准，并根据需要提出修改意见，确保设计质量达到设计合同要求及获得政府有关部门审查通过 4. 审核施工图设计是否有足够的深度，是否满足施工要求，确保施工进度计划顺利进行 5. 审核特殊专业设计的施工图是否符合设计任务书的要求，是否符合规范及政府有关规定的要求，是否满足施工的要求 6. 协助智能化设计和供货单位进行建设项目智能化总体设计方案的技术经济分析 7. 审核招标文件和合同文件中有关质量控制的条款 8. 对项目所采用的主要设备、材料充分了解其用途，并做出市场调查报告；对设备、材料的选用提出咨询报告，在满足功能要求的条件下，尽可能降低工程成本 9. 控制设计变更质量，按规定的管理程序办理变更手续 10. 编制施工图设计阶段质量控制总结报告

6.4.4 提高设计质量的基本措施

1. 加强设计标准化工作

标准是对设计中的重复性事物和概念所做的统一规定，是以科学技术和先进经验的综合成果为基础，经有关方面协商一致，由主管机构批准，通过制定发布和实施，为设计提供共同遵守的技术准则和依据。它也是科研成果转化为生产力、推广应用国外先进技术的有效途径，在促进技术进步、科技创新，保证设计质量方面起着重要的作用。

按其法律约束力，标准文献可分为强制性标准和推荐性标准；按级别可分为国家标准、行业标准、地方标准和企业标准。根据国务院《建设工程质量管理条例》，原建设部会同有关部门共同编制了《工程建设标准强制性条文》（简称《强制性条文》）。《强制性条文》的内容是现行国家和行业标准中直接涉及人民生命财产安全、人身健康、环境保护和其他公众利益，同时考虑了提高经济效益和社会效益等方面的要求。列入《强制性条文》的所有条文，必须严格执行，否则就会为工程带来一定的隐患，给人民生命财产造成一定损失甚至重大损失。

2. 严把设计方案的选择与审核关

设计方案的合理性和先进性是项目设计质量的基础。重要项目的设计方案需认真研究讨论。设计方案包括总体方案和专业设计方案。对生产性建设项目，总体方案特别应注意设计规模、生产工艺及技术水平的审核。专业设计方案的选择与审核，重点是设计参数、设计标准、设备和结构选型、功能和使用价值等方面，是否满足适用、经济、美观、安全、可靠等要求。

设计评审是对设计文件进行综合性、系统性、文件化的检查，以评价设计是否满足相关的质量要求，找出存在的问题，并提出解决的办法。设计评审过程中，设计文件的质量，应主要依据其质量特性的功能性、可信性、安全性、可实施性、适应性、经济性、时间性和美学等方面是否满足要求来衡量。

3. 设计接口控制

为了使设计过程中设计部门以及设计各专业之间能做到协调和统一，必须明确规定并切实做好设计部门与采购部门、设计内部各专业间的设计接口。设计的组织接口和技术接口应制定相应的设计接口管理程序。

4. 建立设计成果校审制度

设计文件的校审是对设计所作的逐级检查和验证检查，以保证设计满足规定的质量要求。设计校审应按设计过程中规定的每一个阶段进行。对阶段性成果和最终成果的质量，按规定程序进行严格校审，具体包括对计算依据的可靠性，成果资料的数据和计算结果的准确性，论证证据和结论的合理性，现行标准规范的执行，各阶段设计文件的内容和深度，文字说明的准确性，设计图样的清晰与准确，成果资料的规范化和标准化等内容的校审。注册建筑师、注册结构工程师等注册执业人员应当在设计文件上签字，对设计文件负责。大型或地质条件复杂的工程，应组织会审。对检查、验收或审核不符合质量要求的设计成果都要推倒重来，不得盖章出图。设计人员必须按校审意见进行修改。没有校审记录和质量评定的设计文件不得入库。

5. 建立设计文件会签制度

设计文件的会签是保证各专业设计相互配合和正确衔接的必要手段。通过会签，可以消除专业设计人员对设计条件或相互联系中的误解、错误或遗漏，是保证设计质量的重要环节。设计文件会签包括综合会签和专业会签两部分。综合会签主要是保证各专业在装置内及厂区内的布置合理，互不碰撞。专业会签主要是保证接受设计条件专业的设计图与设计条件相符，除厂区管线的综合会签外，设计文件会签以工区为单位进行。设计会签各方的职责、会签的范围和做法均应事先明确。

6. 鼓励设计创新

通过开展优秀勘察设计竞赛评比等活动，激励设计人员加强基本训练，不断提高技术业务水平，鼓励设计人员增强创新意识，积极吸收应用新技术、新工艺，提出合理化建议，促进设计质量的提高。

7. 设计交底与图纸会审

设计交底是指在施工图完成并经审查合格后，设计单位在设计文件交付施工时，按法律规定的义务就施工图设计文件向施工单位和监理单位作详细的说明。其目的是对施工单位和监理单位正确贯彻设计意图，使其加深对设计文件特点、难点、疑点的理解，掌握关键工程部位的质量要求，确保工程质量。

设计交底的主要内容一般包括：施工图设计文件总体介绍，设计的意图说明，特殊的工艺要求，建筑、结构、工艺、设备等各专业在施工中的难点、疑点和容易发生的问题说明，对施工单位、监理单位、建设单位等对设计图疑问的解释等。图纸会审是指承担施工阶段监理的监理单位组织施工单位以及建设单位、材料、设备供货等相关单位，在收到审查合格的施工图设计文件后，在设计交底前进行的全面细致的熟悉和审查施工图的活动。其目的有两方面：一是使施工单位和各参建单位熟悉设计图，了解工程特点和设计意图，找出需要解决的技术难题，并制定解决方案；二是为了解决图中存在的问题，减少图中差错，将施工图的设计质量隐患消灭在萌芽之中。

8. 设计变更控制

在施工图设计文件交与建设单位投入使用前或使用后，均会出现由于建设单位要求，或现场施工条件的变化，或国家政策法规的改变等原因而引起设计变更。设计变更可能由设计单位自行提出，也可能由建设单位提出，还可能由承包单位提出，不论谁提出都必须征得建设单位同意并且办理书面变更手续，凡涉及施工图审查内容的设计变更还必须报请原审查机构审查后再批准实施。

思考题

1. 建设项目设计阶段的范围和阶段划分是如何确定的?
2. 简述建设项目设计各阶段的管理内容。
3. 简述建设项目设计各阶段投资控制的主要任务。
4. 简述建设项目设计阶段投资控制的主要方法。
5. 简述建设项目设计各阶段进度控制的主要任务。
6. 简述建设项目设计阶段进度控制的管理措施。
7. 简述设计质量计划编制的依据。
8. 简述建设项目设计深度的质量控制。
9. 简述建设项目设计各阶段质量管理的主要任务。
10. 简述提高建设项目设计质量的基本措施。

第7章 建设项目施工阶段管理

7.1 建设项目施工阶段管理概述

在建设项目建设过程中，施工阶段是形成工程实体，建成最终建筑产品的关键阶段，任何优秀的勘察设计成果，只有通过施工才能变为现实，工程施工是决定项目目标能否实现的关键环节。由于建设项目规模大、系统复杂、施工时间长、技术要求高，其计划实施的难度大，不进行有效的施工管理，很难实现项目目标。建设项目施工过程中有很多干扰因素影响项目按计划正常进行，如外界环境的变化、设计和计划的失误、资源供应不足等，对这些因素要及时分析预测，找出可能出现的偏差和对实际已出现的偏差进行严格控制，才能不断地调整建设项目的实施过程，使它与目标、计划一致。因此，建设项目施工阶段的管理对项目成败具有举足轻重的作用。

7.1.1 建设项目施工阶段管理的特点

由于建设项目自身的特点，使其施工阶段管理活动具有以下特点：

(1) 复杂性　由于建筑生产的固定性，建筑产品生产过程中生产人员、工具与设备在不同的项目、不同的建筑部位流动；建筑产品是露天作业，受外部环境影响大，影响因素多；建设项目的单件性和多样性，决定每一个建设项目都要根据其特点进行施工管理。因此，建设项目施工阶段管理具有复杂性。

(2) 协调性　建设项目必须在固定的场地按严格的建设程序进行施工，上道工序不完成，下道工序无法施工，而各工序通常由不同的人员和单位来进行，工序之间需要很好的协调。建设项目的各参与方表面看目标不同甚至有时是矛盾的，但只有项目顺利实施，各自才能实现自身的经济利益。因此，项目控制的关键在于因势利导，变矛盾为协调，变监督与被监督关系为密切协作关系，建立有效、迅速的沟通渠道，调动相关组织的力量和积极性，实现项目总目标。

(3) 动态控制　建设项目施工过程是动态变化的，一方面，随着项目的开展，项目相关各方对项目的要求和期望会越来越具体，有时会使原有计划发生变更；另一方面，项目所处的环境是动态变化的，而项目只有适应环境条件，才能顺利进行并取得预期效果。

（4）主动控制与被动控制相结合，强调主动控制 主动控制是一种事前控制，它可以解决被动控制中存在的时滞影响，尽最大可能改变偏差已经成为事实的被动局面，减少损失，使控制更为有效。

7.1.2 建设项目施工阶段管理的目标、任务及依据

建设项目管理的基本目标是在限定的时间内，在限定的资源条件下，以尽可能快的进度、尽可能低的费用，在保证满足质量标准的条件下，圆满地完成建设项目任务。为实现项目基本目标，在建设项目施工阶段主要控制的目标是进度、投资、质量。这三个目标是项目施工管理最主要的目标，但除此之外，还有安全目标、环境目标等。

建设项目施工管理的依据主要有：

1）国家有关的法律、法规文件。

2）定义建设项目的有关任务书、设计文件等。

3）建设项目的目标，包括总目标、子目标、执行目标等。

4）项目的各种合同文件，包括勘察设计合同、施工承包合同、资源供应合同、监理合同等。

5）建设项目的各种计划文件，工作说明及操作说明等。

建设项目管理各项控制目标、主要任务及具体依据见表7-1。

表7-1 建设项目管理各项控制目标、任务及依据

控制目标	控制任务	控制依据
进度目标	按预定进度计划实施工程，实现计划工期，提前或按期完成工程，防止工程拖期	总工期计划、各项合同中的进度计划、施工进度计划等
费用（投资）目标	按计划投资额完成工程，采取降低成本的各项措施，防止费用超支或增加	资金计划、投资计划及费用计划，项目实施情况及各项变动信息
质量目标	保证按任务书的质量完成工程，达到国家规定的质量标准，使项目顺利通过验收，实现使用功能	国家规定的质量标准、各种技术标准、任务书、设计文件
安全目标	保证项目实施过程中人的安全与健康，减少和消除不安全的行为和状态，顺利实现项目目标	有关安全生产管理的规定、安全计划、施工现场安全保护措施
环境目标	保证建设项目实施过程符合国家环境保护的有关规定，使项目顺利通过验收	国家有关环境保护的规定和要求、施工现场的环境保护措施

7.1.3 建设项目施工阶段管理的主要工作内容

7.1.3.1 施工许可及施工条件准备

建设单位在开始施工前，应办理法律规定由其办理的许可、批准或备案，主要包括建设用地规划许可证、建设工程规划许可证、建设工程施工许可证，以及施工所需临时用水、临

时用电、中断道路交通、临时占用土地等许可和批准，并应协助承包人办理法律规定的有关施工证件和批件。发包人（建设单位，以下同）按照法律规定获得工程施工所需的许可后，由监理人发出开工通知。

1. 施工许可证

我国对建设项目实行施工许可制度。建设单位在开工前应当依照《建筑工程施工许可管理办法》的规定，向工程所在地的县级以上地方人民政府住房城乡建设主管部门申请领取施工许可证。工程投资额在30万元以下或者建筑面积在300m^2以下的建筑工程，可以不申请办理施工许可证。省、自治区、直辖市人民政府住房城乡建设主管部门可以根据当地的实际情况，对限额进行调整，并报国务院住房城乡建设主管部门备案。按照国务院规定的权限和程序批准开工报告的建筑工程，不再领取施工许可证。

应当申请领取施工许可证的建筑工程未取得施工许可证的，一律不得开工。任何单位和个人不得将应当申请领取施工许可证的工程项目分解为若干限额以下的工程项目，规避申请领取施工许可证。施工许可证应当放置在施工现场备查，并按规定在施工现场公开。

（1）建设单位领取施工许可证应具备的条件　建设单位申请领取施工许可证，应当具备下列条件，并提交相应的证明文件：

1）依法应当办理用地批准手续的，已经办理该建筑工程用地批准手续。

2）在城市、镇规划区的建筑工程，已经取得建设工程规划许可证。

3）施工场地已经基本具备施工条件，需要征收房屋的，其进度符合施工要求。

4）已经确定施工企业。按照规定应当招标的工程没有招标，应当公开招标的工程没有公开招标，或者肢解发包工程，以及将工程发包给不具备相应资质条件的企业的，所确定的施工企业无效。

5）有满足施工需要的技术资料，施工图设计文件已按规定审查合格。

6）有保证工程质量和安全的具体措施。施工企业编制的施工组织设计中有根据建筑工程特点制定的相应质量、安全技术措施。建立工程质量安全责任制并落实到人。专业性较强的工程项目编制了专项质量、安全施工组织设计，并按照规定办理了工程质量、安全监督手续。

7）按照规定应当委托监理的工程已委托监理。

8）建设资金已经落实。建设工期不足一年的，到位资金原则上不得少于工程合同价的50%，建设工期超过一年的，到位资金原则上不得少于工程合同价的30%。建设单位应当提供本单位截至申请之日无拖欠工程款情形的承诺书或者能够表明其无拖欠工程款情形的其他材料，以及银行出具的到位资金证明，有条件的可以实行银行付款保函或者其他第三方担保。

9）法律、行政法规规定的其他条件。

（2）办理施工许可证的程序　建设单位申请办理施工许可证，应当按照下列程序进行：

1）建设单位向发证机关领取《建筑工程施工许可申请表》。

2）建设单位持加盖单位及法定代表人印鉴的《建筑工程施工许可申请表》，并附证明文件，向发证机关提出申请。

3）发证机关在收到建设单位报送的《建筑工程施工许可申请表》和所附证明文件后，对于符合条件的，应当自收到申请之日起15日内颁发施工许可证；对于证明文件不齐全或者失效的，应当当场或者5日内一次告知建设单位需要补正的全部内容，审批时间可以自证明文件补正齐全后作相应顺延；对于不符合条件的，应当自收到申请之日起15日内书面通知建设单位，并说明理由。

（3）施工许可证管理 建筑工程在施工过程中，建设单位或者施工单位发生变更的，应当重新申请领取施工许可证。建设单位应当自领取施工许可证之日起3个月内开工。因故不能按期开工的，应当在期满前向发证机关申请延期，并说明理由；延期以两次为限，每次不超过3个月。既不开工又不申请延期或者超过延期次数、时限的，施工许可证自行废止。

在建的建筑工程因故中止施工的，建设单位应当自中止施工之日起一个月内向发证机关报告，报告内容包括中止施工的时间、原因、在施部位、维修管理措施等，并按照规定做好建筑工程的维护管理工作。

建筑工程恢复施工时，应当向发证机关报告；中止施工满一年的工程恢复施工前，建设单位应当报发证机关核验施工许可证。

2. 提供施工条件

根据《建设工程施工合同（示范文本）》（GF—2013—0201），除专用合同条款另有约定外，发包人应负责提供施工所需要的条件，包括：

1）将施工用水、电力、通信线路等施工所必需的条件接至施工现场内。

2）保证向承包人提供正常施工所需要的进入施工现场的交通条件。

3）协调处理施工现场周围地下管线和邻近建筑物、构筑物、古树名木的保护工作，并承担相关费用。

4）按照专用合同条款约定应提供的其他设施和条件。

3. 提供施工基础资料

发包人应当在移交施工现场前向承包人提供施工现场及工程施工所必需的毗邻区域内供水、排水、供电、供气、供热、通信、广播电视等地下管线资料，气象和水文观测资料，地质勘察资料，相邻建筑物、构筑物和地下工程等有关基础资料，并对所提供资料的真实性、准确性和完整性负责。

按照法律规定确需在开工后方能提供的基础资料，发包人应尽其努力及时地在相应工程施工前的合理期限内提供，合理期限应以不影响承包人的正常施工为限。

7.1.3.2 施工准备阶段管理

1. 图纸会审

施工图是进行施工的具体依据，在施工承包单位完成施工图自审的基础上，由建设单位主持，监理单位组织，设计单位、施工承包单位、材料设备供应单位等有关人员参加进行图纸会审。图纸会审的主要目的是使施工单位和各参建单位熟悉设计图，了解工程特点和设计意图，找出需要解决的技术难题并制定解决方案；解决图中存在的问题，减少图中差错，将图中的隐患消灭在萌芽之中。

图纸会审是法律、法规规定的相关各方的义务，会审的各方都应充分准备，认真对待，提高会审的工作质量，把图中的差错、缺陷纠正和补充工作完成在施工之前。对于复杂的大型工程，建设单位应先组织技术部门的各专业技术人员预审，将问题汇总，并提出初步处理意见，做到在会审前对设计心中有数。

图纸会审应由施工单位整理会议纪要，与会各方会签。图纸会审会议纪要经参加会审的单位签字认同后，将作为施工和竣工验收的依据。

2. 审查施工组织设计

建设单位（或委托监理工程师）在工程开工前应对承包商的施工组织设计进行审查。通过审查保证施工组织设计符合国家的技术政策，充分考虑现场条件，具有针对性和可操作性，技术方案先进适用，保证措施健全可行。审查的内容包括：施工方案，施工进度计划，施工平面图及材料、劳动力、设备需用计划等。

3. 现场施工准备管理

建设单位应协助施工承包单位作好现场准备工作，并对施工承包单位的施工现场准备工作进行检查和监督。施工现场准备管理的主要内容包括：现场控制网测量，施工道路及管线，安全及文明施工等。

4. 分包单位资质的审核确认

工程分包是指施工总承包企业将所承包建设工程中的专业工程或劳务作业发包给其他建筑企业完成的活动。总承包单位选定分包单位后，应向监理工程师提出申请审批分包单位的报告，监理工程师主要是审查分包商是否具有按工程承包合同规定的条件完成分包工程任务的能力。若监理工程师认为该分包商基本具备分包条件，则应进一步对分包商进行调查，核实总承包商申报的分包商情况是否属实。如果监理工程师对调查结果满意，则应以书面形式批准该分包商承担分包任务。

7.1.3.3　施工过程中的管理

建设单位是建设项目施工生产各项资源的总集成者和总组织者，尽管施工过程中施工单位是组织生产活动的主体，但建设单位为保证建设项目目标的实现，必须对施工过程进行全方位的监控。建设单位在施工过程中主要是围绕施工进度、质量、投资进行管理。

1. 施工进度管理

落实施工阶段的总体部署，落实资源供应及外部协作条件；编制或审核施工进度计划，并检查、控制计划的执行；掌握施工动态变化，及时调整施工进度安排。

2. 施工投资管理

编制资金、费用使用计划，并检查、控制其执行；作好工程计量和工程款的支付；分析投资偏差，采取措施控制投资偏差，并制定防范措施。

3. 施工质量管理

制定质量计划和质量控制体系；对影响质量的各种要素进行控制；检查监督施工工序、各项隐蔽工程的施工质量，做好检验批、分项工程、分部工程、单位工程的质量验收；对出现的质量问题进行处理；处理设计变更。

此外还要做好施工过程中的安全管理和环境保护工作。

7.1.3.4　竣工验收阶段管理

施工单位按设计图完成施工任务，在施工单位自评合格，勘察、设计单位认可的基础上，建设单位组织进行竣工验收。建设单位竣工验收阶段主要工作内容包括：

1）制定竣工验收计划，组织专家验收组，确定验收方案。

2）组织规划、消防、电梯、人防、环保等专项验收，取得专业管理部门的验收通过。

3）组织竣工资料检查，组织有关单位现场验收检查，形成竣工验收意见，共同签署竣工验收报告。

4）按照规定向工程质量监督机构办理竣工验收手续，提交《建设项目竣工验收报告》。

7.1.4　建设项目控制的步骤

1. 制定控制标准

建设项目控制的标准主要是各项计划、预算、工作标准等。控制工作离不开计划，没有计划就谈不到控制。计划从数量、质量、时间、成本等多方面对各项工作做出规定，是控制的基本依据。

2. 衡量实际成果

在项目实施过程中，必须加以监督、检查，及时获得有关信息。通过直接检查受控对象，获得第一手材料；根据统计数据分析受控对象的实际情况；通过定期或不定期的会议，及时了解受控对象的实际情况。

3. 比较分析

将实际衡量的结果与计划对比，看是否出现了偏差，如出现了偏差，进一步分析产生偏差的原因以及偏差的性质、程度、对结果的影响等。

4. 纠正偏差

通过比较分析，或采取可行的措施纠正偏差，或重新修订计划，调整资源配置，以保证预期目标的实现。

项目控制的基本程序如图 7-1 所示。

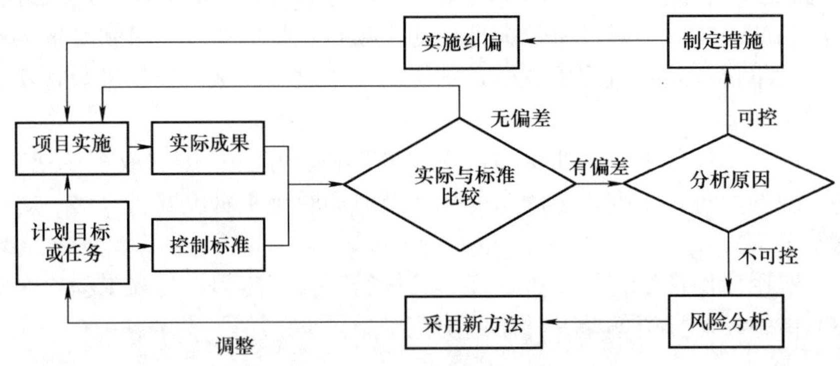

图 7-1　项目控制程序图

7.2　建设项目施工阶段进度管理

建设项目进度管理是指对工程建设各阶段的工作内容、工作程序、持续时间和衔接关系，根据进度总目标和资源优化配置原则编制计划，将该计划付诸实施，在实施的过程中经常检查实际进度是否按计划要求进行，对出现的偏差分析原因，采取补救措施或调整、修改原计划，直到工程竣工验收。建设项目施工工期长，影响因素多，施工阶段进度拖期，将影响项目投资效益的发挥，甚至会失去良好的市场机会。尽管建设单位对施工承包方有合同的约束，施工承包方作为施工进度控制的主体，但施工过程中不仅涉及项目内部，还涉及项目外部很多因素，建设单位还需要做大量的协调管理工作，需事先对影响进度的各种因素进行调查，预测其对进度可能产生的影响，编制可行的进度计划，指导建设项目按计划实施，做好施工阶段的进度管理工作。

7.2.1　影响项目进度的因素

影响项目进度的因素很多，有人员、技术、材料设备、资金、自然条件、社会环境以及其他难以预料的因素。这些因素可归纳为以下三类：

（1）相关单位的影响　项目经理部的外层关系单位很多，如设计单位、监理单位、材料供应商、银行信贷、通信、供水、供电等协作单位，项目的顺利进行离不开其对项目的密切配合与支持，如勘察设计资料不准确、银行贷款不及时到位、材料供应不及时、施工现场无水电等，都将影响项目目标的实现。对于这些因素，项目经理部应以合同的方式明确双方权利与义务，在法律的保护和约束下，避免或减少损失。

（2）项目经理部内部因素的影响　项目经理部的工作对于进度起决定性作用，对这类因素，可通过提高项目经理部的管理水平、技术水平来保证。

（3）不可预见因素的影响　对这类因素应做好分析和预测，通过制定备选方案来适应变化。

7.2.2　项目进度控制过程

项目经理部为实现有效的进度控制，首先要建立进度实施、控制的科学组织体系和严密的工作制度，对项目全过程进行系统控制。进度控制系统应发挥监测和分析职能并循环运行，随着项目活动的进行，不断将实际进度信息反馈给控制者，经过统计、整理、比较、分析后，确认进度执行无偏差，则系统继续运行；一旦发现实际进度与计划进度有偏差，系统将发挥调控职能。必要时，对原进度计划作出相应调整。项目进度控制工作流程如图 7-2 所示。

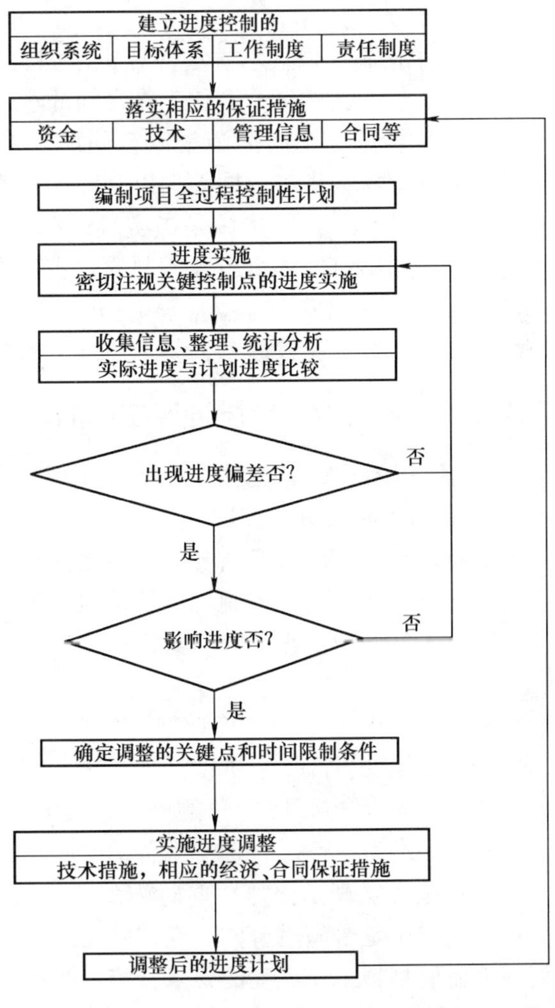

图 7-2　项目进度控制工作流程图

7.2.3　施工阶段进度控制原则及措施

7.2.3.1　施工阶段进度控制原则

（1）集中力量分批分期建设　为尽快发挥投资效益，满足进度目标的要求，对能独立使用、形成生产能力的单位工程或子单位工程，集中力量建设，并处理好前期动用与后期建设的关系。

（2）合理安排土建与设备的综合施工 按其各自特点，合理安排施工的先后顺序及搭接、交叉施工。

（3）全面考虑各种因素，确定合理进度目标 对影响工程进展的各种因素进行细致分析，分析有利条件与不利因素，并对计划执行中的风险进行预测，确定出合理可行的进度目标。

（4）做好各项准备、供应工作 做好资金的供应落实，按计划做好材料设备的订货和供应、施工力量的配备等工作，保证各项计划工作顺利进行。

（5）搞好外部的协作配合工作 对施工中涉及的供水、供电、道路、通信等要搞好外部协调工作，对其他涉及的相关单位做好协作、配合，保证施工顺利进行。

7.2.3.2 项目进度控制的措施

进度控制的措施包括组织措施、技术措施、合同措施、经济措施和信息管理措施等。

（1）组织措施 组织措施包括落实项目经理部的进度控制部门和人员，制定进度控制工作制度，明确各层次进度控制人员的任务和管理职责，对影响进度目标实现的干扰因素和风险因素进行分析。

（2）技术措施 以技术方法保证进度目标的实现。落实施工方案的部署，尽可能选用新技术、新工艺、新材料，调整工作之间的逻辑关系，缩短持续时间，加快施工进度。

（3）合同措施 合同措施是以合同形式保证工期进度的实现，如签订勘察设计合同、施工承包合同、材料供应合同等，以合同形式保证各项工作按计划进行。

（4）经济措施 经济措施是指实现进度计划的资金保证措施，以及为保证进度计划顺利实施采取层层签订经济承包责任制的方法和奖惩手段等。

（5）信息管理措施 建立监测、分析、调整、反馈系统，通过计划进度与实际进度的动态比较，提供进度比较信息，实现连续、动态的全过程进度目标控制。

7.2.4 建设项目施工阶段进度控制的内容

7.2.4.1 施工阶段事前进度控制主要工作

1. 编制施工阶段进度控制方案

施工阶段进度控制方案主要包括：建立施工阶段进度控制的工作制度，绘制施工进度控制目标分解图，实现进度控制目标的风险分析，编制进度控制工作流程，落实人员职责及与进度控制有关的各项工作的时间安排及工作流程，确定进度控制方法，制定进度控制的各项保证措施。

2. 编制或审核施工总进度计划

按计划工期安排施工总进度计划，对大型建设项目，当施工任务采用平行承包时，建设单位（监理工程师）要编制总的施工进度计划，确定分期、分批的项目建设及时间安排，进行全场性的准备工作，合理安排各单位的总的施工进度，组织各方面的协调。实行总承包时，建设单位（监理工程师）要对施工单位编制的总进度计划进行审核，审核的内容主要包括：时间安排是否满足合同工期；施工顺序安排是否符合分期使用的要求；各项资源供应计划是否能满足施工总进度的要求；施工组织设计的合理性和可行性等。

3. 编制年度进度计划

项目管理人员应在总进度计划的基础上，编制年度进度计划，安排年度工程投资额，做好形象进度计划和所需资源的供应，搞好综合平衡。

4. 审核施工单位编制的单位工程进度计划及月作业计划

其审核的内容与审核施工总进度计划相类似，一般只需满足关键控制日期的要求，具体的详细安排由施工单位进行，不要过多干预。

7.2.4.2　事中进度控制主要工作

事中进度控制主要是及时发现问题，采取措施，保证施工按计划顺利进行。事中进度控制主要包括以下内容：

1）协助施工单位落实进度计划，帮助承包单位解决内外关系协调问题，做好协作配合工作。

2）监督检查进度计划执行情况。随时了解进度计划的关键控制点的实施动态，监督施工进度计划的实施，审核施工单位提交的进度报表，对可能出现的偏差采取措施，对实际进度落后于计划的，要及时进行调整。

3）组织协调。定期或不定期组织现场协调会议，及时解决施工中出现的问题，协调各施工单位之间的生产活动，对发生的突发事故或问题，通过发布紧急协调令，督促有关单位采取应急措施，维护施工的正常秩序。

4）审核已完工程量，签发工程应付进度款。

5）审批工程延期。造成工程进展拖延可能是施工单位的原因，也可能是施工单位以外的原因。建设单位（监理工程师）有权要求施工单位采取有效措施加快施工进度，或修改原进度计划，经批准后执行，以保证计划工期的实现。由于施工单位以外的原因造成的工程拖延，一般叫工程延期。当出现工程延期时，承包单位有权提出延长工期的要求，建设单位（监理工程师）应根据合同规定，审批工程延期时间。因发包人原因导致工期延误，如发包人未能按合同约定提供施工图或所提供的施工图不符合合同约定的；未能按合同约定提供施工现场、施工条件、基础资料、许可、批准等开工条件的；提供的测量基准点、基准线和水准点及其书面资料存在错误或疏漏的；未能按合同约定日期支付工程预付款、进度款或竣工结算款等，发包人应按实际开工日期顺延竣工日期，确保实际工期不低于合同约定的工期总日历天数。

7.2.4.3　事后进度控制主要工作

对已完成的子单位工程、单位工程，及时组织验收工作；处理施工索赔；对各种进度资料进行整理、建档。做好试生产等准备工作，办理工程移交手续，在工程移交后的保修期内，分析存在的质量问题及责任，及时维修并处理相关的争议问题。

7.2.5　进度计划的检查与调整

7.2.5.1　进度计划检查的方法

1. 横道图检查比较法

横道图检查比较法是指将在项目实施中检查实际进度收集的信息，经整理后直接用横道线并列标于原计划的横道线处，进行直观比较的方法。在匀速施工条件下，时间进度应与完成工程量进度一致，因此，用到检查日为止的实际进度线与计划进度线长度相比较，两者之差即为时间进度差。检查变速施工进度或检查多项施工过程综合进度时，由于施工中的时间进度与工程量进度不一致，只有对两者同时标注检查，才能准确地反映施工进度完成情况。

2. 前锋线检查法

前锋线检查法是通过绘制某检查时刻工程项目实际进度前锋线，进行工程实际进度与计划进度比较的方法，它主要适用于时标网络计划。所谓前锋线，是指在原时标网络计划上，从检查时刻的时标点出发，用点画线依次将各项工作实际进展位置点连接而成的折线。

前锋线可以直观地反映出检查日期有关工作实际进度与计划进度之间的关系。对某项工作来说，其实际进度与计划进度之间的关系可能存在以下三种情况：

1）工作实际进展位置点落在检查日期的左侧，表明该工作实际进度拖后，拖后的时间为两者之差。

2）工作实际进展位置点与检查日期重合，表明该工作实际进度与计划进度一致。

3）工作实际进展位置点落在检查日期的右侧，表明该工作实际进度超前，超前的时间为两者之差。

通过实际进度与计划进度的比较确定进度偏差后，还可根据工作的自由时差和总时差预测该进度偏差对后续工作及项目总工期的影响。

例7-1：某时标网络计划图前锋线检查图如图7-3所示，在第5天时，用前锋线检查法检查进度，发现工作E、H拖后1天，H工作尚有总时差1天。工作G超前1天。

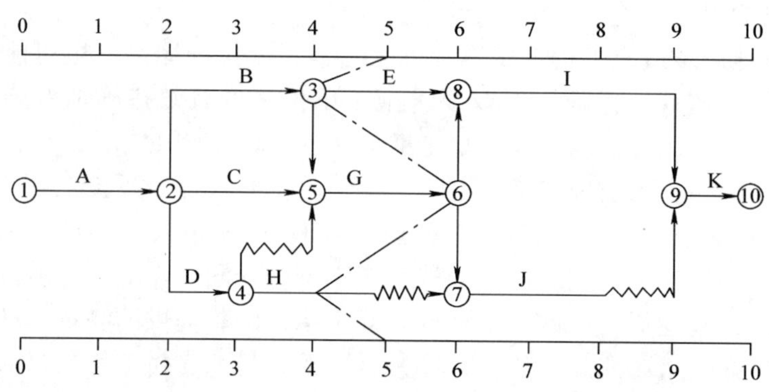

图7-3　时标网络计划图前锋线检查图

3. S形曲线计划比较法

S形曲线比较法是以横坐标表示进度时间，纵坐标表示累计完成任务量，绘制出一条按计划时间累计完成任务量的S形曲线图，进行实际进度与计划进度相比较的一种方法。一般情况下，进度控制人员在计划实施前绘制出计划S形曲线，在项目实施过程中，按规定时间将检查的实际完成任务情况，绘制在与计划S形曲线同一张图上，可得出实际进度S形曲线，如图7-4所示。

比较两条S形曲线可得到如下信息：

（1）工程项目实际进度与计划进度比较情况　当实际进展点落在计划S形曲线左侧，则表示此时实际进度比计划进度超前；若落在其右侧，则表示拖后；若刚好落在其上，则表示两者一致。

（2）工程项目实际进度比计划进度超前或拖后的时间　Δt_a 表示 t_a 时刻实际进度超前的时间；Δt_b 表示 t_b 时刻实际进度拖后的时间。

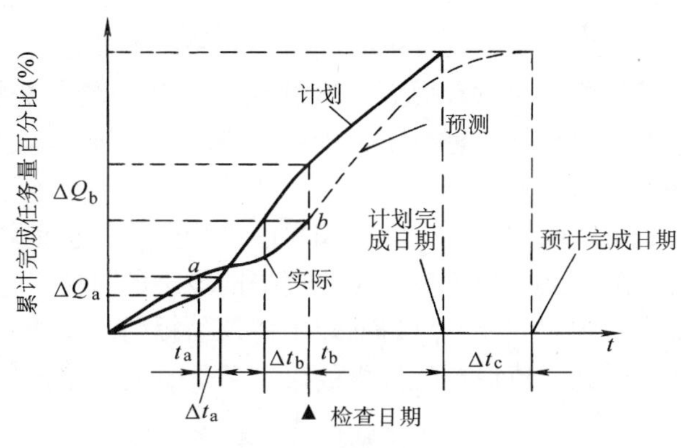

图 7-4　S 形曲线检查法

（3）工程项目实际进度比计划进度超额或拖欠的任务量 ΔQ_a 表示 t_a 时刻超额完成的任务量；ΔQ_b 表示 t_b 时刻拖欠的任务量。

（4）预测工程进度　后期工程按原计划速度进行，则工期拖延预测值为 Δt_c。

7.2.5.2　施工进度计划的调整

1. 分析偏差对后续工作及总工期的影响

通过检查发现施工进度出现偏差后，利用网络计划分析偏差所处位置及其与总时差 TF、自由时差 FF 的对比关系，判断偏差对总工期及后续工作的影响，并依据施工工期的要求提出处理意见，在必要时作出调整。对施工进度检查结果的处理意见见表 7-2。

表 7-2　施工进度检查结果的处理意见

<table>
<tr><th>工期要求</th><th colspan="2">进度偏差（Δ）分析</th><th>序号</th><th>处理意见</th></tr>
<tr><td rowspan="7">按期完工总工期：T</td><td colspan="2">$\Delta=0$</td><td>1</td><td>执行原计划</td></tr>
<tr><td rowspan="4">$TF>0$</td><td>$\Delta<0$
$0<\Delta\leqslant FF$</td><td>2
3</td><td>不需调整</td></tr>
<tr><td>$FF<\Delta\leqslant TF$</td><td>4</td><td>按后续工作机动时间确定允许拖延时间局部调整后续工作；移动工作起止时间，压缩后续工作持续时间</td></tr>
<tr><td>$\Delta>TF$</td><td>5</td><td>非关键线路上，后续工作压缩工期，同 4；关键线路上，后续工作压缩工期 $\Delta-TF$</td></tr>
<tr><td colspan="3"></td></tr>
<tr><td rowspan="2">$TF=0$</td><td>$\Delta<0$</td><td>6</td><td>将提前的 Δ 分配给耗资大的后续关键工作，以降低成本</td></tr>
<tr><td>$\Delta>0$</td><td>7</td><td>后续关键工作压缩 Δ</td></tr>
<tr><td rowspan="2">允许工期延长 Δt</td><td rowspan="2">$TF=0$</td><td>$\Delta>\Delta t>0$</td><td>8</td><td>新工期 $T+\Delta t$，后续关键工作压缩 $\Delta-\Delta t$</td></tr>
<tr><td>$\Delta t>\Delta>0$</td><td>9</td><td>新工期 $T+\Delta t$，后续关键工作不必压缩工期、不必改变工作关系，只需按实际进度数据修改原网络计划的时间参数</td></tr>
<tr><td rowspan="4">工期提前 Δt</td><td rowspan="4">$TF=0$</td><td>$\Delta=0$</td><td>10</td><td>后续关键工作压缩工期 $|\Delta t|$</td></tr>
<tr><td>$\Delta>0$</td><td>11</td><td>后续关键工作压缩工期 $|\Delta t|+\Delta$</td></tr>
<tr><td>$0>\Delta>\Delta t$</td><td>12</td><td>后续关键工作压缩工期 $|\Delta t|-|\Delta|$</td></tr>
<tr><td>$0>\Delta=\Delta t$</td><td>13</td><td>同 9</td></tr>
</table>

注：Δ 为工期偏差，Δ = 实际进度工期 − 计划进度工期。工期提前 $\Delta<0$；工期拖后 $\Delta>0$。

2. 施工进度计划的调整

为了实现进度目标，计划控制人员发现问题后，如果需要调整计划，可要求施工单位调整原施工进度计划，施工单位可通过采用更先进的施工方法、改变某些工作间的逻辑关系、缩短某些后续工作的持续时间等方法进行施工进度调整。

3. 工期提前的分析与决策

建设单位在施工中如需提前竣工，应对工期提前进行分析，提前竣工的经济效益是否大于赶工措施所需承担的经济支出，与承包单位协商提前竣工的可能性。如果提前竣工有经济效益并和承包商协商成功，则双方要签订提前竣工协议。提前竣工协议要包括工程提前的时间、承包单位采取的赶工措施、建设单位提供的赶工条件、赶工措施的经济支出和承担、提前竣工收益的分配等。

7.3　建设项目施工阶段投资管理

投资管理是建设单位建设项目管理的一项主要内容，是实现项目目标和影响项目成败的关键。施工阶段是投资大量支出阶段，这个阶段投资控制的任务是按设计要求实施，以施工图预算或施工承包价格作为投资控制目标，通过合同和减少设计变更来控制实际费用的支出，使实际费用支出控制在计划投资之内，努力降低造价，竣工后搞好结算和决算，并认真履行合同，以减少或避免施工单位索赔。

7.3.1　施工阶段建设项目费用计划

费用计划是根据建设项目的总体计划安排和工程的实际情况，对施工阶段所需的各项费用支出做出合理估计和计划安排，是施工阶段控制各项费用支出的基本依据和目标值。通过编制项目费用计划，对施工过程中的资金使用和费用支出有所安排，再通过施工过程中投资的严格控制，可以消除不必要的资金浪费和失控，能最大限度地节约投资，提高项目的投资效益。

为使建设项目费用计划符合实际，为投资控制提供依据，编制费用计划时，必须与施工阶段的其他各项计划，如施工进度计划、质量计划、资源配置计划等相匹配，保持平衡，并考虑施工中可能出现的各种风险因素，如设计变更、施工条件变化、市场情况变化等对费用计划的影响。全部使用国有资金投资或者以国有资金投资为主的建筑工程（以下简称国有资金投资的建筑工程），应当采用工程量清单计价；非国有资金投资的建筑工程，鼓励采用工程量清单计价。

具体编制费用计划时可以按建设项目的费用构成、子项目构成、工程进度来编制。

（1）按费用构成编制费用计划　建设项目总费用可以分为建筑安装工程费、设备工器具购置费、工程建设其他费用和预备费等。建筑工程费按成本构成又可分解为人工费、材料费、施工机械使用费、措施费、其他项目费、规费和税金等。

（2）按子项目组成编制费用计划　大中型建设项目通常是由若干单项工程构成的，而每个单项工程包括了多个单位工程，每个单位工程又由若干个分部分项工程构成。因此可以将项目总费用分解到单项和单位工程中，对费用支出比较大的分部分项工程，再进一步分解到分部分项工程中，编制分部分项工程费用支出计划。

（3）按工程进度编制费用计划　建设项目的费用总是分阶段、分期支出的，按工程进度编制费用计划，能更好地将费用支出和施工进度计划安排结合起来，便于筹措资金和尽可能减少资金的占用和利息支出。编制配合工程进度的费用计划，通常可以利用控制项目进度的网络图进一步扩充来编制，即在编制网络图时，一方面确定完成各项工作所需花费的时间，另一方面同时确定完成这一工作所需的费用支出。

7.3.2　建设项目施工阶段投资控制的目标和依据

7.3.2.1　建设项目施工阶段投资控制的目标

建设项目投资控制的目标是保证项目取得投资效益最大化。在保证项目质量、功能、工期的前提下，努力将施工阶段项目投资控制在预算投资内。

7.3.2.2　建设项目投资控制的依据

建设项目投资控制的依据主要有：

1）根据施工图预算或施工承包合同、市场经济信息及预测、项目进度计划等资料编制的项目投资控制计划及费用支出计划。

2）建设项目各项变动（变更）信息等。

3）项目实施执行情况报告，包括项目实际发生投资与建设项目投资控制基准间的偏差、偏差分析、预测和纠偏措施等。

4）建设项目附加计划和追加投资计划。

7.3.3　建设项目施工阶段投资控制的措施

在项目施工阶段，由于设计变更、工程量增减、索赔、违约责任等因素而导致合同价款的调整，突破投资控制目标的可能性仍然存在。加强施工阶段的投资控制，是保证项目投资目标最终实现的不可缺少的环节。

1. 组织措施

1）明确项目投资控制的组织结构及投资控制的任务和权限，合理划分管理职能。建立健全建设项目投资控制的组织保证体系。要有专门的投资控制机构和专业人员，有明确的工作目标、任务和职责，有明确的岗位经济责任奖惩制度。

2）根据建设项目投资控制总目标、施工进度计划、招投标文件、承发包合同等资料，分解投资控制目标，编制投资控制计划及费用支出计划，建立项目变动控制系统，明确工作流程。

3）根据市场价格、汇率、税费等变化，结合工程特点、工程进度和控制实绩，及时进行投资分析预测，提出建设项目投资控制阶段性目标、任务。

2. 技术措施

1）对设计变更进行技术经济比较，严格控制设计变更。

2）采用相应的技术措施研究节约投资的可能性。

3）审核承包商编制的施工组织设计，组织重大项目施工方案的技术经济比较和论证。

3. 经济措施

1）编制费用支出计划，确定、分解投资控制目标，并在施工中进行跟踪管理，动态地比较费用支出实际值与计划值的差异，对建设项目造价目标进行风险分析，并制定防范性对策。

2）复核工程付款账单，签发付款证书，协商确定工程变更的价款，审核竣工结算。合同结算时，同时办理质量保证金手续，采取扣留合同保留金或按合同规定提交银行保函等方式，待保修期满后结清。

3）在项目实施中，可制定设计、施工、监理等单位合理化建议节约投资分成奖励办法，调动全体建设者节约投资的积极性。

4. 合同措施

1）加强合同管理，按合同约定履行义务、承担责任，依法维护自己的合法权益。

2）严格以合同及招标投标文件规定的相关条款为依据，办理合同计价方式、合同价格调整、价款支付及结算办法、索赔及违约责任处理等相关事项。

3）加强索赔管理，项目管理人员及监理工程师应建立工程日志、会议纪要、来往函件、现场签证确认资料的整理归档工作制度，为正确处理索赔提供依据。

4）减少设计变更，对出现的设计变更，按规定的程序办理。严格控制设计变更，严禁计划外增加项目或擅自提高标准，严格按项目变更控制程序及合同价款调整规定，控制项目变更投资。

7.3.4 建设项目施工阶段投资控制的方法

7.3.4.1 偏差控制法

偏差控制法是在计划投资的基础上，找出计划投资和实际投资之间的偏差，并分析产生偏差的原因和变化发展趋势，进而采取措施减少或消除偏差。偏差控制法按以下步骤实施。

1. 找出偏差

由于施工过程中存在各种可变因素，即使做好了事前计划预控、事中动态控制，也无法避免出现偏差。

在项目实施中有时会遇到这种情况：项目进度提前了或实际成本比预算节省了，有的是因为提高了工作效率，而有的只是因为减少了项目范围。一些项目延迟了，有的是前紧后松，前期完成了主要的任务，剩余的工作量不大，风险比较小；而有的则是前松后紧，剩余工作压力很大，风险很大。两种情况对项目后期的影响是不同的，前期的工作成绩也应该是不同的。如果单纯地使用时间进度的计划值和实际值进行比较，或者单纯地使用项目费用的预算值和实际值进行比较，都不能保证全面反映项目管理本身的绩效，必须要看实际完成工作的效果。只有在完成同样工作任务的前提下，时间、成本的差异才有可比性。

挣值法是在工程项目实施中使用较多的一种方法，是对项目进度和费用进行综合控制的一种有效方法。挣值法的优势在于将项目的进度和费用综合度量，从而能准确描述项目的进展状态，并可以预测项目可能发生的工期滞后量和费用超支量，从而及时采取纠正措施，为项目管理和控制提供有效的手段。

1）三个关键变量。计划工作预算费用 *BCWS*，是指项目实施过程中某阶段计划要求完成的工作量所需的预算费用。*BCWS* = 计划工作量 × 预算（计划）单价。

已完工作实际费用 *ACWP*，是指已完成工作量的实际费用，表示项目实施过程中某阶段实际完成的工作量按照实际发生的价格计算得到的实际已完成作业所消耗的费用。*ACWP* = 已完工作量 × 实际单价。

已完工作预算费用 $BCWP$，又称挣值、挣得值，是指项目实施过程中某阶段按实际完成工作量及按预算定额计算出来的费用。$BCWP$ = 已完工作量 × 预算（计划）单价。

2）两个差异分析变量。费用差异（CV）= 已完工作预算费用（$BCWP$）− 已完工作实际费用（$ACWP$）。当 CV 为负值时，表示执行效果不佳，即实际消费费用超过预算值，即超支。反之，当 CV 为正值时，表示实际消耗费用低于预算值，表示有节余或效率高。若 $CV=0$，表示项目按计划执行。

进度差异（用费用表示，SV）= 已完工作预算费用（$BCWP$）− 计划工作预算费用（$BCWS$）。当 SV 为正值时，表示进度提前；SV 为负值表示进度延误。若 $SV=0$，表明进度按计划执行。

3）两个指数变量。进度绩效指数（SPI）$=BCWP/BCWS$

SPI 是指项目挣值与计划之比，当 $SPI>1$ 表示进度提前，$SPI<1$ 表示进度延误，$SPI=1$ 表示实际进度等于计划进度。

费用绩效指数（CPI）$=BCWP/ACWP$

CPI 是指预算费用与实际费用值之比，当 $CPI>1$ 表示实际费用低于预算，$CPI<1$ 表示实际费用超出预算，$CPI=1$ 表示实际费用与预算费用吻合，表明项目费用按计划进行。

挣值法在实际运用过程中，最理想的状态是 $ACWP$、$BCWS$、$BCWP$ 三条曲线靠得很近、平稳上升，表示项目按预定计划目标前进。如果三条曲线离散度不断增加，则预示可能发生关系到项目成败的重大问题。

例 7-2：某项目总预算成本 5000 万元，进展到 11 周时，对前 10 周的工作进行统计，情况见表 7-3。分析费用及进度执行情况。

表 7-3　前 10 周项目完成情况　　（单位：万元）

工作	计划完成工作预算成本	已完成工作量	实际发生费用	挣值
A	400	100	400	400
B	450	100	460	450
C	700	80	720	560
D	150	100	150	150
E	500	100	520	500
F	800	50	400	400
G	1000	60	700	600
H	300	100	300	300
I	120	100	120	120
J	1200	40	600	480
合计	5620		4370	3960

解：计算挣值。前 10 周各项工作的挣值计算结果如表最后一列所示。

计算费用偏差 $CV=BCWP-ACWP=3960$ 万元 -4370 万元 $=-410$ 万元，费用超支。

进度偏差 $SV=BCWP-BCWS=3960$ 万元 -5620 万元 $=-1660$ 万元，进度拖后。

费用绩效指数（CPI）$=BCWP/ACWP=3960/4370=0.906$

进度绩效指数（SPI）$=BCWP/BCWS=3960/5620=0.705$

偏差分析可采用不同的方法，常用的有横道图法、表格法和曲线法（挣值法）。

（1）横道图法　用横道图进行投资分析，是用不同的横道标识已完工作预算费用、计划工作预算费用和已完工作实际费用，横道的长度与其金额成正比例。用这种方法分析投资偏差，形象、直观，能够准确表达出投资的绝对偏差，但反映的信息量较少，一般在项目较高管理层应用。

（2）表格法　表格法是将项目编号、名称、各投资参数以及投资偏差数综合归纳入一张表格中，并且在表格中进行比较。这种方法反映的信息量大，有利于投资控制人员及时采取针对性措施，并可根据实际情况设计表格，适用性强。

（3）曲线法（挣值法）　这种方法是将上述挣值法用图表的方法表示出来，得到有关计划实施中进度和投资偏差情况，从而判断建设项目计划投资和进度计划的执行情况，如图7-4所示。它的独特之处在于将投资计划与施工进度计划联系在一起，用计划投资和实际投资来衡量工程进度和投资偏差。

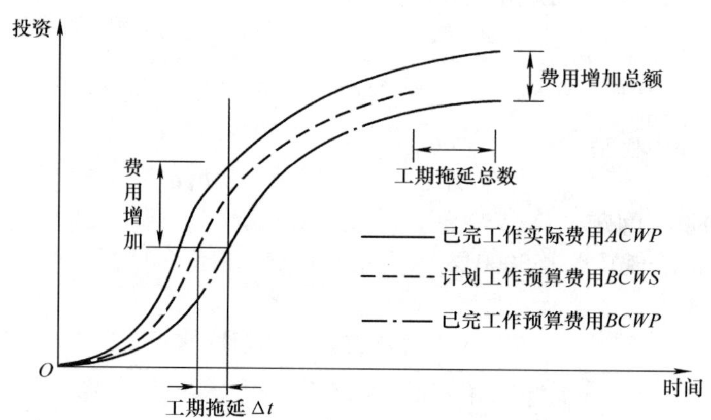

图7-5　挣值法参数曲线图

2. 分析偏差产生的原因

当费用偏差出现以后，要从各个方面分析偏差是由什么原因造成的，是突发事件，还是技术或组织原因；是来自于业主方面的原因，还是设计变更或施工原因。

3. 纠正偏差

投资偏差的控制过程中，分析是关键，纠偏是核心。要针对分析得出的偏差发生原因，采取切实纠偏措施，加以纠正。

7.3.4.2　趋势预测法

对投资控制不能只采取事后纠偏的方法，还应该积极进行投资后期的预测，并根据情况及后期的预测，采取积极有效的措施进行主动控制，以实现投资控制目标。投资趋势预测法通常按以下步骤进行：

1）以本期末的实际工期和实际成本为基点，做出项目实际成本工期曲线，并与计划成本曲线进行对比。

2）以目前的经济环境、近期的施工效率、可能采用的实施方案等为依据，对后期工程成本进行预算，要考虑后期的各项工作及可能出现的各种风险。

3）根据后期的成本预算，分析对成本和工期的影响，找出相应的调整方案。一般要针对目前实际成本状况，找出两种以上实施方案，分析各种方案对工期和成本的影响，找出一个合理的实施方案，对后期计划进行调整。

图 7-5 是某工程项目成本趋势预测图。从图中可以看出从基点后按原计划执行的 A 方案（不采取任何措施）将使工期拖延，成本增加，采用调整方案 B、C 对后期成本和工期的影响。从图中可看出按 A 方案继续实施，将拖延工期 10%，成本增加 5%；按调整方案 B 实施，成本可控制在计划成本之内，但工期将延长 3%；按调整方案 C 实施，可按计划工期完成任务，但成本增加 10%。由于施工成本是动态变化的，这种预测方法不断进行，对成本控制十分有利。

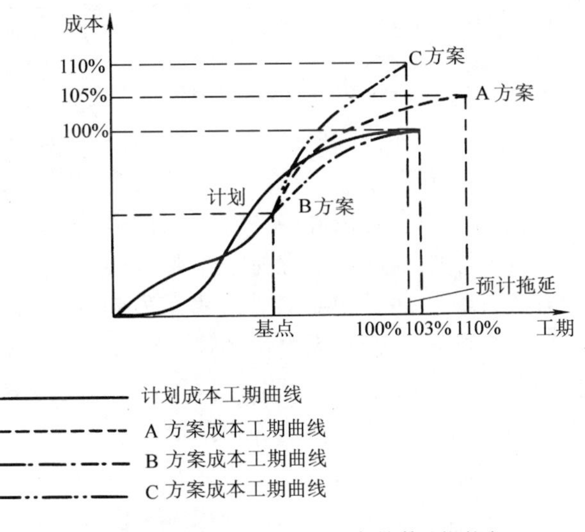

图 7-6　某工程项目成本趋势预测图

7.3.5　施工阶段投资控制的主要工作

7.3.5.1　工程款的计量支付

工程量计量按照合同约定的工程量计算规则、图样及变更指示等进行计量。工程量的计量一般按月进行。

1）承包人应于每月 25 日向监理人报送上月 20 日至当月 19 日已完成的工程量报告，并附具进度付款申请单、已完成工程量报表和有关资料。

2）监理人应在收到承包人提交的工程量报告后 7 天内，完成对承包人提交的工程量报表的审核并报送发包人，以确定当月实际完成的工程量。监理人对工程量有异议的，有权要求承包人进行共同复核或抽样复测。承包人未按监理人要求参加复核或抽样复测的，监理人复核或修正的工程量视为承包人实际完成的工程量。

3）监理人未在收到承包人提交的工程量报表后的 7 天内完成审核的，承包人报送的工程量报告中的工程量视为承包人实际完成的工程量。

承包人已完的工程量，经监理人检验，工程质量达到合同规定的标准才予以计量。监理人对承包人超出设计图要求增加的工程量和由于自身原因造成返工的工程量不予计量。监理人在收到变更工程价款报告后应及时予以详细认真的审核，对承包人擅自进行变更的工程量，监理人应坚决不予认可。

7.3.5.2 工程价款结算

按我国现行规定，承包工程价款结算可以根据不同情况双方在合同中约定，定期或者按照工程进度分段进行工程款结算和支付。并约定发生下列情形时合同价款的调整方法：

1）法律、法规、规章或者国家有关政策变化影响合同价款的。

2）工程造价管理机构发布价格调整信息的。

3）经批准变更设计的。

4）发包人更改经审定批准的施工组织设计造成费用增加的。

工程价款的支付主要有：

1. 工程预付款

工程预付款是建设施工合同订立后，发包人按照合同的约定，在正式开工前预先支付给承包人的工程款。它是施工单位施工准备和所需材料、结构件等流动资金的主要来源。工程预付款的额度，一般是由承发包双方根据建设行政主管部门的规定，结合工程的特点、工期的长短、市场行情等因素，招标时在合同条件中约定。工程预付款的性质是预支，随着工程进展的推进，拨付的工程进度款不断增加，工程所需主要材料、构件的用量逐渐减少，原已支付的预付款应以抵扣的方式陆续扣回。扣款的方法由承发包人通过洽商以合同形式确定。发包人给与承包人的工程预付款，要求承包人提供预付款担保。预付款担保的主要形式是承包人的开户银行提供的银行保函，担保公司担保，也可以是承发包双方约定的其他担保方式。预付款的担保金额通常与发包人的预付款是等值的。

2. 工程进度款

工程进度款的付款周期应与工程计量周期保持一致。支付程序如下：

1）承包人编制进度付款申请单。申请单的内容包括：截至本次付款周期已完成工作对应的金额；应增加和扣减的变更金额；约定应支付的预付款和扣减的返还预付款；约定应扣减的质量保证金；应增加和扣减的索赔金额；对已签发的进度款支付证书中出现错误的修正，应在本次进度付款中支付或扣除的金额等。

2）进度付款申请单的提交。承包人按照合同约定的时间按月向监理人提交，并附上已完成工程量报表和有关资料。

3）进度款审核和支付。监理人应在收到承包人进度付款申请单以及相关资料后7天内完成审查并报送发包人，发包人应在收到后7天内完成审批并签发进度款支付证书。发包人逾期未完成审批且未提出异议的，视为已签发进度款支付证书。发包人和监理人对承包人的进度付款申请单有异议的，有权要求承包人修正和提供补充资料。存在争议的部分，按照合同的约定处理。

发包人应在进度款支付证书或临时进度款支付证书签发后14天内完成支付，发包人逾期支付进度款的，应按照中国人民银行发布的同期同类贷款基准利率支付违约金。

发包人应将合同价款支付至合同协议书中约定的承包人账户。

3. 工程竣工结算

工程竣工验收报告经发包人认可后28天内，承包人向发包人递交竣工结算报告及完整的结算资料，双方按照合同约定的价款和合同价款的调整内容，进行工程竣工结算。

4. 质量保证金

质量保证金是经合同当事人协商一致，在支付工程进度款时逐次扣留，作为承包人用于保证其在缺陷责任期内履行缺陷修补义务的担保。

承包人提供质量保证金有三种方式：质量保证金保函；相应比例的工程款；双方约定的其他方式。

质量保证金的扣留有以下三种方式：

1）在支付工程进度款时逐次扣留，在此情形下，质量保证金的计算基数不包括预付款的支付、扣回以及价格调整的金额。

2）工程竣工结算时一次性扣留质量保证金。

3）双方约定的其他扣留方式。

发包人累计扣留的质量保证金不得超过结算合同价格的5%，如承包人在发包人签发竣工付款证书后 28 天内提交质量保证金保函，发包人应同时退还扣留的作为质量保证金的工程价款。

发包人应在最终结清时退还剩余质量保证金。承包人应在缺陷责任期终止证书颁发后 7 天内，向发包人提交最终结清申请单，列明质量保证金、应扣除的质量保证金、缺陷责任期内发生的增减费用。

7.3.5.3　工程变更价款的控制

在建设项目的施工过程中，由于前期勘察设计的原因，或由于外界自然条件的变化，未探明的地下障碍物、管线、文物、地质条件不符等，以及施工工艺方面的限制，建设单位要求的改变等原因，均会涉及工程变更。这些变更会产生工程量、施工进度、材料机具的变化及工程投资与工期的变化，甚至造成发包人与承包人在执行合同中产生争执等问题。

1. 变更估价程序

承包人应在收到变更指示后 14 天内，向监理人提交变更估价申请。监理人应在收到承包人提交的变更估价申请后 7 天内审查完毕并报送发包人。监理人若对变更估价申请有异议，通知承包人修改后重新提交。发包人应在承包人提交变更估价申请后 14 天内审批完毕。发包人逾期未完成审批或未提出异议的，视为认可承包人提交的变更估价申请。

因变更引起的价格调整应计入最近一期的进度款中支付。

2. 变更估价原则

1）已标价工程量清单或预算书有相同项目的，按照相同项目单价认定。

2）已标价工程量清单或预算书中无相同项目，但有类似项目的，参照类似项目的单价认定。

3）变更导致实际完成的变更工程量与已标价工程量清单或预算书中列明的该项目工程量的变化幅度超过 15% 的，或已标价工程量清单或预算书中无相同项目及类似项目单价的，按照合理的成本与利润构成的原则，由合同当事人进行商定或确定，不能达成一致的，由总监理工程师按照合同约定审慎做出公正的确定。总监理工程师应将确定以书面形式通知发包人和承包人，并附详细依据。合同当事人对总监理工程师的确定没有异议的，按照总监理工程师的确定执行。任何一方合同当事人有异议，争议解决前，合同当事人暂按总监理工程师的确定执行；争议解决后，争议解决的结果与总监理工程师的确定不一致的，按照争议解决的结果执行，由此造成的损失由责任人承担。

3. 工程量清单错误的修正

发包人提供的工程量清单，应被认为是准确的和完整的。出现下列情形之一时，发包人应予以修正，并相应调整合同价格：

1）工程量清单存在缺项、漏项的。

2）工程量清单偏差超出专用合同条款约定的工程量偏差范围的。

3）未按照国家现行计量规范强制性规定计量的。

7.3.5.4　价格调整

市场价格波动超过合同当事人约定的范围，合同价格应当调整。合同当事人可以在专用合同条款中约定选择以下一种方式对合同价格进行调整。

第1种方式：采用价格指数进行价格调整。

（1）价格调整公式　因人工、材料和设备等价格波动影响合同价格时，根据专用合同条款中约定的数据，按以下公式计算差额并调整合同价格：

$$\Delta P = P_0\left[A + \left(B_1 \times \frac{F_{t1}}{F_{01}} + B_2 \times \frac{F_{t2}}{F_{02}} + B_3 \times \frac{F_{t3}}{F_{03}} + \cdots + B_n \times \frac{F_{tn}}{F_{0n}}\right) - 1\right]$$

式中　ΔP——需调整的价格差额；

P_0——约定的付款证书中承包人应得到的已完成工程量的金额。此项金额应不包括价格调整、不计质量保证金的扣留和支付、预付款的支付和扣回。约定的变更及其他金额已按现行价格计价的，也不计在内；

A——定值权重（即不调部分的权重）；

B_1、B_2、$B_3 \cdots B_n$——各可调因子的变值权重（即可调部分的权重），为各可调因子在签约合同价中所占的比例；

F_{t1}、F_{t2}、$F_{t3} \cdots F_{tn}$——各可调因子的现行价格指数，指约定的付款证书相关周期最后一天的前42天的各可调因子的价格指数；

F_{01}、F_{02}、$F_{03} \cdots F_{0n}$——各可调因子的基本价格指数，指基准日期的各可调因子的价格指数。

以上价格调整公式中的各可调因子、定值和变值权重，以及基本价格指数及其来源在投标函附录价格指数和权重表中约定，非招标订立的合同，由合同当事人在专用合同条款中约定。价格指数应首先采用工程造价管理机构发布的价格指数，无前述价格指数时，可采用工程造价管理机构发布的价格代替。

例7-3：2015年3月实际完成的某工程按2014年3月签约时的价格计算工程价款为8000万元，该工程的固定要素的系数为0.3，各参加调值的品种，除钢材的价格指数增长了15%外都未发生变化，钢材费用占调值部分的50%，按价格调整公式计算，需调整的价格差额为多少万元?

解：8000万元×[0.3+0.7×50%×(1+15%)+0.7×50%−1]=420万元

（2）暂时确定调整差额　在计算调整差额时无现行价格指数的，合同当事人同意暂用前次价格指数计算。实际价格指数有调整的，合同当事人进行相应调整。

（3）权重的调整　因变更导致合同约定的权重不合理时，由合同当事人进行商定或确定，不能达成一致的，由总监理工程师按照合同约定审慎做出公正的确定。

（4）因承包人原因工期延误后的价格调整　因承包人原因未按期竣工的，对合同约定的竣工日期后继续施工的工程，在使用价格调整公式时，应采用计划竣工日期与实际竣工日期的两个价格指数中较低的一个作为现行价格指数。

第 2 种方式：采用造价信息进行价格调整。

合同履行期间，因人工、材料、工程设备和机械台班价格波动影响合同价格时，人工、机械使用费按照国家或省、自治区、直辖市建设行政管理部门、行业建设管理部门或其授权的工程造价管理机构发布的人工、机械使用费系数进行调整；需要进行价格调整的材料，其单价和采购数量应由发包人审批，发包人确认需调整的材料单价及数量，作为调整合同价格的依据。

1）人工单价发生变化且符合省级或行业建设主管部门发布的人工费调整规定，合同当事人应按省级或行业建设主管部门或其授权的工程造价管理机构发布的人工费等文件调整合同价格，但承包人对人工费或人工单价的报价高于发布价格的除外。

2）材料、工程设备价格变化的价款调整按照发包人提供的基准价格，按以下风险范围规定执行：

① 承包人在已标价工程量清单或预算书中载明材料单价低于基准价格的：除专用合同条款另有约定外，合同履行期间材料单价涨幅以基准价格为基础超过 5% 时，或材料单价跌幅以在已标价工程量清单或预算书中载明材料单价为基础超过 5% 时，其超过部分据实调整。

② 承包人在已标价工程量清单或预算书中载明材料单价高于基准价格的：除专用合同条款另有约定外，合同履行期间材料单价跌幅以基准价格为基础超过 5% 时，材料单价涨幅以在已标价工程量清单或预算书中载明材料单价为基础超过 5% 时，其超过部分据实调整。

③ 承包人在已标价工程量清单或预算书中载明材料单价等于基准价格的：除专用合同条款另有约定外，合同履行期间材料单价涨跌幅以基准价格为基础超过 ±5% 时，其超过部分据实调整。

④ 承包人应在采购材料前将采购数量和新的材料单价报发包人核对，发包人确认用于工程时，发包人应确认采购材料的数量和单价。发包人在收到承包人报送的确认资料后 5 天内不予答复的视为认可，作为调整合同价格的依据。未经发包人事先核对，承包人自行采购材料的，发包人有权不予调整合同价格。发包人同意的，可以调整合同价格。

基准价格是指由发包人在招标文件或专用合同条款中给定的材料、工程设备的价格，该价格原则上应当按照省级或行业建设主管部门或其授权的工程造价管理机构发布的信息价编制。

3）施工机械台班单价或施工机械使用费发生变化超过省级或行业建设主管部门或其授权的工程造价管理机构规定的范围时，按规定调整合同价格。

第 3 种方式：专用合同条款约定的其他方式。

基准日期后，法律变化导致承包人在合同履行过程中所需要的费用发生市场价格波动引起的调整约定以外的增加时，由发包人承担由此增加的费用；减少时，应从合同价格中予以扣减。基准日期后，因法律变化造成工期延误时，工期应予以顺延。

因承包人原因造成工期延误，在工期延误期间出现法律变化的，由此增加的费用和（或）延误的工期由承包人承担。

7.3.5.5 工程建设其他费用的控制

工程建设其他费用，包括土地使用费、与工程建设有关的其他费用及与未来企业生产经营有关的其他费用三类。工程建设其他费用的控制，一般采取由归口管理部门包干控制的办法。例如，征地、勘察设计费用由规划设计部门控制；建设单位大型临时设施费用由工程管理部门控制；与未来企业经营有关的联合试车费、生产职工提前进厂费、培训费及办公生活家具购置费，由生产准备或生产经营部门负责包干控制；建设单位开办费和日常经费开支由行政管理及财务部门负责包干控制等。

7.4 建设项目施工阶段质量管理

7.4.1 建设工程质量的概念及特点

建设工程质量是指建设工程满足业主需要的，符合国家法律、法规，技术规范标准，设计文件及合同规定的特性综合。建设工程作为一种特殊产品，除具有一般产品共有的质量特性，还包括适用性、耐久性、安全性、可靠性、经济性及与环境的协调性。

由于建设项目本身的特点，建设项目质量形成的过程也带有明显的特点，主要表现在以下几方面：

（1）影响质量因素多　建设项目生产周期长、投资大，影响因素多。如设计质量、施工工艺、材料质量、技术措施等都对项目质量产生直接影响。

（2）容易发生质量波动及变异　建设项目施工不像工业产品有完善的检测技术和规范化的生产工艺，在施工过程中影响质量因素的各种变化都会使质量产生波动甚至产生质量变异。例如，原材料成分性能发生微小变化、工人操作的微小变化、施工现场的温度湿度变化等都会引起质量的波动；原材料质量规格不符合要求、工人不遵守操作规程、机械设备过度磨损或发生故障等则会引起质量变异，甚至造成质量事故。建设项目是通过一道道工序来完成的，必须在施工过程中进行严格的质量控制。

（3）质量的不可逆转性　建设项目的质量是由决策、设计、施工以及建筑材料等的质量所组成的，建筑物一旦建成其质量不可改变，如决策不科学，造成项目的永久缺陷；设计阶段不谨慎，导致质量先天不足；施工中偷工减料，导致质量安全隐患等。因此，在施工前、施工中要严把质量关。工程项目建成后即使发现质量有问题也不可能像工业产品那样实行“包换”或“退款”。

（4）质量的隐蔽性　在施工过程中一些施工工序的分项、分部工程将被其他工序施工所覆盖，无法拆卸或解体检查内在的质量。因此对隐蔽工程的质量控制必须在隐蔽之前进行。

（5）评价方法的特殊性　工程质量的检查评定及验收是按检验批、分项工程、分部工程、单位工程进行的。检验批质量是分项工程乃至整个工程质量检验的基础；隐蔽工程要在隐蔽前检查验收；涉及结构安全的试块、试件以及有关材料，应按规定进行见证取样检测，涉及结构安全和使用功能的重要分部工程要进行抽样检测。

7.4.2　建设项目质量控制原则

在建设项目质量控制过程中应遵循以下几项原则：

（1）“质量第一”的原则　工程建设与国民经济的发展、人民生活的改善息息相关，建设项目作为一种特殊的产品投资大、生产周期长、使用年限也长，“百年大计，质量第一”是整个建设过程的基本方针。

（2）“以人为核心”的原则　人是质量的创造者。“以人为核心”，提高人的质量意识，增强人的质量责任感，调动人的积极性、创造性，以人的工作质量保证工序质量和工程质量。

（3）预防为主的原则　建筑产品质量是设计、生产出来的。质量控制的目标不是发现问题，而是应提前避免质量问题的发生。质量控制的重点必须从事后检查把关转为对工作质量和生产过程中各种影响质量因素的控制，进行事前控制和事中控制。通过对工作质量的检查、对工序质量的检查、对中间产品的质量检查确保最终建筑产品的质量。

（4）坚持质量标准的原则　质量标准是评价产品质量的尺度。建筑工程质量是否符合质量标准必须通过严格检验并和质量标准对照，不符合质量标准，必须采取返工等措施处理。

7.4.3　建设项目参与各方的质量责任和义务

建设工程项目参与方多，影响质量形成的因素多，不论是哪个主体出了问题，哪个环节出了问题，都会导致质量缺陷，甚至重大质量事故的产生。建设项目参与方建设单位、勘察单位、设计单位、施工单位、工程监理单位依法对建设工程质量负责。

7.4.3.1　建设单位质量责任和义务

建设单位质量责任和义务如下：

1）应当将工程发包给具有相应资质等级的单位。不得将建设工程肢解发包。

2）应当依法对工程建设项目的勘察、设计、施工、监理以及与工程建设有关的重要设备、材料等的采购进行招标。

3）必须向有关的勘察、设计、施工、工程监理等单位提供与建设工程有关的原始资料。原始资料必须真实、准确、齐全。

4）不得迫使承包方以低于成本价格竞标，不得任意压缩合理工期。不得以任何理由，要求建筑设计单位或者建筑施工企业在工程设计或者施工作业中，违反法律、行政法规和建筑工程质量、安全标准，降低工程质量。

5）应当将施工图设计文件报县级以上人民政府建设行政主管部门或者其他有关部门审查。施工图设计文件未经审查批准的，不得使用。

6）实行监理的建设工程，建设单位应当委托具有相应资质等级的工程监理单位进行监理。

7）在领取施工许可证或者开工报告之前，应当按照国家有关规定办理工程质量监督手续。

8）按照合同约定，由建设单位采购建筑材料、建筑构配件和设备的，建设单位应当保证建筑材料、建筑构配件和设备符合设计文件和合同要求。不得明示或者暗示施工单位使用不合格的建筑材料、建筑构配件和设备。

9）涉及建筑主体和承重结构变动的装修工程，建设单位应当在施工前委托原设计单位或者具有相应资质等级的设计单位提出设计方案；没有设计方案的，不得施工。房屋建筑使用者在装修过程中，不得擅自变动房屋建筑主体和承重结构。

10）收到建设工程竣工报告后，应当组织设计、施工、工程监理等有关单位进行竣工验收。

11）应当严格按照国家有关档案管理的规定，及时收集、整理建设项目各环节的文件资料，建立、健全建设项目档案，并在建设工程竣工验收后，及时向建设行政主管部门或者其他有关部门移交建设项目档案。

7.4.3.2　勘察、设计单位的质量责任和义务

建筑工程的勘察、设计单位质量责任和义务如下：

1）从事建设工程勘察、设计的单位应当依法取得相应等级的资质证书，并在其资质等级许可的范围内承揽工程。禁止超越其资质等级许可的范围或者以其他勘察、设计单位的名义承揽工程。禁止勘察、设计单位允许其他单位或者个人以本单位的名义承揽工程。勘察、设计单位不得转包或者违法分包所承揽的工程。

2）必须按照工程建设强制性标准进行勘察、设计，并对其勘察、设计的质量负责。勘察、设计文件应当符合有关法律、行政法规的规定和建筑工程质量、安全标准、建筑工程勘察、设计技术规范以及合同的约定。

3）勘察单位提供的地质、测量、水文等勘察成果必须真实、准确。设计单位应当根据勘察成果文件进行建设工程设计。设计文件应当符合国家规定的设计深度要求，注明工程合理使用年限。

4）设计单位在设计文件中选用的建筑材料、建筑构配件和设备，应当注明其规格、型号、性能等技术指标，其质量要求必须符合国家规定的标准。除有特殊要求的建筑材料、专用设备、工艺生产线等外，设计单位不得指定生产厂、供应商。

5）设计单位应当就审查合格的施工图设计文件向施工单位作出详细的说明。

6）设计单位应当参与建设工程质量事故分析，并对因设计造成的质量事故，提出相应的技术处理方案。

7.4.3.3　施工单位的质量责任和义务

施工单位的质量责任和义务如下：

1）施工单位应当依法取得相应等级的资质证书，并在其资质等级许可的范围内承揽工程。禁止施工单位超越本单位资质等级许可的业务范围或者以其他施工单位的名义承揽工程。禁止施工单位允许其他单位或者个人以本单位的名义承揽工程。施工单位不得转包或者违法分包工程。

2）施工单位对建筑工程的施工质量负责。施工单位应当建立质量责任制，确定工程项目的项目经理、技术负责人和施工管理负责人。建筑工程实行总承包的，总承包单位应当对全部建设工程质量负责；建设工程勘察、设计、施工、设备采购的一项或者多项实行总承包的，总承包单位应当对其承包的建设工程或者采购的设备的质量负责。

3）总承包单位依法将建设工程分包给其他单位的，分包单位应当按照分包合同的约定对其分包工程的质量向总承包单位负责，总承包单位与分包单位对分包工程的质量承担连带

责任。

4）施工单位必须按照工程设计图和施工技术标准施工，不得擅自修改工程设计，不得偷工减料。在施工过程中发现设计文件和设计图有差错的，应当及时提出意见和建议。

5）施工单位必须按照工程设计要求、施工技术标准和合同约定，对建筑材料、建筑构配件、设备和商品混凝土进行检验，检验应当有书面记录和专人签字；未经检验或者检验不合格的，不得使用。

6）施工单位必须建立、健全施工质量的检验制度，严格工序管理，做好隐蔽工程的质量检查和记录。隐蔽工程在隐蔽以前，施工单位应当通知建设单位和建设工程质量监督机构。

7）施工人员对涉及结构安全的试块、试件以及有关材料，应当在建设单位或者工程监理单位监督下现场取样，并送具有相应资质等级的质量检测单位进行检测。

8）施工单位对施工中出现质量问题的建设工程或者竣工验收不合格的建设工程，应当负责返修。

9）施工单位应当建立、健全教育培训制度，加强对职工的教育培训；未经教育培训或者考核不合格的人员，不得上岗作业。

7.4.3.4　工程监理单位的质量责任和义务

工程监理单位的质量责任和义务如下：

1）应当依法取得相应等级的资质证书，并在其资质等级许可的范围内承担工程监理业务。禁止超越本单位资质等级许可的范围或者以其他工程监理单位的名义承担工程监理业务。禁止允许其他单位或者个人以本单位的名义承担工程监理业务。不得转让工程监理业务。

2）工程监理单位与被监理工程的施工承包单位以及建筑材料、建筑构配件和设备供应单位有隶属关系或者其他利害关系的，不得承担该项建设工程的监理业务。

3）应当依照法律、法规以及有关技术标准、设计文件和建设工程承包合同，代表建设单位对施工质量实施监理，并对施工质量承担监理责任。

4）应当选派具备相应资格的总监理工程师和监理工程师进驻施工现场。未经监理工程师签字，建筑材料、建筑构配件和设备不得在工程上使用或者安装，施工单位不得进行下一道工序的施工。未经总监理工程师签字，建设单位不拨付工程款，不进行竣工验收。

5）监理工程师应当按照工程监理规范的要求，采取旁站、巡视和平行检验等形式，对建设工程实施监理。

7.4.4　建设项目质量管理制度

7.4.4.1　施工图设计文件审查制度

施工图设计文件审查，是指施工图审查机构按照有关法律、法规，对施工图涉及公共利益、公众安全和工程建设强制性标准的内容进行的审查。根据《房屋建筑和市政基础设施工程施工图设计文件审查管理办法》，国家实施施工图设计文件审查制度。

施工图未经审查合格的，不得使用。从事房屋建筑工程、市政基础设施工程施工、监理等活动，以及实施对房屋建筑和市政基础设施工程质量安全监督管理，应当以审查合格的施工图为依据。

建设单位应当将施工图送审查机构审查，但审查机构不得与所审查项目的建设单位、勘察设计企业有隶属关系或者其他利害关系。建设单位不得明示或者暗示审查机构违反法律法规和工程建设强制性标准进行施工图审查，不得压缩合理审查周期、压低合理审查费用。

（1）建设单位应提交的资料　建设单位应当向审查机构提供下列资料并对所提供资料的真实性负责：

1）作为勘察、设计依据的政府有关部门的批准文件及附件。

2）全套施工图。

3）其他应当提交的材料。

（2）施工图审查的内容　审查机构应当对施工图审查下列内容：

1）是否符合工程建设强制性标准。

2）地基基础和主体结构的安全性。

3）是否符合民用建筑节能强制性标准，对执行绿色建筑标准的项目，还应当审查是否符合绿色建筑标准。

4）勘察、设计企业和注册执业人员以及相关人员是否按规定在施工图上加盖相应的图章和签字。

5）法律、法规、规章规定必须审查的其他内容。

（3）施工图审查结果　审查机构对施工图进行审查后，应当根据下列情况分别作出处理：

1）审查合格的，审查机构应当向建设单位出具审查合格书，并在全套施工图上加盖审查专用章。审查机构应当在出具审查合格书后5个工作日内，将审查情况报工程所在地县级以上地方人民政府住房城乡建设主管部门备案。

2）审查不合格的，审查机构应当将施工图退建设单位并出具审查意见告知书，说明不合格原因。施工图退建设单位后，建设单位应当要求原勘察、设计企业进行修改，并将修改后的施工图送原审查机构复审。

任何单位或者个人不得擅自修改审查合格的施工图；确需修改的，凡涉及审查机构应当对施工图审查内容的，建设单位应当将修改后的施工图送原审查机构审查。

7.4.4.2　质量监督管理制度

国家实行建设工程质量监督管理制度。为了确保建设工程质量，保障公共安全，保护人民群众生命和财产安全，政府必须加强建设工程质量的监督管理。政府有关部门对建设工程质量的监督管理，主要内容包括建设工程质量监督管理职责、范围的划分，质量监督管理工作的实施机构和有权采取的强制性措施，建设工程竣工验收备案制度，建设工程质量事故报告制度等规定。

国务院建设行政主管部门对全国的建设工程质量实施统一监督管理。国务院铁路、交通、水利等有关部门按照国务院规定的职责分工，负责对全国的有关专业建设工程质量的监督管理。

建设工程质量监督管理，可以由建设行政主管部门或者其他有关部门委托的建设工程质量监督机构具体实施。质量监督机构履行监督检查职责时，有权采取下列措施：

1）要求被检查的单位提供有关工程质量的文件和资料。

2）进入被检查单位的施工现场进行检查。

3）发现有影响工程质量的问题时，责令改正。

7.4.4.3　建设工程质量保修制度

建设工程实行质量保修制度是落实建设工程质量责任的重要措施。建设工程承包单位在向建设单位提交工程竣工验收报告时，应当向建设单位出具质量保修书。质量保修书中应当明确建设工程的保修范围、保修期限和保修责任等。工程保修期从工程竣工验收合格之日起算，具体分部分项工程的保修期由合同当事人在专用合同条款中约定，但不得低于法定最低保修年限。在工程保修期内，承包人应当根据有关法律规定以及合同约定承担保修责任。发包人未经竣工验收擅自使用工程的，保修期自转移占有之日起算。

1. 保修期限

在正常使用条件下，建设工程的最低保修期限为：

1）基础设施工程、房屋建筑的地基基础工程和主体结构工程，为设计文件规定的该工程的合理使用年限。

2）屋面防水工程，有防水要求的卫生间、房间和外墙面的防渗漏，为 5 年。

3）供热与供冷系统，为 2 个采暖期、供冷期。

4）电气管线、给水排水管道、设备安装和装修工程，为 2 年。

其他项目的保修期限由发包方与承包方约定。

2. 保修责任

保修期内，修复的费用按照以下约定处理：

1）保修期内，因承包人原因造成工程的缺陷、损坏，承包人应负责修复，并承担修复的费用以及因工程的缺陷、损坏造成的人身伤害和财产损失。

2）保修期内，因发包人使用不当造成工程的缺陷、损坏，可以委托承包人修复，但发包人应承担修复的费用，并支付承包人合理利润。

3）因其他原因造成工程的缺陷、损坏，可以委托承包人修复，发包人应承担修复的费用，并支付承包人合理的利润。因工程的缺陷、损坏造成的人身伤害和财产损失，由责任方承担。

7.4.5　建设项目质量计划

质量策划是质量管理的一部分，致力于制定质量目标并规定必要的运行过程和相关资源以实现其质量目标。质量计划是质量策划活动的结果，是针对具体的产品、项目或合同规定的专门的质量措施、资源配备和活动的顺序的文件。要保证产品质量的稳步提高，确保质量体系的有效运行，必须经过精心的策划和周密的计划。

1. 建设项目质量计划的内容

（1）建设项目概况　包括适用的合同名称，工程概况、主要工程数量和计划工期。

（2）项目质量目标设计　包括依据企业的质量方针和目标制定的项目质量目标和管理措施；项目质量管理依据的有关文件。

（3）项目管理职责　包括项目经理部组织机构组成，各部门及人员的职能分配，职责和职权规定。

（4）质量策划　包括质量保证体系，质量计划编审工作程序。

（5）合同管理　包括合同履约管理办法，合同变更管理办法。

（6）文件和资料的控制　包括文件和资料的控制管理办法，质量记录。

（7）采购过程管理　包括原材料、设备采购管理办法，工程承包、分包管理办法。

（8）顾客提供产品　包括顾客提供产品的管理办法，顾客提供产品的控制的记录。

（9）产品的标识和可追溯性　包括产品的标识和可追溯性的管理办法，质量记录要求和措施。

（10）过程控制　包括施工组织设计编审管理办法，计划和统计管理办法，技术交底的管理办法，过程质量管理办法，文明施工和安全生产管理办法，设计变更管理办法，设备控制管理办法，特殊过程管理办法。

（11）检验和试验　包括进货检验和试验的管理办法，过程检验和试验的管理办法，最终检验和试验的管理办法。

（12）检验、测量和试验设备　包括检验、测量和试验设备的管理办法，建立检验、测量和试验设备的档案。

（13）检验和试验状态的控制　包括检验和试验状态的控制管理办法，规定最终检验及实验内容和方法。

（14）不合格品的控制　包括不合格品的控制管理办法：不合格品处置及验证措施，不合格品处置记录。

（15）纠正和预防措施　包括纠正措施的管理办法，预防措施的管理办法，规定纠正和预防措施的实施责任和跟踪验证责任。

（16）搬运、储存、包装、防护和交付　包括搬运和储存的管理办法，包装、防护的管理办法，工程交付的管理办法。

（17）质量记录　包括质量记录的管理办法，确定质量记录的编目规定和保存要求。

（18）培训　包括项目执证上岗培训管理办法。

（19）服务　包括项目保修合同执行管理办法，项目竣工回访的管理办法。

（20）统计技术的应用　包括统计技术应用计划，统计技术应用管理办法。

2. 质量控制点

质量控制点是根据项目的特点，为保证项目质量而确定的重点控制对象、关键部位或薄弱环节。设置质量控制点并对其进行分析是施工阶段质量控制的一种有效方法。设置质量控制点是为了进行质量预控，针对质量控制点事先分析在施工中可能发生的质量问题和隐患，分析可能的原因并提出相应的对策，制定对策表采取有效的措施进行预先控制，以防止质量问题的发生，达到保证工程质量的目的。

质量控制点的设置原则：

1）关键的工序及隐蔽工程。

2）关键的工程部位。

3）关键的作业及关键作业中的关键质量特性。

4）经常发生或容易发生质量问题的薄弱环节。

5）采用新技术、新工艺、新材料的部位或环节。

7.4.6　施工阶段质量控制的主要工作

7.4.4.1　施工阶段事前、事中、事后质量控制

施工阶段的质量控制可以分为事前、事中、事后控制三个阶段。

1. 事前质量控制

事前质量控制是指在正式施工前进行的质量控制。主要包括以下内容：

（1）施工准备阶段的质量控制　指依据施工准备工作的内容严格进行质量控制。主要包括技术准备、物资准备、现场施工准备、组织准备工作等。

（2）审查开工申请　对现场各项准备工作检查合格后，方允许施工单位进场施工。建设单位也应积极做好施工前期准备工作，使施工能按既定时间顺利开工。

2. 事中质量控制

事中质量控制是指在施工过程中进行的质量控制，是质量控制的重点阶段。主要包括以下内容：

（1）施工过程质量控制　督促施工单位加强施工工艺管理，按照施工工艺标准和操作规程施工；加强施工过程的工序控制，严格工序交接检查；做好材料、机械设备的质量控制，组织定期或不定期的质量现场会议，及时分析、通报工程质量状况等。

（2）中间产品质量控制　对重要的工程部位或专业工程要进行中间检查和技术复核，及时做好隐蔽工程的质量检查和验收，隐蔽工程未经验收不得进入下道工序。督促承包商做好成品保护工作，做到成品保护有措施、有检查。

（3）检验批、分项、分部工程质量验收　对完成的检验批、分项、分部工程，按相应的质量验收标准和办法进行检查验收，对不合格的检验批及时返工，对已形成的质量问题或质量事故均应进行调查、分析，并提出处理意见，质量问题或质量事故未经处理不得进入下道工序。

（4）设计变更与施工图修改的审核　设计变更与施工图修改的要求可能来自业主或监理工程师，也可能来自设计单位或施工单位。由于设计变更将影响投资或进度，不管由谁提出来，都应严格审查控制。未经业主或监理工程师审核，施工单位不得擅自对施工图进行修改，变更设计。

3. 事后质量控制

事后质量控制是指完成施工过程，对形成的建筑产品进行的质量控制。事后质量控制的主要工作包括以下内容：

（1）竣工验收　对达到竣工验收条件的单位工程，建设单位应组织施工（含分包单位）、设计、监理等单位（项目）负责人进行验收。建设竣工验收应具备的条件包括：完成建设设计和合同约定的各项内容；有完整的技术档案和施工管理资料；有工程使用的主要建筑材料、建筑构配件和设备的进场试验报告；有勘察、设计、施工、工程监理等单位分别签署的质量合格文件；有施工单位签署的工程保修书等。

（2）工程质量文件审核与建档　整理有关建设项目质量的技术文件，按存档要求进行编目、建档。

（3）文件备案　在规定时间内，将工程竣工验收报告和有关文件报建设行政管理部门备案。

7.4.4.2　建设项目质量影响因素的控制

影响建设项目质量的因素主要有人、材料、机械设备、方法和环境五大方面。

1. 对人的控制

人是直接参与项目建设的组织者、指挥者和操作者，也是质量的创造者。对人的控制，一方面，人作为控制的对象要避免失误；另一方面人作为控制的主体要发挥其主观积极作用。对现场的项目管理者、组织者进行质量意识教育，组织管理能力的训练，对分包商进行资质考核，对施工人员坚持持证上岗制度。

2. 对材料的控制

对材料控制包括原材料、成品、半成品、构配件等的控制。主要是严格检查验收，正确合理使用，避免将不合格的原材料用到工程上。对材料控制的要点是：

1）掌握材料信息，优选供货厂家。对大宗或主要的材料可进行招标选择材料供应商；应协助承包商合理组织由其负责的材料供应。

2）材料进场要按材料质量的标准进行严格的检查验收。

3）合理使用材料，减少材料损失；重视材料的使用认证，以防错用或使用不当；针对项目的特点和环境，考虑材料的性能、质量标准、适用范围等因素，慎重选择和使用材料。

3. 对机械设备控制

施工机械设备是工程建设必不可少的物质基础，在现代施工中，机械设备的应用越来越广，工程建设的进度、质量都与施工机械紧密相关。对机械设备的控制主要是选用技术先进、生产适用的机械设备，正确使用、管理和保养好机械设备，提高设备的完好率和利用率。

4. 对方法的控制

对方法的控制主要是对施工方案、施工工艺、施工组织设计、施工技术组织措施等的控制。方法是实现工程建设的重要手段，对一个工程项目而言，方法恰当与否，直接关系到工程项目的质量、进度、投资，因此，在选择施工方法时，以质量为核心，并综合考虑对进度、投资的影响。

5. 对环境的控制

影响工程质量的环境因素很多，如技术环境、作业环境、管理环境等。环境因素对工程质量的影响具有复杂而多变的特点，因此，要根据工程特点和具体条件对影响质量的环境因素采取有效的措施严加控制。

7.4.7　施工质量验收

7.4.5.1　施工质量验收的依据及验收合格标准

施工质量验收的依据主要有：国家颁发的工程施工质量验收统一标准、专业工程施工质量验收规范；原材料、半成品及构配件的质量检验标准；设计图及施工说明书等有关设计文件。

施工质量验收合格标准：

（1）检验批的合格标准　主控项目和一般项目的质量经抽样检验合格；具有完整的施工操作依据、质量检查记录。

（2）分项工程质量验收合格标准　分项工程所含的检验批均应符合合格质量的规定；分项工程所含的检验批的质量记录应完整。

（3）分部工程质量验收合格标准　分部工程所含分项工程的质量均应验收合格；质量控制资料应完整；地基与基础、主体结构和设备安装等分部工程有关安全及功能的检验和抽样检测结果应符合有关规定；观感质量验收应符合要求。

（4）单位工程质量验收合格标准　单位工程所含分部工程的质量均应验收合格；质量控制资料应完整；单位工程所含分部工程有关安全和功能的检测资料应完整；主要功能项目

的抽查结果应符合相关专业质量验收规范的规定；观感质量验收应符合要求。

7.4.5.2　当施工质量不符合要求时的处理

1）经返工重做或更换器具、设备的检验批应重新进行验收。

2）经有资质的检验单位测定能够达到设计要求的检验批应予以验收。

3）经有资质的检测单位检测鉴定达不到设计要求，但经原设计单位核算认可，能够满足安全和使用功能的检验批，可予以验收。

4）经返修或加工处理的分项、分部工程，虽然改变外形尺寸但仍满足安全使用要求，可按技术处理方案和协商文件进行验收。

5）通过返修或加固处理仍不满足安全使用要求的分部工程、单位工程，严禁验收。

7.4.5.3　竣工验收

建设项目质量竣工验收阶段就是对项目施工阶段的质量进行试车运转和检查评定，以考核质量目标是否符合设计阶段的质量要求。业主与承包商办理工程的验收和交接手续，办理竣工结算，办理工程档案资料的移交，办理工程保修手续等。

7.4.8　施工过程中质量问题的处理

质量问题处理的目的是消除缺陷或隐患以保证建筑物安全正常使用，满足建筑物各项功能要求，保证施工正常进行。由于工程质量问题具有复杂性和可变性的特点，对质量问题的处理要认真分析产生问题的原因，寻找其变化规律及可能产生的后果。质量问题的分析应建立在调查研究基础上，避免情况不明就主观分析推断事故原因。对原因不明的可进一步观察。施工过程中质量问题分析处理的程序如图 7-7 所示。

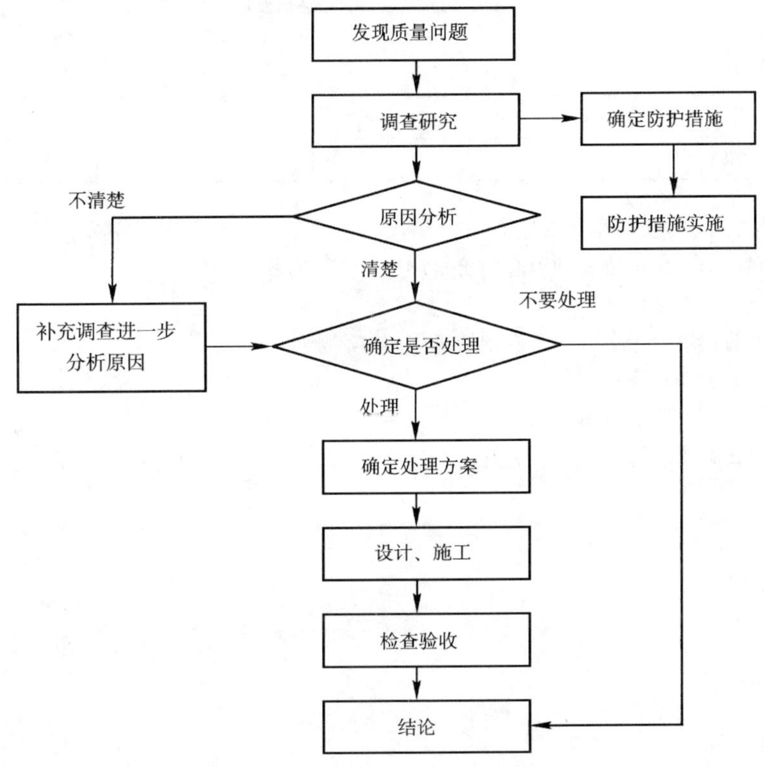

图 7-7　质量问题分析处理程序

思 考 题

1. 建设项目施工阶段管理有哪些特点？
2. 建设项目施工阶段管理的目标和任务是什么？
3. 建设单位如何办理施工许可证？
4. 建设项目进行图纸会审的目的是什么？
5. 项目进度控制的措施有哪些？
6. 施工阶段进度控制主要工作内容有哪些？
7. 某土方工程土方总开挖量为5000m^3，需要8天完成，不同时间土方计划开挖量及该计划在第5天检查的土方实际开挖量见表7-4。试绘制该土方工程的S形曲线，并分析进度情况。

表 7-4　　（单位：m^3）

时间	第1天	第2天	第3天	第4天	第5天	第6天	第7天	第8天
计划每日完成量	200	500	800	1000	1000	800	500	200
实际每日完成量	300	600	600	700	800			

8. 某工程项目平整场地、回填土、垫层等任务交由某分包商承担，计划于3个月内完成，该工程进行了2个月以后，发现各项工作的实际完成的工作量和实际单价与原计划有偏差，各工作项目的计划工作量和计划单价以及实际已完成的工作量和实际单价见表7-5，试计算出第2个月末各项工作的进度偏差和费用偏差、进度绩效指数和费用的绩效指数。

表 7-5

工作项目名称	平整场地/m^2	回填土/m^2	垫层/m^2
计划工作量（2个月）	15000	2000	600
计划单价/（元/m^2）	30	60	450
实际已完成工作量（2个月）	14500	2100	560
实际单价/（元/m^2）	32	60	480

9. 建设项目投资偏差分析可采用哪些方法？
10. 常用的工程处理市场价格波动引起的价格调整的方法有哪几种？
11. 建设项目质量特点是什么？
12. 施工阶段事前、事中、事后质量控制的工作内容有哪些？
13. 建设单位质量责任有哪些？
14. 当施工质量不符合要求时该如何处理？
15. 质量保修制度有哪些规定？

第8章 建设项目风险管理

8.1 建设项目风险概述

8.1.1 风险的概念和分类

8.1.1.1 风险的概念

风险的概念是与现代社会中人类的生产活动相伴产生的。对于这个概念通俗的解释为："风险就是活动或事件消极的、人们不希望的后果发生的潜在可能性"。美国 Cooper D. F 和 Chapman C. B 在《大项目风险分析》一书中对风险给出了较为权威的定义："风险是由于在从事某项特定活动过程中存在的不确定性而产生的经济（或财务）的损失、自然破坏（或损伤）的可能性"。

项目建设是社会重要的经济活动之一，项目风险是指在项目实施过程中，由于各种难以预料或控制的因素的作用，使投入的资本不能收回或不能达到预期收益的可能性。项目风险巨大，必须予以高度重视。

风险具有两大特征：风险的普遍性和风险的不确定性，我们可以通过以下方面加深对风险的认识和理解：

1）风险来自项目外部，即外部环境与条件。

2）风险是事前人为无法控制的因素，并且具有可变性。对于能够有效控制或防范的，不在风险分析之列。

3）风险具有明显的不确定性，且多数情况下分布具有规律性。

4）风险不是"不可知"的，而是可以认识的。随着技术管理的进步，人们对风险的认识逐渐接近客观实际。

5）风险是客观的，在项目周期内，风险无处不在，无时不有，但也可以加以分散转移、规避和防范。

6）风险具有多样性和层次性，即存在主要、次要、阶段性和行业性等特点。对风险要具体问题具体分析，不能一概而论。

7）风险总是与经济回报相联系。一般来说风险低则回报低、风险高回报也高。

管理者须根据上述特征去识别风险因素，深刻认识风险的规律性，规范风险约束机制，进而提出加强风险管理的措施，实施对项目风险的有效管理。

8.1.1.2　风险的种类

建设项目投资巨大，工期长，涉及面广，整个建设过程都存在着各种风险的可能性。罗列风险因素通常要从多角度、多方面进行，形成对项目系统风险的多方位的透视。风险因素分析可以采用结构化分析方法，即由总体到细节，由宏观到微观，层层分解。风险的种类通常可以从以下几个角度进行划分：

1. 按风险的来源划分

工程项目所处各环境要素可能存在的不确定性常常是其风险产生的原因，从这个角度出发来对风险加以划分，有以下几类：

（1）政治风险　政治风险是政治因素的不确定事件及其可能造成的损失。政治风险通常表现为政局的不稳定性，战争状态、动乱、政变的可能性，国家的对外关系，政府信用和政府廉洁程度，政策及政策的稳定性，经济的开放程度或排外性，国内的民族矛盾、保护主义倾向等。

（2）经济风险　经济风险是指建筑市场所处的经济形势和项目发包国的经济实力及解决经济问题的能力等方面潜在的不确定因素及其可能造成的损失。如：国家经济政策的变化，产业结构的调整，银根紧缩；项目的产品的市场变化；项目的工程承包市场、材料供应市场、劳动力市场的变动，工资的提高，物价上涨，通货膨胀速度加快，原材料进口风险，金融风险，外汇汇率的变化等。

（3）法律风险　法律风险是指法律不健全，有法不依、执法不严，相关法律内容的频繁变化；对相关法律未能全面、正确理解，工程中出现触犯法律等行为及其可能造成的损失。

（4）自然风险　自然风险指地震、风暴，特殊的未预测到的地质条件（如泥石流、河塘、垃圾场、流砂、泉眼等），反常的恶劣气候（如雨雪天气、冰冻天气），恶劣的现场条件，项目周边存在干扰源，以及不良的运输条件可能造成的供应的中断等因素及其可能造成的损失。

（5）社会风险　社会风险指宗教信仰的影响和冲击、社会治安的稳定性、社会的禁忌、劳动者的文化素质等因素及其可能造成的损失。

2. 按风险的直接行为主体划分

（1）源于业主和投资者的风险　例如，业主的支付能力差，企业的经营状况恶化，资信不好，企业倒闭，撤走资金，或改变投资方向、改变项目目标；业主违约、苛求、刁难、随便改变主意又不予赔偿，错误的行为和指令，非程序地干预工程；业主不能完成合同责任等。

（2）源于承包商（包括分包商、供应商）的风险　例如，由于技术能力和管理能力不足，造成管理和技术方面的失误，工程中断；没有得力的措施来保证进度、安全和质量要求；财务状况恶化，无力采购和支付工资；错误理解业主意图和招标文件，施工方案错误，报价失误，计划失误等。

（3）源于项目管理者（包括监理工程师）的风险　例如，项目管理者的管理能力、组织能力、工作热情和积极性、职业道德、公正性差；不正确地执行合同，在工程中苛刻要求；起草不当的招标文件、合同条件，下达错误的指令等。

（4）源于其他方面的风险　例如，设计承包商设计错误，工程技术系统之间不协调、设计文件不完备、不能及时交付设计图，或无力完成设计工作；中介人的资信、可靠性差；政府机关工作人员、城市公共供应部门（如水、电等部门）的干预、苛求和寻租；项目周边或涉及的居民单位的干预或苛刻的要求等。

3. 按风险对目标的影响划分

即按照项目的目标系统结构进行划分，也就是按风险作用的结果划分：

（1）工期风险　即造成局部的（工程活动、分项工程）或整个工程的工期延长，使项目不能及时投产使用等。

（2）费用风险　包括：成本超支，投资追加，收入减少，投资回报期延长或无法收回，回报率降低等。

（3）质量风险　包括：材料、工艺、工程不能通过验收，工程试生产不合格，经过评价工程质量未达标准等。

（4）生产能力风险　即由于设计、设备、生产用原材料、能源、水电供应问题，项目建成后达不到设计生产能力等。

（5）市场风险　即工程建成后产品未达到预期的市场份额，销售不足，产品没有销路，没有竞争力等。

（6）信誉风险　即项目结果造成对企业形象、信誉的损害等。

（7）法律责任风险　即可能被起诉或承担相应法律的或合同的处罚等。

4. 按风险的形态划分

（1）静态风险　静态风险是由于自然力的不规则变化或由于人的行为失误导致的风险。从发生的后果看，静态风险多属于纯粹风险，即只有损失与不损失两种后果。

（2）动态风险　动态风险是由于人类需求的改变、制度的改进和政治、经济、社会、科技等环境的变迁导致的风险。从发生的后果看，动态风险可以是纯粹风险，也可以是投机风险（即可能与收获利益相联系）。

8.1.2　建设项目风险管理的概念和内容

8.1.2.1　风险管理的概念

“风险管理”就是人们对潜在的意外损失进行风险识别、分析、评价，并根据具体情况采取应对措施、管理方法，对项目的风险进行有效的控制，减少意外损失和避免不利后果，保证项目总体目标实现的管理行为。

“建设项目风险管理”是指参与项目建设的主体，包括发包方、承包方和勘察、设计、监理咨询等单位在工程项目的策划、勘察设计、工程施工以及竣工后投入使用各阶段采取的风险识别、分析与评估，防范项目建设风险的措施和方法的管理活动。

在项目施工过程中，管理项目风险的主体是项目管理班子，特别是项目经理。项目风险管理要求项目管理班子采取主动行动，而不是在风险事件发生后去被动应付，要积极主动，统观全局，因势利导，创造条件，抓主要矛盾，及时化解风险。

项目风险管理的基础是调查研究，收集资料，辅之以必要的实验或案例分析。只有认真地研究项目本身和环境两者之间的关系、相互影响和相互作用，才能识别项目面临的风险，从而在风险管理过程中处于主动的地位。

项目风险管理的目的可以归纳为：维持生存；安定局面；降低成本；提高利润；稳定收入；避免经营中断；不断发展壮大；树立信誉，扩大影响；应付特殊事故等。

8.1.2.2　建设项目风险管理的内容

1. 风险识别

要研究分析哪些方面存在哪些风险，哪些工程已经出现了风险的苗头；这些风险是哪一类风险或哪方面的原因引发的。

2. 风险的分析和评价

要研究分析风险引起的后果是什么，引起的后果有多大，发生的可能性有多大，风险是否导致必然的结果，风险是否可避免，应对风险的对策是什么等。

3. 风险的处理

根据拟定的风险对策，协调、解决和处理风险问题，把经济损失和影响限制在最小的范围之内。

4. 风险的监控

在项目整个过程中，随时掌握项目各方面矛盾可能带来的问题，使得整个工程及其过程都置于风险管理的监测之下。

实施风险管理要考虑经济性问题。对风险管理的投入要适当，即要考虑风险管理的成本。

风险的损失、风险造成的收益减少和预防风险的费用，构成了风险的成本。所以风险成本包括有形成本、无形成本以及预防与控制风险的费用。

风险损失的有形成本包括风险事故造成的直接损失和间接损失；风险损失的无形成本是风险的不确定性造成机会的减少、效率的降低、资源分配不当等为风险事件付出的代价；风险的预防和控制费用是为实施风险管理所采取的各项指施发生的成本。

风险的识别、分析、评价、处理和监控的过程也是经济效益管理过程，管理者必须有计划地投入预防控制风险费用，力求风险总成本最低。

8.1.3　风险管理同项目管理的关系

风险管理是项目管理的一部分，风险管理的目的是保证项目总目标的实现。

1）从项目的成本、工期和质量目标来看，风险管理与项目管理目标一致。只有通过风险管理降低项目的风险成本，才能保证项目的成本目标的实现，保证工程顺利进行，使质量体系发挥出应有的作用。

2）审查项目和项目变更是项目管理的主要内容之一。通过风险分析，指出市场和社会需求的可能变动范围，并计算出需求变动时项目的盈亏，为项目的财务可行性提供依据。通过对项目进行过程中变化因素及其引发的新的不确定性的识别、分析和评价，向项目管理提出任务。

3）风险管理为项目计划的制定提供依据。项目计划考虑的是未来，而未来充满着不确定因素。项目风险管理的职能之一就是应对项目过程中的不确定性，从而对提高项目计划的准确性和可行性有较大的帮助。

4）风险管理为项目预算中列入必要的应急费用提供了重要依据。项目风险管理通过风险分析，指出有哪些可能的意外费用并估计出意外费用的多少，对于难以避免但是能够接受的损失，计算出数量并列为成本。因此，它是项目成本管理的一部分。

5）从项目的过程看，风险管理是在认真的风险分析基础上，拟定出应对措施。项目的整个过程存在于风险，项目的整个过程就涵盖风险管理的内容，并且蕴含在项目管理过程、管理机制、管理制度之中。因此，项目管理的过程也可以说是项目风险管理的过程。

8.2　建设项目风险识别和风险衡量

8.2.1　风险识别

风险识别是指风险管理人员在收集资料和调查研究之后，运用各种方法对尚未发生的潜在风险进行系统归类和全面识别。风险识别要识别风险的主要因素，识别风险的性质，识别风险可能引起的后果。

8.2.1.1　风险的识别过程

风险的识别过程包括对所有可能的风险来源和结果进行调查，一般按以下步骤进行：

（1）确认不确定的客观存在　事物不确定性的存在是相对而言的。人们只要参与了竞争，参与到一个事物当中来，就必然面临其中的不确定性。完全确定的东西无所谓风险，但完全确定的现实往往是不存在的。不确定性的存在只是相对的，这就需要管理者有清醒的判断。

（2）初步确定风险事项　各种可能出现风险的方面，包括影响项目生产、项目运行、项目质量和经济效益的各种因素。通过列表，初步分析风险及其潜在因素。

（3）确定各风险事件并推测其结果　通过初步列表分析，对其中风险后果严重、可控性差的因素要重点防范，确定为风险管理的重点。

（4）对潜在风险进行危害及其发生概率的分析　逐项分析潜在风险的危害及其发生的可能性。对这两个形态的估计，一般需采用专家法进行预测和确定。风险是客观存在与主观认识的统一。对风险评价的结果和结论可能会因决策者的不同而有所不同，要实事求是地看待风险：把风险看得太重容易被风险的压力所束缚，轻视风险则会在风险来临时猝不及防。

（5）进行风险分类　进行风险分类，不仅是为了加深对风险的理解，也是为了辨清风险的性质，为制定风险对策做必要的准备。通过风险分类可以明确风险的危害形式、程度及其相关因素，见表 8-1。

表 8-1　风险分类

风险类别目录	典型的风险
不可预见类	洪水、地震、火灾、狂风、塌方等
有形损失类	结构破坏、设备损坏、人员伤亡、材料和设备损失等
财务和经济类	通货膨胀、业主资金到位情况、汇率浮动、分包商的风险波及等
政治和环境类	法律和法规的变化、战争或内乱、政府注册和审批等管理规则影响等
有关设计类	设计失误、错误、不规范，设计变更等
有关施工类	气候、天气状况、劳动效率、现场条件、设备缺陷、工作失误等

（6）建立风险目录摘要 这是风险识别过程的最后一个步骤。通过建立风险目录摘要，将项目可能面临的风险汇总并排列出轻重缓急，给人一个总体风险印象图。建立风险目录摘要能把全体项目人员的行为协调起来，使每个人不再仅仅考虑自己所面临的风险，而且能自觉地意识到项目的其他管理人员的风险，进而预感到项目中各种风险之间的联系和可能发生的连锁反应。

8.2.1.2 风险识别方法

风险的识别是一项复杂的工作，需要做大量细致的工作，要对各种可能导致风险的因素去伪存真，反复比较；要对各种倾向、趋势进行推测，作出判断；还要对工程项目的各种内外因素及其变量进行评估。因此，风险识别工作并非一朝一夕、一蹴而就，而必须通过科学系统的方法来完成。

在工程项目风险管理实践中，通常可采用以下方法来发现并具体描述各项风险：

（1）分析问询 通过向有关专家、当事人提出一系列有关财产和经营的问题，以了解相关风险因素，并获得各种信息。在提出问题的过程中要注意所提出的问题应具有指导性和代表性，被问询的人士应有能力提供准确的信息，所提问题范围应尽可能广泛，所提出问题应有一定深度，还应尽可能具体和现实。

（2）分析财务报表 财务报表有助于确定一个特定的工程项目可能遭受的损失以及在何种情况下会遭受这些损失。通过分析资产负债表、营业报表及有关补充材料可以识别企业当前的所有资产、责任风险。将这些报表和财务预测、预算结合起来，可以发现未来风险。

（3）绘制风险管理流程图 将一个工程项目的经营活动按步骤或阶段顺序以若干个模块形式组成一个流程图。每个模块中都标出各种潜在的风险或利弊因素，从而给决策者一个清晰、具体的印象。工程项目承包风险识别流程如图 8-1 所示。

（4）现场考察 通过直接考察现场发现客观存在的静态因素，预测、判断可能存在的动态因素。例如，在工程投标报价前的现场踏勘，可以使管理者对拟投标的工程做到心中有数，特别是对于工程实施的基本条件和现场及周围环境可以取得第一手材料，对识别风险至关重要。现场考察除要求获取直接资料外，还应设法获取间接资料，而且要对所掌握的资料认真研究以便去伪存真。

（5）参考统计记录 参考以前的统计记录对判断在未来有可能重复出现的风险事件极为有益。例如，在工程项目的投标报价阶段，查询竞争对手在历次投标中的报价记录及得标概率，对于提高自己投标的命中率，避免因报价而遭致的风险尤为重要。

（6）环境分析 详细分析工程项目经营活动过程中的外部环境与内在风险的联系，也是风险识别的重要环节。分析外部环境时应着重分析五项因素：项目的资金来源、业主的基本情况、可能的竞争对手、政府管理和材料供应情况。

（7）向外部咨询 任何人都不是万事通，人们可以从客观上识别主要风险，但涉及各种细节时要认识风险就比较困难，因此有必要向有关行业或专家进一步咨询。业主或投资者需要委托咨询公司完成可行性研究报告；承包商在投标报价前需向保险公司、材料设备供应商询价；风险管理人员或企业决策人员也需要向企业外部咨询。

向外部咨询应建立在以自己识别为主的前提下，因为外部咨询人员所提供的情况往往带有共性，而带有共性的风险对于不同的工程不一定都是等价的。因此，向外部咨询只是为了进一步完善或核实自己的风险识别工作。

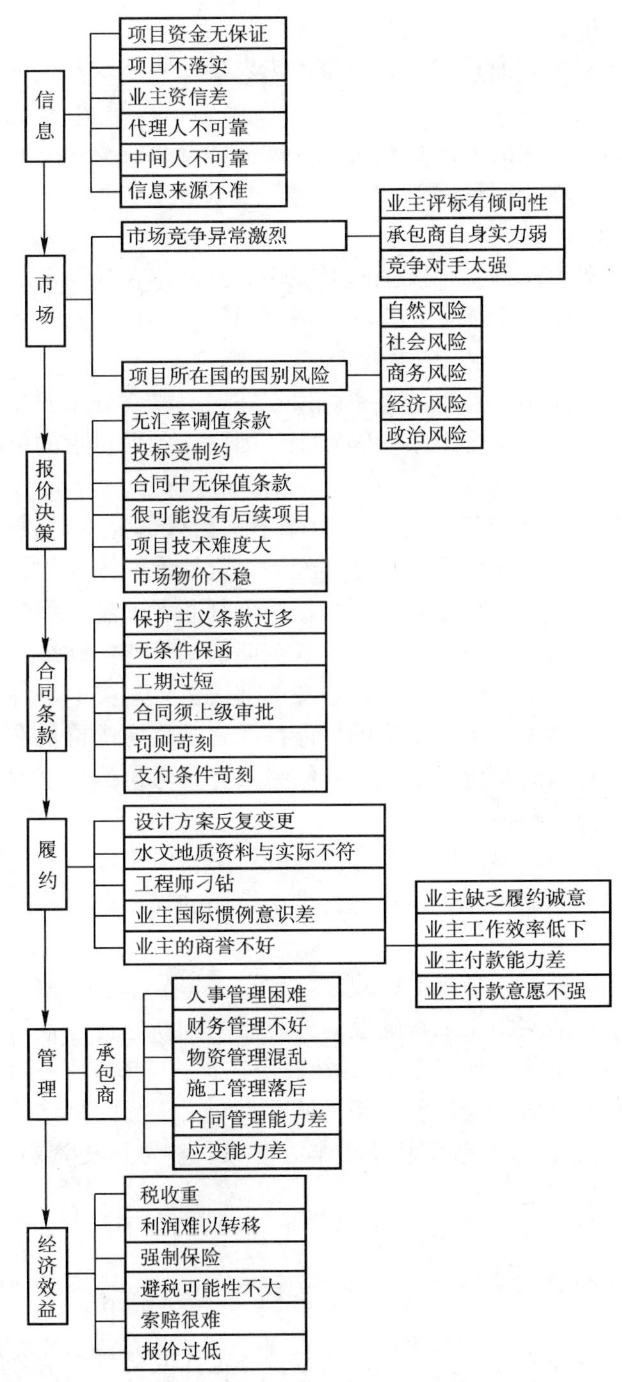

图 8-1　工程项目承包风险识别流程图

风险识别不能仅靠一个部门完成，应由各相关部门系统地、连续地相互配合。风险识别贯穿于工程项目建设的始末，要求各责任部门鼎力相助，共同分析判断和采取管理措施。

8.2.2　风险衡量

识别工程项目所面临的各种风险以后，必须分别对各种风险进行衡量，通过比较，确定各种风险的相对重要程度。

衡量风险时应考虑两个方面：第一，风险损失发生的频率或发生的次数；第二：风险损失后果的严重性。

衡量风险的潜在损失主要的方法是确定风险的概率分布。概率分布可以使人们比较准确地衡量风险，并有针对性地制定风险管理对策。

1. 概率与概率分布

与某结果相联系的概率是该结果发生的可能性，其概率在0与1之间变化。如果某一结果发生的可能性为0，即该结果的发生概率为0，则该结果不可能发生；如果该结果发生的概率接近1，则该结果很可能发生。

概率分布表明每一可能结果发生的概率。由于在构成概率分布所相应的期间内，每一项目的可能结果的概率分布仅有一个结果能够发生，因此，各项目中的可能结果概率之和必然等于1。

概率包括主观概率和客观概率两种。主观概率系指人们凭主观推断而得出的概率。例如：对某工程建设过程，人们往往根据自己的经验，定性推断该工程建设会发生哪些亏损及其发生的可能性。这种主观概率在很大程度上依赖于判断者的经验和分析判断能力；在缺乏必要的经验、信息和分析能力的情况下，其主观推断的结果与实际结果可能相差甚远。

客观概率则是人们在客观环境基本条件不变的前提下，对类似事件进行多次观察，统计每次观察结果，进而推断出类似事件发生的可能性。客观概率的价值在于它必须是在相应条件下，在时间和环境没有大的变化的前提下其结果具有参考价值。依据统计推断出的客观概率对判断潜在的风险损失具有参考意义。

在衡量风险损失时，通常要考虑三个方面问题：总损失金额、潜在损失的具体事项及各项损失的预期数额。这样才能对风险损失进行准确全面的描述。

2. 概率分布的分析依据

概率分布不能凭空设想或凭主观推断建立。建立概率分布表应参考相关的历史资料，依据理论上的概率分布，并借鉴相关工程的经验对自己的判断进行调整和补充。

历史资料系指在相同条件下，通过观察各种潜在损失金额在一定时期内已经发生的次数，估计每一可能事件的概率。但是，由于人们常常缺乏广泛而足够的经验，加之风险环境不断发生变化，故依据历史事件的概率只能作为参考。参考历史资料时应尽量扩大参考范围，应当有所区分，不可完全照搬。

8.3 建设项目风险分析

风险分析是指应用各种风险分析技术，用定量、定性或两者相结合的方式判断项目不确定的过程。风险分析的目的是评价风险的可能影响。风险分析是风险识别和管理之间的纽带，是风险决策的基础。

8.3.1 风险分析概述

8.3.1.1 风险分析概念

在项目生命周期中，会出现各种不确定性，这些不确定性将对项目目标的实现产生积极或消极的影响。项目风险分析就是对将会出现的各种不确定性及其可能造成的各种影响和影响程度进行恰如其分的分析和评估。通过风险分析，可以使项目决策更加科学，在比较充分地了解项目的风险前提下，主动地在合同条款中作出安排。风险分析的结果可以为不可预见费的确定提供依据。

8.3.1.2　风险分析步骤

1. 采集数据

采集与所要分析的风险相关的各种数据。这些数据可以从投资者或者承包商过去类似项目的历史记录中获得。所采集的数据必须是客观的、可统计和可比的。

2. 建立不确定性模型

以已经得到的有关风险的信息为基础，对风险发生的可能性和可能的结果给予明确的定量化。通常用概率来表示风险发生的可能性，用货币表示可能的结果，据此建立相应的数据模型。

3. 对风险影响进行评价

在不同风险事件不确定性已经模型化后，接着就要评价这些风险的全面影响。通过评价把不确定性与可能结果结合起来。

风险分析的全过程如图 8-2 所示。

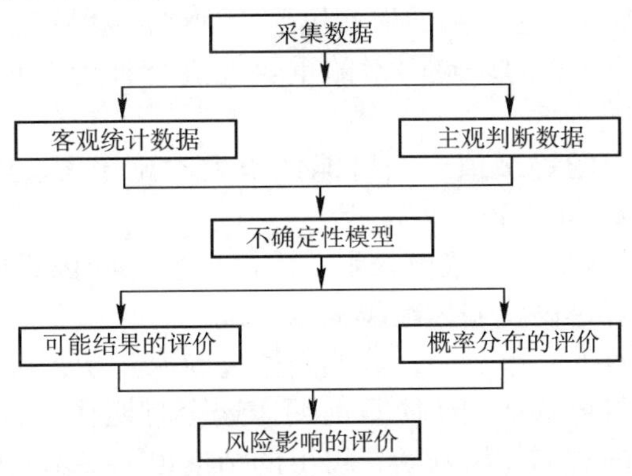

图 8-2　风险分析过程图

8.3.1.3　风险分析的主要内容

由于每一个风险都有其自身的规律和特点、影响范围和影响量，通过分析可将它们的影响统一成成本目标的形式，按货币单位来度量，具体可做如下分析和评价：

（1）风险存在和发生的时间分析　即风险可能在项目的哪个阶段、哪个环节上发生。有许多风险有明显的阶段性，有的风险是直接与具体的工程活动相联系的。这种分析对风险的预警有很大的作用。

（2）风险的影响和损失分析　风险的影响是个复杂的问题，有的风险影响面较小，有的风险影响面很大，可能引起整个工程建设的中断。而风险之间常常是有联系的。例如，经济形势的恶化不但会造成物价上涨，而且可能会引起业主支付能力的变化；通货膨胀引起了物价上涨，则不仅会影响后期的采购、工人工资及各种费用支出，而且会影响整个工程费用；由于设计图提供不及时，不仅会造成工期拖延，而且会造成费用提高（如人工和设备闲置、管理费开支），还可能导致在原计划中本可以避开的冬雨季施工，造成更大的拖延和费用增加。

有的风险是重叠的。例如，反常的气候条件、设计图样提供拖延、设备拖延等在同一时间段发生，则它们对总工期的影响可能是有重叠的，造成的损失也不等于上述事件个别结果的简单相加。

（3）风险发生的可能性分析 研究风险自身的规律性，通常用概率来分析。

（4）风险级别 风险因素涉及各个方面，但人们并不是对所有的风险都予以同等重视，而要将其分类管理。风险级别分析有助于节约管理费用，保证重点，集中力量完成关键问题的决策过程。

（5）风险的起因和可控性分析 风险起因的研究是为预测、对策研究和责任分析服务的。风险的可控性是人们对风险影响进行控制的可能性。有的风险是人力可以控制的，而有的风险却不可控制，管理工作中需区别对待。

8.3.2 风险分析方法

风险分析方法可以分两大类：定性分析和定量分析。定性分析用于风险因素分析，定量分析用于可能性与影响程度分析。

8.3.2.1 调查和专家打分法

调查和专家打分法是一种最常用的、最简单的、易于应用的分析方法。具体步骤如下：

1）识别出某一特定项目可能遇到的所有风险，列出风险调查表。

2）利用专家经验，对可能的风险因素的重要性进行评价，确定每个风险因素的权重，以表征其对项目风险的影响程度。

3）确定每个风险因素的等级值，按可能性很大、比较大、中等、不大、较小五个等级，一般以1.0、0.8、0.6、0.4和0.2打分。

4）将每项风险因素的权数与等级值相乘，求出该项风险因素的得分。然后求出此工程项目风险因素的总分，总分越高说明风险越大。

表8-2是一个风险调查的简单示例，该调查通过专家判断，得出风险度的总和表示项目的风险程度。调查和专家打分法适用于决策前期。这个时期往往缺乏项目具体的数据资料，主要依据专家经验和决策的意向作出判断；得出的结论也不要求是资金方面的具体数值，而是一种大致的程度值，可以作为进一步分析的基础。

进行风险调查评判要思考两个问题，一个是评判结果的标准，一个是信度和效度。

表8-2 风险调查表

可能发生的风险因素	权数（W）	风险因素发生的可能性（C）					风险度 RD
		很大 1.0	较大 0.8	中等 0.6	不大 0.4	较小 0.2	
物价上涨	0.25		√				0.2
业主支付能力	0.15			√			0.09
技术难度	0.20					√	0.04
工期紧迫	0.25			√			0.15
材料供应	0.15		√				0.12
$\sum RD$							0.6

8.3.2.2 层次分析法（AHP）

层次分析法是一种有效地处理不易定量化变量下的多准则决策手段，它通过将复杂的问题分解成递阶层次结构，然后在比原问题简单得多的层次上逐步分析。它可以将人们的主观判断用数量形式表达和处理，可以同时处理可定量和不易定量因素。

在工程项目风险分析中，AHP 提供了一种灵活的、易于理解的工程风险分析方法。例如，在工程项目投标阶段运用本方法来评价工程风险，判断工程风险的程度，以做出正确的决策，决定是否投标。应用 AHP 法进行风险分解的过程如图 8-3 所示。

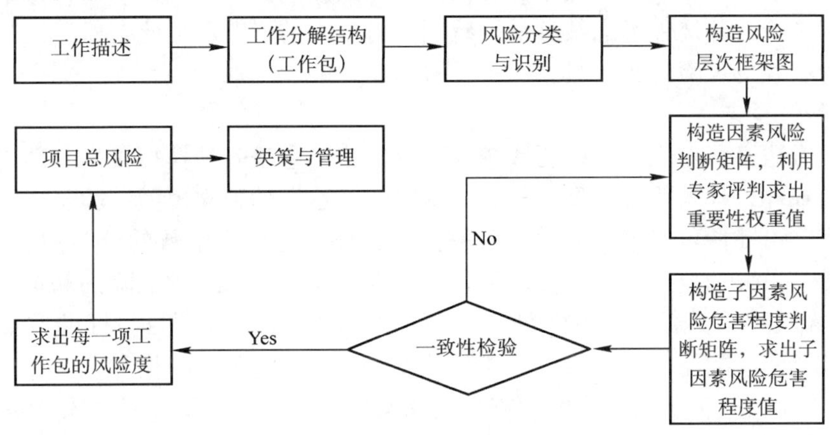

图 8-3　AHP 法风险分解过程

8.3.2.3　模糊数学法

工程项目中潜含的各种风险因素很大一部分难以用数字来准确地加以定量描述，但都可以利用历史经验或专家知识，用语言生动地描述出它们的性质及其可能的影响结果。现有的绝大多数风险分析模型都是基于定量技术，而与风险分析相关的大部分信息却是很难用数字表示的，但易于用文字或句子来描述，这种性质最适合于采用模糊数字模型来解决问题。

模糊数学处理非数字化、模糊的变量有独到之处，并能提供合理的数学规则去解决变量问题，相应得出的数学结果又能通过一定的方法转为语言描述。这一特性极适于解决工程项目中普遍存在的潜在风险。

8.3.2.4　概率分析法

概率分析分为客观概率和主观概率分析。

客观概率分析是在深入调查研究基础上，通过历史统计资料，对已掌握的大量信息加以整理、研究，从中找出概率分布规律，“以历史指导未来”。客观概率对风险的识别与测定具有指导性，但它毕竟是以过去“静点”推断未来的“动点”，加之需要大量的真实可靠的统计资料，所以工作难度较大，具有一定的局限性。

主观概率分析是在大量的有关历史统计资料和数据的基础上，根据评价人员的认识与经验，推断未来状态的一个比较合理的主观概率分布。由于主观概率受评价人员的主观判断影响较大，当然也存在着局限性。

概率分析的核心与难点是风险概率估计的可靠性，即事前概率分布拿不出来，拿出来又不知“可靠性”如何。整个概率分析的核心是如何较准确地确定概率分布规律的问题，而计算方法已经成熟。

8.3.2.5　敏感性分析法

敏感性分析是预测和分析项目不确定因素发生变动时，从导致项目经济评价指标发生变动的灵敏程度中，找出敏感因素；并确定其影响程度与影响正负方向，进而制定控制对策，确保项目经济与决策的总体安全。使用敏感性分析方法分析工程风险不可能得出确定的资金值，它只能说明一种影响程度的状态。

一般在项目决策阶段的可行性研究中使用敏感分析方法分析工程风险。使用这种方法，能向决策者简要地提供影响项目成本变化的因素及其影响程度，使决策者在作最终决策时考虑这些因素的影响，并优先考虑某种最敏感因素对成本的影响。因此，敏感性分析方法一般被认为是一个有效的风险分析工具。

8.3.2.6 蒙特卡罗方法

蒙特卡罗方法又称随机抽样技巧或统计试验方法，它是一种模拟技术，即通过对每一随机自变量进行抽样，代入数据模型中，确定函数值，这样的独立模型试验多次，得到函数的一组抽样数据，由此便可以确定函数的概率分布特征。它包括函数的分布曲线、数学期望、方差、均方差等重要的数字特征。使用蒙特卡罗模拟技术分析工程风险的基本过程如下：

1）编制风险清单。通过结构化方式，把已识别出来的影响项目目标的重要风险因素构造成一份标准化的风险清单。这份清单能充分反映出风险分类的结构和层次性。

2）采用专家调查法确定风险的影响程度和发生概率，进一步可编制风险评价表。

3）采用计算机模拟技术，模拟风险组合发生的结果。也就是对上一步专家的评价结果加以定量化综合。

4）分析与总结。通过模拟技术可以得到项目总风险的概率分布曲线。从曲线中可以看出项目总风险的变化规律，据此确定应急费用的大小。

应用蒙特卡罗模拟技术可以直接处理每一个风险因素的不确定性，并把这种不确定性在成本方面的影响以概率分布的形式表示出来。

8.4 风险的对策与管理

8.4.1 风险的对策

项目的风险管理中的风险处理对策包括两类：一类是风险的控制对策，另一类是风险的财务对策。

8.4.1.1 项目风险的控制对策

采用风险控制措施可降低预期损失或使这种损失更具有可控性，从而改变风险的结果。这类方法包括风险回避、风险预防、风险分离、风险分散及风险转移。

1. 风险回避

风险回避主要是中断风险来源，使其不发生或遏制其发展。回避风险有两种基本途径，一是拒绝承担风险，如了解到某工程项目风险较大，则不参与该工程的投标；二是放弃以后可能要承担的风险，如了解到某一项目计划有许多新的过去未发现的风险，决定放弃进一步的项目计划以避免风险。

回避风险虽然是一种风险防范措施，但也是一种消极的防范手段。在现代社会生产经营实践中存在着各种风险可能，要想完全回避这种可能是不现实的。采取回避策略，最好在项目活动尚未实施时进行。放弃或改变正在进行的项目，一般都要付出高昂的代价。再者，回避风险固然能避免损失，但同时也失去了获利的机会。

2. 风险预防

风险预防是指减少风险发生的机会或降低风险的严重性，设法使风险最小化。通常有两种途径。

（1）风险预防　指采用各种预防措施以杜绝风险发生的可能。例如，供应商通过扩大供应渠道以避免货物滞销；承包商通过提高质量控制标准以防止因质量不合格而返工或罚款；工程现场管理人员通过加强安全教育和强化安全措施，减少事故的发生；业主要求承包商出具各种保函就是为了防止承包商不履约，而承包商要求在合同中赋予其索赔权利也是为了防止业主违约或发生种种不测事件。

（2）减少风险　指在风险损失已经不可避免的情况下，通过种种措施遏制风险势头继续恶化或限制其扩展范围使其不再蔓延。例如，承包商在业主付款误期超过合同规定期限情况下停工或撤出施工队伍并提出索赔的要求，甚至提起诉讼；业主在确信承包商无力继续实施其委托的工程时立即撤换承包商；施工事故发生后采取紧急救护等都是为了达到减少风险损失的目的。

3. 风险分离

风险分离是指将多个风险间隔开，以避免发生连锁反应或互相牵连。这种处理可以将风险局限在一定范围内，从而达到减少损失的目的。

例如，在国际工程项目中采取人民币支付和结算，可以避免和减少汇率变动对项目支出的影响。

在施工过程中，承包商对材料进行分隔存放也是风险分离手段。这样可以避免材料集中于一处时可能遭受的损失。

4. 风险分散

风险分散是通过增加风险承担单位以减轻总体风险的压力，达到共同分担集体风险的目的。工程项目总的风险有一定的范围，这些风险必须在项目参加者之间进行分配。每个参与者都必须承担一定的风险责任，这样他才有管理和控制风险的积极性。风险分配通常在任务书、责任书、合同、招标文件等文件中规定。在起草这些文件时都应对风险作出估计、定义和分配。

5. 风险转移

风险转移是通过合同协议手段转移损失危险的法律责任。风险转移并非损失转嫁，因为有许多风险对一些人的确可能造成损失，但转移后并不一定给他人造成损失。其原因是各人的优势不一样，因而对风险的承受能力也不一样。

风险转移的手段常用于工程承包的分包、技术转让或财产出租。合同、技术或财产的所有人通过分包工程、转让技术或合同、出租设备或房屋等手段将应由自己全部承担的风险部分或全部转移至他人，从而减轻自己的风险压力。

8.4.1.2　项目风险的财务对策

项目风险的财务对策是指采用财务即经济手段来处理极可能会发生的损失。这些措施包括风险的财务转移、风险自留、风险准备金和自我保险。

1. 风险的财务转移

风险的财务转移是指转移人寻求用外来资金补偿可能会发生或业已发生的风险。风险的财务转移包括通过保险进行转移的风险财务转移，以及通过合同条款达到转移目的非保险风险财务转移。

保险的风险财务转移的实施手段是购买保险。通过保险，投保人将自己本应承担的归咎责任（因他人过失而承担的责任）和赔偿（因本人过失或不可抗力所造成的风险责任）转嫁给保险公司，从而使自己免受风险损失。

非保险的风险财务转移的实施手段则是除保险以外的其他经济手段，如根据承包合同，业主可将其对公众在建筑物附近受到伤害的部分或全部责任转移到承包商，这种转移属于非保险的财务风险转移，而承包商则通过投保第三者责任险，又将这一风险转移至保险公司。非保险的风险财务转移的另一种形式是通过担保银行或保险公司开具保证书或保函。

2. 风险自留

风险自留是将风险留给自己承担，不予转移。这种手段有时是无意识的，即当初并不曾预测到，不曾有意识地采取种种有效措施，以致最后只好由自己承受；但有时也可以是主动的，即有意识、有计划地将若干风险主动留给自己。这种情况下，风险承受人通常已做好处理风险的准备。

主动的或有计划的风险自留是否合理明智，取决于风险自留决策的有关环境。风险自留在一些情况下是唯一可能的决策。有时企业不能预防损失，回避又不可能，且没有转移的可能性，企业别无选择，只能自留风险。但是，如果风险自留并非唯一可能的对策时，风险管理人员应认真分析研究，通盘考虑，制定最佳决策。

3. 风险准备金

风险准备金是从财务的角度为风险作准备，在计划（或合同价）中另外增加一笔费用。例如，在投标报价中，承包商经常根据工程技术、业主的资信、自然环境、合同等方面风险的大小、发生的可能性，在报价中加上一笔不可预见风险费。

4. 自我保险

自我保险是指建立内部保险机制或保险机构，通过这种保险机制，承担企业的各种可能风险。尽管这种办法属于购买保险范围或范畴，但这种保险机制或机构终归隶属于企业内部，即使购买保险的开支有时可能大于自留风险所需支出，但因保险机构与企业的利益一致，各家内部可能有盈有亏，而从总体上依然能取得平衡，好处未落入外人之手。因此，自我保险决策在一些时候也被决策者采纳。

8.4.2 风险管理实施

8.4.2.1 推行风险管理的外部条件

1）通过立法，为建筑工程保险的发展创造良好的法律环境。

2）加强和完善风险行业管理，确保承保质量。

3）提供风险技术服务，减少事故发生。

4）加强配套险种的开发，提供更广的保险保障。

5）培育实力雄厚的担保主体和中介机构。

6）组建相关检测机构。处理工程担保和工程保险的纠纷需要有权威的机构进行技术鉴定与责任确认。

8.4.2.2　建立风险管理方案

在全面分析评估风险因素的基础上，根据可行策略的制定，形成有效的管理方案是风险管理工作的成败关键，它直接决定管理的效率和效果。因此，翔实、全面、有效成为风险管理方案的基本要求。其内容应包括：风险管理方案的制定原则和框架、风险管理的措施、风险管理的工作程序等。

风险管理方案的制定原则有：

1）可行、适用、有效性原则。

2）经济、合理、先进性原则。

3）主动、及时、全过程原则。

4）综合、系统、全方位原则。

8.4.2.3　风险管理方案计划书

风险管理方案计划书是风险管理方案的细化，是风险管理工作的预先设计和工作实施的依据。它的内容包括：

1）项目概况。

2）风险识别（分类、风险源、预计发生时间点、发生地、涉及面等）。

3）风险分析与评估（定性和定量的结论、后果预测、重要性排序等）。

4）风险管理的工作组织（设立决策机构、管理流程设计、职责分工、工作标准拟订、建立协调机制等）。

5）风险管理工作的检查控制与评估。

8.4.2.4　风险管理的综合性措施

（1）经济性措施　主要有合同方案设计（风险分配方案、合同结构设计、合同条款设计）；保险方案（引入保险机制、保险清单分析、保险合同谈判）；管理成本核算。

（2）技术性措施　技术性措施应体现可行、适用、有效性原则，主要有预测技术措施（模型选择、误差分析、可靠性评估）；决策技术措施（模型比选、决策程序和决策准则制定、决策可靠性预评估和效果后评估）；技术可靠性分析（建设技术、生产工艺方案、维护保障技术）。

（3）组织管理性措施　主要是贯彻综合、系统、全方位原则和经济、合理、先进性原则。包括管理流程设计、确定组织结构、管理制度和标准制定、人员选配、岗位职责分工、落实风险管理的责任等。还应提倡推广使用风险管理信息系统等现代管理手段和方法。

8.4.2.5　风险监控和风险管理的实施

风险监控就是跟踪已识别的风险，监视剩余风险和识别新的风险，保证风险管理计划的执行，评估风险管理的有效性。

实施风险监控要建立风险监控体系，包括制定监控的程序、制度，对风险管理计划实施进行审核，对风险进行事前、事中、事后和跟踪评价。

项目风险时刻存在并贯穿项目的全过程。项目风险有时是显现的，有时是潜在的。因此，在项目初期，即应按风险管理工作程序制定项目的风险管理计划并付诸实施。实践中还应运用滚动计划方法不断对其调整完善。

首先要结合本项目的特点，制定科学合理的风险管理目标，要具体明确管理效果，筹划管理投入。例如，应根据统计分析和调查资料，参照项目投资计划和合同相关条款等，综合制定项目承受某一风险因素的最大损失期望值。然后进行风险管理目标分解，可以按项目的结构和延续时间及开展的空间进行划分分配。在建立和完善项目风险管理的组织机构和职责分工后，随即根据项目的开展情况对相关风险因素进行分析识别，研究项目的基本资料和风险特征。分别针对不同属性和类别风险因素制定对策。接着进一步对风险问题运用分析评估技术进行定性和定量的估算，其结果应能体现出重要性排序和后果损失描述，便于风险管理工作的针对性和有效性，满足制定准确的短期管理工作方案，规划远期的风险防范计划的需要。接下来将有关管理任务分配下达专项负责人实施。最后，还应注意利用信息反馈和管理协调机制不断总结调整方案措施，及时检查评估相关计划的有效性。依次循环，滚动发展，调整完善，直到风险管理目标的最终实现。

8.5 业主、承包商、咨询监理的风险管理

工程项目的风险涉及业主、承包商、咨询监理、材料供应商等多方面，有些风险对他们来说是共有的；而有些风险则不然，对一些人是风险，而对另一些人则可能不是风险。还有些风险产生于其中的一部分人，一些人的行为有时会构成另一些人的风险。

8.5.1 业主风险管理

业主作为建设项目的投资方，具有相对独立的“法人”地位，这包括三重含义：一是在投资过程中能相对独立地作投资决策，包括资金筹措、投资方向与项目选择、投资额的确定等；二是要有能投入的足够的资金或资源，包括用各种方式筹集到的资金或资源；三是对投资所形成的资产（固定资产或流动资产）享有所有权和支配权，并能自主地或委托他人进行经营。上述这些因素决定了业主在工程项目过程中所面临的风险的特殊性。

业主的工程项目风险管理主要包括以下几个方面：

1）工程项目的前期评估与可行性研究时，充分注意和分析各种风险发生的机率与可能性。包括：①技术方面。着重评估和分析价格与费用的估算，以及估算时所依据的工程技术指标和其他数据，考虑是否为项目执行中可能发生的意外情况及价格增长做好了充分准备。②组织机构方面。要符合用市场经济规律科学管理工程项目的要求，完善组织机构，减少由于管理混乱或不善造成的风险。③经济方面。进行详细的工程项目的效益与成本分析，用“影子价格”来估计将来的成本和利润趋势，计算出项目的预计投资报酬率来测算并评价项目。进行必要的经济敏感性分析或风险——概率分析。④财务方面，要认真分析和评估该工程项目的资金来源、资金的贷款还款期等。⑤附加的影响项目建设因素的分析，如人工、原材料、电力、设备与运输能力等等。

2）认真编制招标文件和合同条件，尽可能用文件和合同条款来规范招标工作及合同管理工作。招标文件应符合科学、合理、充分、严密的标准，要注意文件的前后一致性与协调性，对于经济、技术、法律、商务等都有严格的定性和定量的要求。与工程项目实施相关的工程特点与性质、工程的技术规范与试验检测方法、合同条件的变化、“七通一平”及与有关部门的协调、自然条件的影响等一系列因素都必须在着手编制招标文件时予以落实并充分了解和考虑。

3）强化资格预审工作，注意评标择优录取承包商。业主在工程项目招投标工作中，应

选择那些施工质量好、信誉高、工期有保证、总标价合理的投标者，避免给随后的工程实施造成质量低劣的风险，以及扯皮索赔的风险。

4）聘用优秀的监理工程师，对工程项目的实施进行科学和严格的独立监督管理工作，聘用知名和有权威的咨询公司的监理工程师，对工程项目施工过程的质量、工程进度以及工程造价进行严格细致的监督工作，并在工程施工承包合同中赋予监理工程师相应的权利。

5）注意施工过程中与承包商的协调与配合工作。业主和承包商之间应建立互相信任、互相理解、合作共事搞好工程的良好关系。只有团结合作，才能共同抵御和分担风险。

6）督促和检查承包商的工程保险工作。依据承包合同中有关条款督促和检查承包商及时做好相对应的工程保险。如 FIDIC 合同条款第 21 条和第 23 条规定，业主和承包商应联名办理工程一切险和第三方责任的保险，以使双方联合转移和管理风险。

7）认真做好工程竣工后投入运营的养护管理和工程项目的总结后评价工作。做好工程项目的总结后评价工作，有利于业主在以后的工程项目管理中对风险因素的识别、估计和处理，积累工程经验。

8.5.2　承包商的风险管理

承包商与业主是合作者，但在各自利益方面则又是对立的双方，双方既有共同利益和风险，但又有各自独特的利益和风险。承包商的行为固然会对业主构成风险，但业主的处事也会威胁着承包商的利益。承包商所面临的风险贯穿于项目建设的始终。

承包商的风险管理与承包商的经济利益密不可分。因此，为了避开和减少风险，应该注意做好以下几方面的工作：

1）对工程项目所在国的政治及经济信息的考察与分析以及法律和习俗的了解，是承包商投标与承包工程的前提条件。

2）加强工程现场调查，充分研究潜在的工程风险。

3）依据招标文件及合同计价方式，增加风险性报价。

4）争取公平合理的合同条款，以减少相应风险。

5）进行合理的工程分包以转移风险。

6）成立联营体以共担风险。

7）向保险公司投保以转移风险。

8）加强预防和控制风险事件以减轻风险。

9）谨慎对待议标时的保留条件以及授标意向书。

10）加强施工质量管理以减少损失。

8.5.3　咨询监理的风险管理

咨询监理公司是具有独立法人地位的经营实体，其基本业务是向客户提供有偿的专业咨询监理服务。这种服务可以是相对宏观的，如编制地区产业结构与发展规划，制定行业发展战略、产业政策、技术政策等；也可以是相对微观的，即为某一个工程项目提供有关的技术、设计、管理以及监督和培训等方面的专业服务，或受企业、部门的委托作专题研究或市场调查等。

咨询监理虽然不是工程承包合同的当事人，但他受业主聘用，对合同工程项目的实施负有完全的责任。同业主和承包商一样，咨询监理工程师也要面临项目中潜在的各种风险。然而，咨询监理还因其独特的职业和在项目实施中所处的独特的地位而难免要承受其自身的风险。

在实现建设项目的过程中，外部环境潜伏着各种风险，会给工程带来各种干扰。而这些干扰和风险并非咨询监理工程师完全能够驾驭的。要使咨询监理工作消除或降低其所承担的风险，其工作中要做到：

1）坚持公正、独立、依法的原则。

2）在工程建设中实现权责一致。

3）严格咨询监理管理中的各项规章制度。

4）提高咨询监理工程师的个人素质和职业道德。

5）做好与业主的沟通工作。

6）在咨询监理合同中注意降低风险。

降低风险的有效方法之一是认真签订咨询监理合同，尽量少承担风险和责任。对咨询监理公司的赔偿责任也可在合同中规定限额条款。

此外，咨询监理公司在合同谈判时要注意不同的服务对象，必须了解清楚聘用者是业主还是承包商，因为受这二者聘用的咨询公司责任是不同的。

思　考　题

1. 简述风险的概念及其分类。
2. 简述风险管理的概念和内容。
3. 简述风险识别的过程与方法。
4. 简述风险分析步骤。
5. 简述风险分析的主要方法。
6. 项目风险的控制对策主要有哪些？
7. 业主、承包商和监理面临的风险管理各主要有哪些？

第9章 建设项目信息管理

9.1 建设项目信息管理概述

9.1.1 建设项目信息管理的概念

建设项目信息管理是指在项目的各个阶段，对所产生的、面向建设项目管理业务的信息收集、传递、加工、存储、维护和使用等信息规划和组织工作的总称。信息管理的目的就是要通过有效的信息规划和组织，使项目管理人员能及时、准确地获得进行项目规划、项目控制和管理决策所需的信息。为了达到信息管理的目的，就要把握信息管理的各个环节，并要做到了解和掌握信息的来源，对信息进行分类；掌握和正确运用信息管理的手段（如计算机）；掌握信息流程的不同环节，建立信息管理系统。

建设项目管理过程总是伴随着信息处理过程。对于大型建设工程项目，随着项目的启动、规划、实施等项目生命周期的展开，项目的文件、报告、合同、照片、图样、录像等各种介质信息会不断产生。项目信息管理的效率和成本直接影响其他项目管理工作的效率、质量和成本。因此，如何有效、有序、有组织地对项目全过程的各类介质信息资源进行管理，是现代项目管理的重要环节。以计算机为基础的现代信息处理技术在项目管理中的应用，又为大型项目信息管理系统的规划、设计和实施提供了全新的信息管理理念、技术支撑平台和全面解决方案。

9.1.2 项目信息管理的主要内容

项目信息管理系统有两种类型：人工管理信息系统和计算机管理信息系统。项目信息管理的主要内容有项目信息收集、传递、加工、存储、维护和使用等。

1. 信息的收集

收集信息先要识别信息，确定信息需求。而信息的需求要由项目管理的目标出发，从客观情况调查入手，加上主观思路规定数据的范围。项目信息的收集，应按信息规划，建立信息收集渠道的结构，即明确各类项目信息的收集部门、收集者为何人，从何处收集，采用何种收集方法，所收集信息的规格、形式，何时进行收集等。信息的收集最重要的是必须保证所需信息的准确、完整、可靠和及时。

2. 信息的传递

传递信息同样也应建立信息传递渠道的结构，明确各类信息应传输至何地点，传递给何人，何时传输，采用何种方式传输等。应按信息规划规定的传递渠道，将项目信息在项目管理的有关各方、各个部门之间及时传递。信息传递者应保持原始信息的完整、清楚，使接收者能准确地理解所接收的信息。

3. 信息的加工

数据要经过加工以后才能成为信息。信息与决策的关系如下：

数据→预信息→信息→决策→结果

数据经加工后成为预信息或统计信息，再经处理、解释后才成为信息。只有占有必要的信息，才能做出决策，决策才有结果。关于项目管理信息的加工和处理，应明确由哪个部门、由何人负责，并明确各类信息加工、整理、处理和解释的要求，加工、整理的方式，信息报告的格式，信息报告的周期等。

对于不同管理层次，信息加工者应提供不同要求和不同浓缩程度的信息。建设项目的管理人员可分为高级、中级和一般管理人员。不同等级的管理人员所处的管理层面不同，他们实施项目管理的工作、任务、职责也不相同，因而所需的信息也不相同。在项目管理的班子中，由下而上的信息应逐层浓缩，而由上而下的信息应逐层细化。

4. 信息的存储

信息存储的目的是将信息保存起来以备将来应用，同时也是为了信息的处理。信息的存储应明确由哪个部门，由谁操作；存储在什么介质上；怎样分类，从而有规律地进行存储。要存什么信息，存多长时间，采用的信息存储方式主要应由项目管理的目标确定。

5. 信息的维护与使用

信息的维护是保证项目信息处于准确、及时、安全和保密的合理状态，能够为管理决策提供有用的帮助。准确是要保持数据最新的状态，数据在合理的误差范围以内。信息的及时性是指能够及时地提供信息，常用的信息放在易获取的地方，能够高速高质地把各类信息、各种信息报告提供到使用者手中。安全性和保密性是说要防止信息受到破坏和信息丢失。

9.1.3　建设项目信息管理的组织规划

对于周期短、规模小的项目，项目信息管理没有必要在项目运作的业务流程中单独构成一个独立的管理环节。但是对于周期较长、规模较大的项目，信息管理对于项目的成功将起到重要的作用。项目信息管理组织机构的规划原则主要有：

（1）设立专门的信息管理机构　大型建设项目，在项目的组织和资源规划中必须设立专门的信息管理机构，部门名称可以叫项目信息中心或项目信息办公室。如果受人员编制的限制，可以把信息管理部门与档案管理部门等合并设置，但必须保证至少有两名信息管理员的专职编制。

（2）成立建设领导小组　成立以项目总经理为核心的项目信息管理系统建设领导小组，统一规划部署项目信息化工作。应设立项目信息总监或项目总信息师，项目信息化领导小组办公室设在项目总信息师办公室。条件具备时，项目信息总监最好由项目总经理亲自兼任，也可以由项目总工程师兼任，但必须制订与总经理办公室的职能和程序相独立的项目信息管理岗位职责以及信息采集、加工、传递、处理和存储管理程序。

（3）设立部门级项目信息员　在项目的计划、财务、合同、物资、档案、质量、办公室等职能部门设立部门级项目信息员。项目信息员受部门领导和总信息师双重领导，从而建成上通下达的项目信息资源管理组织体系。

（4）信息管理系统的建设费用　目前大型建设项目的信息管理系统的建设费用在每个行业的项目划分和投资估算中没有专门列编，许多建设单位从总预备费或办公管理费中列支计算机网络、数据库、项目管理软件等的采购费用。

9.2　建设项目管理信息系统

建设项目管理需要在项目实施过程中对产生的大量信息进行处理，从而为项目规划和项目控制提供所需信息。计算机在建设项目信息管理中起着重要作用，它已经成为信息处理的重要工具。建设项目中信息管理工作量的迅速增长，使计算机的应用范围越来越广，应用的功能也由一般的数据处理走向支持决策，逐渐形成项目管理信息系统。

9.2.1　建设项目管理信息系统的含义及特点

简单地讲，管理信息系统是实现全面信息管理的系统，它是一门引用其他学科的概念而形成的综合性新学科。关于管理信息系统的含义，国内外已发表了大量的文章和书籍对它进行了各种各样的描述和解释，至今还没有一个统一的定义。《中国企业管理百科全书》给管理信息系统下的定义如下：管理信息系统是“一个由人、计算机等组成的能进行信息的收集、传递、存储、加工、维护和使用的系统。管理信息系统能实测企业的各种运行情况，利用过去的数据预测未来；从企业全局出发辅助企业进行决策；利用信息控制企业的行为；帮助企业实现其规划的目标。”这个定义强调了管理信息系统的功能和性质，说明管理信息系统是把人包括在内的人机系统，是一个管理系统。同时，它强调了计算机是管理信息系统的一种重要工具。虽然管理信息系统并不一定使用计算机，没有计算机也有管理信息系统；任何地方只要有管理，就要有信息，也就有管理信息系统。但是，由于现代管理工作的复杂性，管理信息系统都是以计算机为基础的。计算机的强大功能使管理信息系统更有效。

有鉴于此，对于建设项目管理信息系统可以这样理解：建设项目管理信息系统也称建设项目规划和控制信息系统，它是一个针对建设项目的计算机应用软件系统；它通过及时地提供建设项目的有关信息，支持项目管理人员进行项目规划以及在项目实施中控制项目目标，即费用目标、进度目标和质量目标。

建设项目管理团队需要信息，用来连续地监控、评估和控制项目中所使用的资源。同样，更高级别的管理层必须时刻知道项目的状况，以实现它的战略责任。而项目状况的信息在需要高级管理人员或项目所有者的积极参与时，其传递会有一些滞后。

一个大型建设项目的信息管理涉及项目业主、规划设计单位、勘察设计单位、技术设计单位、政府相关部门（环保、土地、质监、金融、工商等）、施工单位、设备制造与供应单位、材料供应单位、监理单位等众多项目参与方（信息源），每个项目参与方既是项目信息的供方（源头），也是项目信息的需方（用户）；每个项目参与方由于在项目生命周期中所处的阶段与工作不同，相应的项目管理信息系统的结构和功能会有所不同。

对于业主，必须在项目概念阶段对项目管理信息系统的内部信息处理流程和外部信息供需关系进行战略规划与设计。对于外部信息需求，必须在招标文件中向所有供应商明确指明本项目信息系统拟采用的网络平台、数据库平台、安全控制平台等系统特性。对于项目管理中常用的工具软件，如项目财务软件、进度控制软件、图纸档案管理软件等，必须明确指明业主拟采购的厂商、版本号及数据接口。

为实现资源共享，提高数据处理的效率和质量，应建立计算机辅助管理的系统。软件系统是按照总体规划、标准和程序，根据需要，经一个个子系统的开发来实现。

9.2.2　建立建设项目管理信息系统的原则

（1）整体性原则　建设项目管理信息系统是为项目管理服务的，是项目的组成部分，因此建设项目管理信息系统的建设要服从整体的利益，要把建设项目管理信息系统作为项目的一个子系统。

（2）实用性原则　一个建设项目管理信息系统对应一个项目，因此首先要注重实用性，不要脱离项目实际。比如，项目的规模、项目管理人员的素质、项目所处环境的复杂性、项目数据获取的难易程度、项目的重要性等都将决定建设项目管理信息系统的规模和功能结构。

（3）开放性原则　考虑到与其他环境系统进行数据交换问题，在系统设计时还应考虑到系统的可扩充性。

（4）标准化原则　应十分注意规范化，它关系到系统的实用性、可扩充性、开放性、可维护性，关系到系统的生命力。

（5）安全可靠原则　系统用到的数据量大，必须从技术管理上保证系统安全可靠。

（6）时效性原则　项目的一次性特点决定了建设项目管理信息系统生命的有限性，其研制时间也受到限制。

9.2.3　建设项目管理信息系统的结构和功能

一个完整的建设项目管理信息系统一般主要由费用控制子系统、进度控制子系统、质量控制子系统、合同管理子系统、行政事务处理子系统和公共数据库所组成，其结构图如图9-1所示。

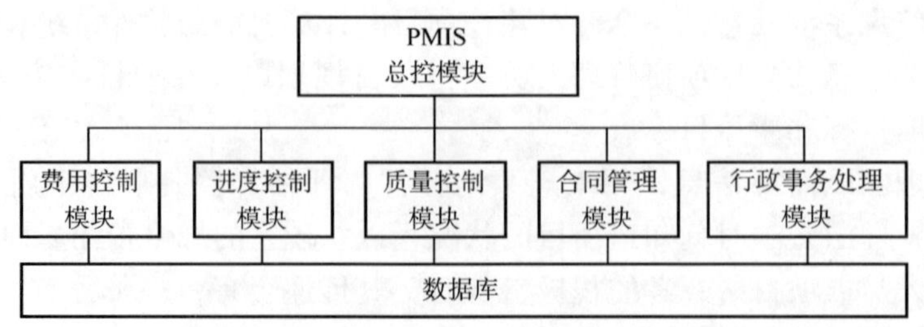

图9-1　PMIS结构图

在整个系统中，各个子系统与公共数据库相联系，与公共数据库进行数据传递和交换，使项目管理的各种职能、任务共享相同的数据，减少数据的冗余，保证数据的兼容性和一致性。

具有集中统一规划的数据库，是建设项目管理信息系统成熟的重要标志。建设项目的信息只有集中统一，才能成为建设项目的管理资源，能够为建设项目的各种目标规划和控制所共享。它对一个系统中数据的组织、数据的传输、数据的存取等进行统一集中的管理，使数据为多种用途服务。建设项目管理信息系统的总体概念可用图 9-2 来表示。

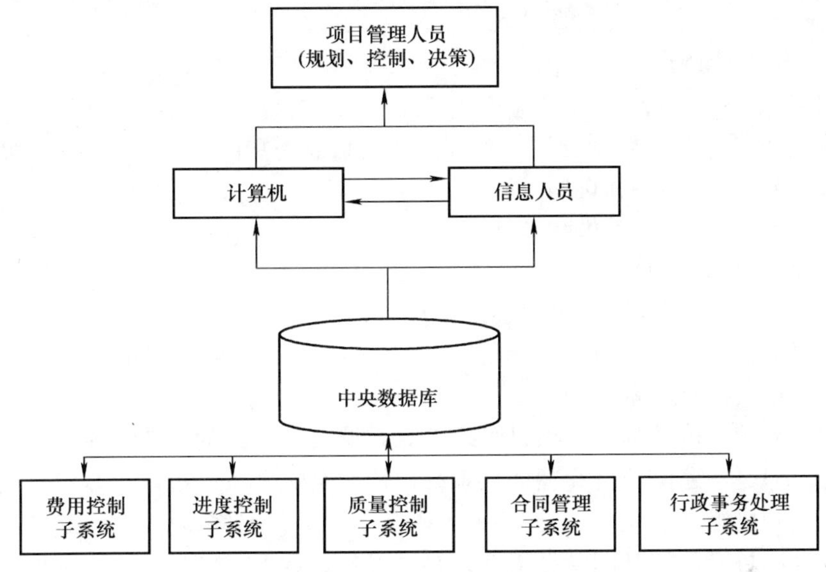

图 9-2　建设项目管理信息系统的基本模式

建设项目管理信息系统是一个由几个功能子系统关联合成的一体化的信息系统。它的特点是：提供统一格式的信息，简化各种项目数据的统计和收集工作，使信息成本降低；及时全面地提供不同需要、不同浓缩度的项目信息，从而可以迅速做出分析解释，及时产生正确的控制；完整、系统地保存大量的项目信息，能方便、快速地查询和综合，为项目管理决策提供信息支持；利用模型方法处理信息，预测未来，科学地进行决策。

建设项目管理信息系统主要包括以下几个子系统：

（1）费用控制子系统　费用控制子系统主要包括以下功能：

1）计划费用数据处理。

2）实际费用数据处理。

3）计划—实际费用比较分析。

4）费用分配分析。

5）资金投入控制。

6）报告、报表生成。

（2）进度控制子系统　进度控制子系统主要包括以下功能：

1）编制项目进度计划，绘制进度计划的网络图、横道图。

2）项目实际进度的统计分析。

3）计划—实际进度比较分析。

4）进度变化趋势预测。

5）计划进度的调整。

6）项目进度各类数据查询。

（3）质量控制子系统　质量控制子系统主要包括以下功能：

1）项目建设的质量要求和标准的数据处理。

2）材料、设备验收记录、查询。

3）工程质量验收记录、查询。

4）质量统计分析、评定的数据处理。

5）质量事故处理记录。

6）质量报告、报表生成。

（4）合同管理子系统　合同管理子系统主要包括以下功能：

1）合同结构模式的提供和选用。

2）各类标准合同文本的提供和选择。

3）合同文件、资料的登录、修改、查询和统计。

4）合同执行情况的跟踪和处理过程的管理。

5）合同实施报告、报表生成。

6）建筑法规、经济法规查询。

一个完整、完善、成熟的建设项目管理信息系统具有强大的功能，能够极其有力地辅助进行项目管理。但是，建设项目管理信息系统同样也是一个人—机系统，信息处理的过程是由人和计算机共同进行的。建立充分发挥计算机作用的信息系统，问题往往并不在于计算机，而在于建设项目管理的基础管理工作，在于将什么数据、信息输入计算机，把什么样的信息处理交给计算机更合适。

9.2.4　建设项目管理信息系统的总体规划

由于建设项目管理信息系统是一个大系统，复杂程度高，投资大、开发周期长，因而在启动初期必须以整个系统为分析对象，确定这个系统的总目标和主要功能。也就是从总体上来把握系统的目标功能框架，提出实施的解决方案，继而研究论证这个总体方案的可行性，这样就给今后系统分析、系统设计和系统实施打下了良好的基础。

总体规划阶段主要包括以下工作：按照项目的具体要求，进行初步调查、分析以确定系统的目标；制订出实施的策略与具体方案；进行系统的可行性研究并编写可行性研究报告。

1. 确定新系统目标

为了确定系统的目标与功能，先要进行初步的调查研究，旨在从总体上了解情况。初步调查的主要内容有：

1）整个组织的概况。包括规模、历史、系统目标、人力、物力、设备和技术条件、管理体制等。

2）组织的对外管理。与哪些外部实体有联系，哪些环境条件对本组织有影响。

3）现行系统的概况。包括功能、人力、技术条件、工作效率、可靠性等。

4）各方面对现行系统及新系统持怎样的态度。

5）新系统的条件。包括管理基础、原始数据的完整和准确程度、计算机方面的设备和人员情况，开发新系统的经费来源等。

新系统目标是新系统建立后所要求达到的运行指标。正如新产品设计初期需要提出设计性能一样，新系统开发初期也要提出目标，它是进行可行性研究、系统分析与设计以及系统评价的重要依据。

2. 建设项目管理信息系统的实施策略与方案

当前建设项目管理信息系统的正确建设策略和措施是：

1）以项目信息门户网站作为建设项目管理信息系统的战略目标。

2）建立不同项目生命周期信息系统之间的数据流程和接口是建设项目管理信息系统规划的核心任务和目标。

3）建设项目管理信息系统的规划设计应列入工程项目要领阶段方案并作为认证的必备内容。

4）以造价（概预算）、合同、财务管理为主线和重心构建建设项目管理信息系统。

5）建立进度项目划分、费用项目划分和质量项目划分三者之间编码的统一或对应关系，是建设项目管理信息系统开发的重点和难点。

6）企业一把手先用起来是建设项目管理信息系统成功运用的关键。

实施方案主要有两个方面，即总体构架与实现方式。

总体构架由于涉及更多的是设计问题，因此在系统开发设计中对其进行论述。

实现方式主要是两种：购买商业软件和重新定制开发。重新定制开发又可以分为完全自行开发与完全委托开发，一般大多介于两者之间。

3. 可行性分析与研究

可行性的意思是指：在当前的具体条件下，这个信息系统是否具备必要的资源条件及其他条件。可行性包括可能性和必要性两个方面。开发的可能性就是指开发的条件是否具备，而必要性是指客观是否需要。

可行性研究可从以下三个方面考虑：

(1) 技术方面　根据新系统目标衡量所需要的技术是否具备，如硬件、软件和其他应用技术，以及从事这些工作的技术人员数量及水平。

(2) 经济方面　估计新系统开发所需要的投资费用和将来的运行费用，并同估计的新系统的收益进行比较，看是否可行。

(3) 运行（组织管理）方面　评价新系统运行的可能性及运行后所引起的各方面变化（组织结构、管理方式、工作环境等），以及将对社会及人的因素产生的影响。

9.2.5　建设项目管理信息系统的设计开发

建设项目管理信息系统的开发研制是一项非常复杂的工作，它的开发周期长、耗资巨大、投入高、风险大。尤其它是以建设项目的管理系统为环境，所涉及的相关专业很多，且专业需求程度高，项目管理专业人士在研制过程中起着重要的作用。建设项目管理信息系统的设计和实现，也是对项目管理的思想、组织、方法和手段的一种提升，它能深化项目管理的基本理论，更需要强化项目管理的基础管理工作，改进管理组织和管理方法。

软件的开发和研制与所有的项目一样，需要正确的思想和步骤。建设项目管理信息系统的建设是一项非常复杂的系统工程，必须采用科学合理的开发技术和方法。近年来软件工程原理、方法和技术在建设信息管理系统的建设中越来越受到人们的普遍重视，得到了日益广泛的应用。

建设项目管理信息系统的建设应包括三个方面的工作。

1. 系统分析

通过系统分析，确定建设项目管理信息系统的目标，掌握整个系统的内容。因此，首先要进行建设项目管理信息系统建设的需求分析，即对系统的现状进行调查，有哪些部门，每个部门有哪些信息，产生哪些文件和资料数据，并在此基础上列出目录；研究建立建设项目管理信息系统所需要的资金、资源、技术条件和时间，确定如何分期、分批、分阶段实现该系统。其次，调查建立系统的信息量和信息流，确定各部门需要保存的文件、输出和传递的数据格式，分析用户的要求，确定纳入管理信息系统的哪些内容可以用计算机处理，哪些可以由人工计算，绘制信息系统的数据流程图。再次，确定计算机的技术要求，提出对计算机硬件和软件的要求，然后进行方案优选，同时还要注意未来数据量的扩展余地。

2. 系统设计

利用系统分析的结果进行系统设计，建立系统流程图，提出程序的详细技术资料，为程序设计做准备。系统设计分两阶段进行：先进行概要设计，内容包括输入、输出文件格式的设计，代码设计，信息分类，子系统模块和文件设计，确定流程图，提出方案的优缺点，判断方案是否可行，并提出方案所需要的物质条件；然后进行详细设计，将前一阶段成果具体化，包括输入、输出格式的详细设计，流程图的详细设计，程序说明书的编写等。

3. 系统实施

系统实施的内容如下：

（1）程序设计　先根据系统设计明确程序设计要求，如用何种语言、文件组织、数据处理等；然后确定计算机操作程序，绘制程序框图；再编写程序，检查并写出操作说明书。

（2）程序调试和系统调试　程序调试是对单个程序进行语法和逻辑检查，以消除程序和文件的错误。系统调试分两步进行：首先对各模块进行调试，确保其正确性；再进行总调试，即将主程序和功能模块联结起来调试，这是为了检查系统是否存在逻辑错误和缺陷。

（3）系统评价　为了检查系统运行结果是否达到系统设计提出的预期目的，需要进行系统管理效果评价，包括工作效率、管理和业务质量、工作精度、信息完整性和正确性等方面的评价。还要对系统的经济性进行评价，包括系统的一次性投资额、经营费用、机时成本和生产费用的节约额等。

（4）系统维护　为了使程序和数据能够适应环境和业务的变化，需要对系统进行维护，包括改写程序、更新数据、增减代码、设备维修等。

（5）项目管理　把建设项目管理信息系统作为一个“项目”进行管理，要组织一套操作管理人员，拟订工作计划，并进行实时的控制和检查。

9.3　建设工程项目信息门户

要真正实现建设工程项目信息化管理，就要在项目创建过程中采用数字化的模型，在整个项目生命周期中管理和共享信息。通过协同作业，改善信息的创建、分享与过程管理，从而可以达到提高决策准确度、提高运营效率、提高项目质量和提高用户获利能力的目标。基于互联网的工程项目信息管理系统，是实现现代工程建设项目信息化管理的基本模式。

9.3.1 项目信息门户的内涵和意义

项目信息门户是基于互联网技术为建设工程增值的重要管理工具，是当前在建设工程管理领域中信息化的重要标志。但是在工程界，对管理信息系统、项目管理信息系统、一般的网页和项目信息门户的内涵尚有不少误解。管理信息系统是基于数据处理设备管理的信息系统，主要用于企业的人、财、物、产、供、销的管理。项目管理信息系统是基于数据处理设备的、为项目管理服务的信息系统，但主要用于项目的目标控制。由于业主方和承包方项目管理的目标和利益不同，因此他们都必须有各自的项目管理信息系统。管理信息系统和项目管理信息系统服务的对象和功能是不同的。项目信息门户既不同于管理信息系统，也不同于项目管理信息系统。

9.3.1.1 项目信息门户的概念

门户是一个网站，或称为互联网门户站，它是进入万维网的入口。项目信息门户是项目各参与方为信息交流、共同工作和互动而共同使用的管理工具。

众多文献对项目信息门户的定义有不同的表述，目前大家认可的定义是由同济大学丁士昭教授给出的解释：项目信息门户是在对项目全寿命过程（生命周期）中项目参与各方产生的信息和知识进行集中管理的基础上，为项目参与各方在互联网平台上提供一个获取个性化项目信息的单一入口，从而为项目参与各方提供一个高效率信息交流（Project Communication）和共同工作（Collaboration）的环境。

“项目全寿命过程”包括项目的决策期、实施期（设计准备阶段、设计阶段、招投标阶段、施工阶段、使用前准备阶段和保修期）和运行期（或称使用期、运营期）。

“项目参与各方”包括政府主管部门和项目法人的上级部门、金融机构（银行和保险机构以及融资咨询机构等）、业主方、工程管理和工程技术咨询方、设计方、施工方、供货方、设施管理方（其中包括物业管理方）等。

“信息和知识”包括以数字、文字、图像和语音表达的组织类信息、管理类信息、经济类信息、技术类信息和法规类信息。

“提供一个获取个性化项目信息的单一入口”指的是经过用户名称密码认定后而提供的入口。

9.3.1.2 项目信息门户的类型和用户

1. 项目信息门户的类型

项目信息门户的类型按其运行模式分类，有以下两种。

（1）PSWS 模式（Project Specific Web Site） 为一个项目的信息处理服务而专门建立的项目专用门户网站，即专门用户。

（2）ASP 模式（Application Service Provide） 由 ASP 服务商提供的为众多单位和众多项目服务的公用网站，也可称为公用门户。ASP 服务商有庞大的服务器群，一个大的 ASP 服务商可以为数以万计的客户群提供门户的信息处理服务。

如采用 PSWS 模式，项目的主持单位应购买商品门户的使用许可证，或自行开发门户，并需要购置供门户运行的服务器及有关硬件设施和申请门户的网址。

如采用 ASP 模式，项目的主持单位和项目的各参与方成为 ASP 服务商的客户，他们不需要购买商品门户产品，也不需要购置供门户运行的服务器及有关硬件实施与申请门户的网址。国际上项目信息门户应用的主流是 ASP 模式。

由此可见，项目信息门户可以为一个建设工程的各参与方的信息交流和共同工作服务，也可以为一个建设工程群体的管理服务。前者侧重于一个建设工程各参与方内部的共同工作，而后者则侧重于对一个建设工程群体的总体和宏观管理。可以把一个单体建筑物、一个工厂、一个机场视作为一个建设工程，因为它们都有明确的目标。另外，整个北京奥运工程项目、整个上海世博会工程项目、一个城市的全部重点工程项目、一个电力集团公司的全部新建工程项目以及国家发改委主管的一定投资规模以上的全部建筑工程，都可视作为一个建设工程群体。由于这两种类型的项目信息门户建立的目的不同，其具体的信息处理也有些差别。

2. 项目信息门户的用户

项目参与各方包括政府主管部门和项目法人的上级部门、金融机构（银行和保险机构以及融资咨询机构等）、业主方、工程管理和工程技术咨询方、设计方、施工方、供货方、设施管理方（其中包括物业管理方）等都是项目信息门户的用户。严格来说，以上各方使用项目信息门户的个人是项目信息门户的用户。每个用户有供门户登录用的用户名和密码。系统管理员将对每一个用户使用权限进行设置。

3. 项目信息门户的实施条件

项目信息门户的实施是一个系统工程，既应重视其技术问题，更应重视其与实施有关的组织和管理问题。应注意到，项目信息门户不仅是一种技术工具和手段，它的实施还会引起建设工程实施在信息时代进程中的重大组织变革。组织变革包括政府对建设工程管理组织的变化、项目参与方的组织结构和管理职能分工的变化，以及项目各阶段工作流程的重组等。

项目信息门户实施的条件包括组织件、教育件、软件和硬件。组织件起着支撑和确保项目信息门户正常运行的作用，因此，组织件的创建和在项目实施过程中动态地完善组织件，是项目信息门户实施的最重要的条件。

9.3.1.3　项目信息门户的应用

1. 在项目决策期中的应用

项目决策期建设工程管理的主要任务是：

1）建设环境和条件的调查与分析。

2）项目建设目标论证（投资、进度和质量目标）与确定项目定义。

3）项目结构分析。

4）与项目决策有关的组织、管理和经济方面的论证与策划。

5）与项目决策有关的技术方面的论证与策划。

6）项目决策的风险分析等。

为完成以上任务，可能会有许多政府相关部门和国内外单位参与项目决策期的工作，如投资咨询、科研、规划、设计和施工单位等。各参与单位和个人往往处于不同的工作地点，在工作过程中有大量的信息交流、文档管理和共同工作的任务，项目信息门户的应用必将会为项目决策期的建设工程管理增值。

2. 在项目实施期中的应用

正如前所述，项目实施期包括设计准备阶段、设计阶段、招标投标阶段、施工阶段、使用前准备阶段和保修期。在整个项目实施期往往有比项目决策期更多的政府有关部门和国内外单位参与工作，工作过程中有更多的信息交流、文档管理和共同工作的任务，项目信息门户的应用对项目实施期的建设工程管理的增值作用无可置疑。

3. 在项目运营期中的应用

项目运营期建设工程管理在国际上称为设施管理，它比我国现行的物业管理的工作范围深广得多。在整个设施管理中，要利用大量项目实施期形成和积累的信息；设施管理过程中，设施管理单位需要和项目实施期的参与单位进行信息交流和共同工作；设施管理过程中也会形成大量工程文档。因此，项目信息门户不仅是项目决策期和实施期建设工程管理的有效手段和工具，也同样可为项目运营期的设施管理服务。

9.3.2　项目信息门户的特征

9.3.2.1　项目信息门户的领域属性

电子商务（E－Business）有两大分支：电子商业/贸易（E－Commerce），如电子采购、供应链管理；电子协同工作（E－Collaboration），如项目信息门户、在线项目管理。

在以上两个分支中，电子商业/贸易已逐步得到应用和推广。而在互联网平台上的协同工作，即电子协同工作方面，人们尚未给予足够重视。应充分认识到，项目信息门户属于电子协同工作领域。

工程项目的业主方和项目其他参与各方往往分处在不同的地点，或不同的城市，或不同的国家，因此，其信息处理应考虑充分利用远程数据通信的方式和远程数据通信的组织，这是电子协同工作的核心。

9.3.2.2　项目信息门户的属性

搜索引擎属于门户，任何人都可以访问它，以获取所需要的信息，这些是一般意义上的门户。但是，有些是为了专门的技术领域、专门的用户群或专门的对象而建立的门户，成为垂直门户。项目信息门户属于垂直门户，不同于一般意义的门户。垂直门户也可以成为垂直社区，此“社区”可以理解为专门的用户群。垂直门户是为专门的用户群服务的门户。项目信息门户的用户群就是所有与某项目有关的管理部门和项目的参与方。

9.3.2.3　项目信息门户运行的周期

项目决策期的信息与项目实施期的管理和控制有关。项目决策期和项目实施期的信息与项目运营期的管理和控制也密切相关。为使项目保值和增值，项目信息门户应是为建设工程全寿命过程服务的门户，其运行的周期是建设工程的全寿命期。在项目信息门户上运行的信息包括项目决策期、实施期和运营期的全部信息。把项目信息门户的运行周期仅理解为项目的实施期，这是一种误解。

建设工程全寿命管理是集成化管理的思想和方法在建设工程管理中的应用。项目信息门户的建立和运行应与建设工程全寿命管理的组织、方法和手段相适应。

9.3.2.4　项目信息门户的核心功能

国际上有许多不同的项目信息门户产品，其功能不尽一致，但其主要的核心功能是类似的，即：

1）Project Communication，项目各参与方的信息交流。

2）Document Management，项目文档管理。

3）Project Collaboration，项目参与方的协同工作。

9.3.2.5　项目信息门户的组织保证

不论采用何种运行模式，门户的主持者必须建立和动态地调整与完善有关项目信息门户运行必要的组织件，它包括：

1）编制远程工作环境下共同工作的工作制度和信息管理制度。

2）项目参与各方的分类和权限定义。

3）项目用户组的建立。

4）项目决策期、实施期和运营期的文档分类和编码。

5）系统管理员的工作任务和职责。

6）各用户方的组织结构、任务分工和管理职能分工。

7）项目决策期、实施期和运营期建设工程管理的主要工作流程组织等。

9.3.2.6　项目信息门户的安全保证

数据安全有多个层次，如制度安全、技术安全、运算安全、存储安全、传输安全、产品和服务安全等。这些不同层次的安全问题主要涉及：

1）硬件安全，如硬件的质量、使用、管理和环境等。

2）软件安全，如操作系统的安全、应用软件的安全、病毒和后门等。

3）网络安全，如黑客、保密和授权等。

4）数据资料安全，如误操作（比如误删除、不当格式化）、恶意操作和泄密等。

项目信息门户的数据处理属远程数据处理，它的主要特点是：

1）用户量大，且其涉及的数据量大。

2）数据每天需要更新，且更新量很大，但旧数据必须保留，不可丢失。

3）数据需长期保存等。

因此对项目信息门户的数据安全保证必须予以足够的重视。

9.4　建设项目管理信息系统的应用和实施

为了真正实现建设工程项目信息化管理，需要结合建设项目业主的实际情况和公司的综合能力，确定建设项目管理信息系统的应用模式和实施过程。

9.4.1　建设项目管理信息系统的应用模式

作为建设工程管理的基本手段，国际上应用于建设工程中的建设项目管理信息系统主要有三种模式。

第一种模式是购买比较成熟的商品化软件，然后根据项目的实际情况进行二次开发和人员培训。这些商品软件一般以一个子系统的功能为主，兼顾实现其他子系统功能。比较典型的有 Primavera 公司的 P3 软件，它以工程进度控制为主，也可以进行资源和成本的动态管理与控制。

第二种模式是根据项目的实际情况开发的专有系统，一般由专业的建设工程咨询公司开发，基本上可以满足项目实施阶段的各种目标控制需要，经过适当改进，这些专有系统也可以用于其他项目中。但这种模式对建设工程咨询公司的实力和开发人员的知识背景有较高要求。国际上许多知名的建设工程咨询公司都是采用这种模式。

第三种模式是购买商品软件与自行开发相结合，将多个专用系统集成起来，也可以满足项目目标控制的需要。

9.4.2　建设项目管理信息系统的实施

建设项目管理信息系统的成功实施，不仅应具有一套先进适用的建设项目管理信息系统软件和性能可靠的计算机硬件平台，更为重要的是，应该建立一整套与计算机的工作手段相适应的、科学合理的建设项目管理信息系统组织体系。从广义上讲，建设项目管理信息系统是由系统硬件、软件、组织件和教育件构成的组织体系。

9.4.2.1　建立建设项目管理信息系统的硬件平台

建设项目管理信息系统的硬件，应能满足软件正常运行的需要。建立建设项目管理信息系统的硬件平台，应注意以下问题：

（1）注意有关设备性能的可靠性　不论是服务器、工作站还是各种网络设备的选择，首先应考虑其运行的可靠性，这是系统正常运行的基础。

（2）采用高性能的网络硬件平台　目前大型建设项目管理信息系统软件已不局限于单机的数据处理，而是采用合理的分布计算模式，如客户机/服务器、浏览器/服务器体系结构和先进的网络架构，以提高信息处理和传递的效率。目前大型工程项目中使用 Web 技术，建立基于浏览器/服务器体系结构的 Internet 网络平台是一个十分有效的解决方案，它可以十分方便地连接到 Internet。

9.4.2.2　开发和引进建设项目管理信息系统软件

建设项目管理信息系统软件是建设项目管理信息系统的核心，开发先进适用的建设项目管理信息系统软件不仅是软件开发人员的工作，也应成为整个建设项目管理界的一项重要课题。开发建设项目管理信息系统软件应注意以下问题：

（1）统一规划，分步实施　大型建设项目管理信息系统软件的开发不可能一蹴而就，它是一个长期渐进的过程，做好统一的开发规划，避免低水平重复开发就显得十分重要。在目前我国建设项目管理界软件开发基础尚十分薄弱的情况下，由行业主管部门和专业协会做一些协调工作是十分必要的。

（2）开发团队的合理构成　开发团队中既应包括建设项目管理的专业人士，也应包括专业的软件开发人员，其中具有深厚建设项目管理知识背景的系统分析员应该成为开发团队的领导者。

（3）注意开发方法和工具的选择　建设项目管理信息系统软件的开发应考虑到工程实际，开发过程自始至终都应得到用户的积极参与。选择合适的开发方法和工具，有利于提高用户的参与程度，提高系统的开发效率。

（4）重视现代建设管理理论的支撑和渗透作用　现代化的建设项目管理理论和项目管理思想与方式是建设项目管理信息系统软件的核心，缺乏现代化的建设项目管理理论支撑的软件只能是原有手工工作流程的模拟，其作用是十分有限的。我国的建设项目管理信息系统开发人员必须注意这方面知识的学习和积累。

另外，在现有条件下引进国际成熟的商品化软件也不失为一种解决方案。引进建设项目管理信息系统软件应注意：

1）结合应用环境，选择较高性能价格比的适用软件。

2）注意二次开发，包括软件的汉化和与原有软件的集成。

3）注意人员培训。

4）引进软件在购买和使用中的知识产权问题等。

9.4.2.3 建立完善管理信息系统的组织件

在我国的建设项目管理信息系统的实施中，必须采取相应的组织措施，建立相应的信息管理制度，保证项目管理信息系统软硬件正常、高效地运行，这是实施项目管理信息系统组织件的要求。它包括建立与信息系统运行相适应的建设项目管理组织结构、建立科学合理的建设项目管理工作流程以及建设项目的信息管理制度。其中项目的信息管理制度是整个建设项目管理信息系统得以正常运行的基础。建立健全信息管理制度，应进行以下工作：

1）建立统一的项目信息编码体系，包括项目编码、项目各参与单位组织编码、投资控制编码、进度控制编码、合同管理编码等。

2）对信息系统的输入/输出报表进行规范和统一，并以信息目录表的形式固定下来。

3）建立完善的项目信息流程，使项目各参加单位之间的信息关系得以明确化；同时结合项目的实施情况，对信息流程进行不断的优化和调整，剔除一些不合理的、冗余的流程，以适应信息系统运行的需要。

4）注重基础数据的收集和传递，建立基础数据管理的制度。保证基础数据全面、及时、准确地按统一格式输入信息系统，是建设项目管理信息系统的基础。

5）对信息系统中管理人员的任务进行分工；划分各相关部门的职能；明确有关人员在数据收集和处理过程中的职责。

6）建立项目的数据保护制度，保证数据的安全性、完整性和一致性。

9.4.2.4 建立管理信息系统的教育件

建设项目管理信息系统的教育件是围绕建设项目管理信息系统的应用对建设项目组织中的各种人员进行广泛的培训。它包括：

（1）项目领导者的培训　按照信息系统应用中一把手的原则，项目管理者对待建设项目管理信息系统的态度是建设项目管理信息系统实施成败的关键因素。对项目领导者的培训主要侧重于对建设项目管理信息系统的认识和现代建设项目管理的思想和方法的学习。

（2）开发人员的学习与培训　由于开发团队中人员知识结构的差异，进行跨学科的学习和培训是十分重要的。它包括建设项目管理人员对信息处理技术和信息系统开发方法的学习和软件开发人员对工程项目管理知识的学习。

（3）使用人员的培训　对系统使用人员的培训直接关系到系统实际运行的效率。培训的内容包括信息管理制度的学习、计算机软硬件基础知识的学习和系统操作的学习。结合我国实际情况，对于建设项目管理信息系统使用人员的培训应投入较大的时间和精力。

人员培训的方式包括内部培训和外部培训，其中利用外部资源往往可以收到意想不到的效果，如请有关专家对决策者和领导干部的培训；软件公司对二次开发人员和操作人员进行培训等。不论采用哪种方式，只要目标明确、组织得当，都会收到良好的效果。

从我国建设项目管理信息系统发展的实践情况看，在人员培训上应该力求实现三个“一”的目标，即培养一批对建设项目管理信息系统和建设项目现代化管理理论有较深理解的领导者队伍，在建筑业内形成一支既精通建设项目管理理论又掌握信息系统开发规律的高素质的系统分析员队伍，培训一大批熟悉计算机应用和数据处理的信息系统使用者的队伍。这三个目标的实现，对于我国未来建设项目管理现代化水平的提高，具有十分重要的战略意义。

9.4.3　建设项目管理信息系统的发展趋势

建设工程项目系统的变化，也引起了建设项目管理信息系统的变化；建设项目管理信息系统的变化则集中体现了建设工程项目系统的变化和发展。目前，建设项目管理信息系统的变化趋势成为许多建设工程研究机构和咨询公司研究的课题。MESA 公司的 Alan Hecht 和加拿大的 HMS 公司总裁 Vandersluis 先生在互联网和有关杂志上发表了大量的文章探讨这个问题。其中的一些观点代表了国际上建设工程专业人士对建设项目管理信息系统和建设项目管理软件的发展趋势的一些看法。他们和国际上一些知名的研究机构认为，未来建设项目管理信息系统的发展有着如下的规律：

1）建设项目管理软件的功能更趋于专业化，与建设项目管理理论结合更为紧密，同时针对不同的建设工程任务和管理者，软件功能将更加具有针对性。

2）建设项目管理信息系统更加注重与通信功能和计算机网络平台的集成。

3）建设项目管理信息系统中不同子系统之间集成度提高，如进度控制子系统与投资控制子系统和合同管理子系统的集成。不同的建设项目管理信息子系统通过统一的数据模型和高效的文档管理系统得以实现较高程度的信息共享，提高了建设项目管理信息系统信息处理的效率。

4）建设项目管理信息系统与建筑业其他计算机辅助系统集成度的提高，如投资子系统与 CAD 系统的集成，建设项目管理信息系统与物业管理信息系统的集成等。

5）建设项目管理信息系统开放性的提高。由于采用统一的开放性标准，如 TCP/IP 协议、Java 语言平台等，建设项目管理信息系统对具体软硬件平台的依赖性降低，系统的可移植性与互操作性不断提高，更加有利于建设项目管理信息系统的推广和应用。

6）建设项目管理信息系统可以更加方便地适用于管理地域上分布的多个项目。

7）采用更先进的系统开发方法（面向对象的系统分析与设计、CASE 工具等），提高了开发的效率，同时强调用户的参与性，更利于用户的使用和学习等。

总体而言，未来建设项目管理信息系统的发展的总方向是专业化、集成化和网络化，同时强调系统的开放性和可用性。目前，国际上许多著名建设项目信息管理软件的最新版本都或多或少地体现了这些变化，这些趋势都是值得我们研究和借鉴的。

9.5　信息技术在建设项目管理中的应用

建筑工程公司在决定是否运用信息技术时，必须考虑以下三个主要问题：

1）建筑业中曾经使用过的信息技术有哪些？

2）现在有什么新的技术可以应用在建筑业中？

3）不久的将来建筑业会采用哪些计算机技术？

图 9-3 列出了一系列应用在建筑业中的信息技术。左边是传统信息技术，右边的新兴的信息技术。计算机最初在建筑行业仅仅用于进度安排和项目计划，进行概预算以及产生会计

报表。而现在有许多更先进的软件来完成这些工作。

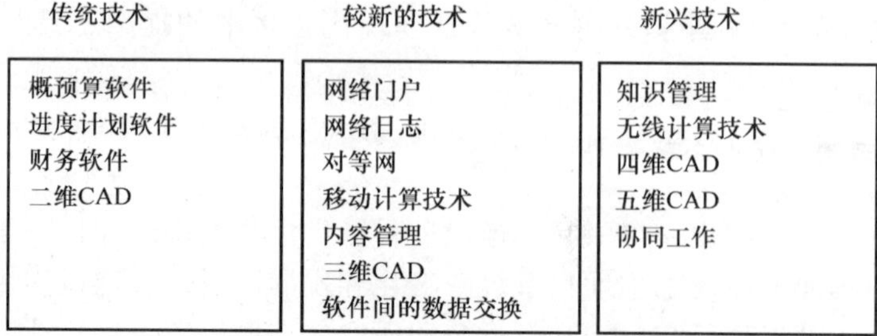

图9-3　建筑业应用信息技术的发展

随着互联网的兴起，万维网的应用逐渐增多。万维网的一个主要优势是有效发布并有效地管理具有跨平台能力的软件。尤其是通过使用基于网络的软件技术，很多复杂的电脑软件不再要求在每台电脑上逐个安装，从而减少了信息孤岛的存在。

移动计算技术在建筑业中的应用才刚刚起步，但是已经涌现出一些很好的案例。下一步是随着无线网络技术的发展，在偏远的施工现场的人员也可以通过无线网络使用因特网。

CAD 在建筑业中的应用十分广泛。三维 CAD 技术可用于碰撞检查，在设施安装之间进行模拟检视。利用四维 CAD 的成品软件已经出现，四维 CAD 技术利用三维空间来模拟设施如何随着时间发展而变化。这项技术将不断演化，在将来会有更大的用途。

9.5.1　信息技术在概预算中的应用

人们早已认识到利用计算机进行概预算工作有很多好处：减少计算错误和概预算所花费的时间。随着信息技术的不断发展，概预算软件计算的自动化程度逐渐得到了提高。

目前，用于建设工程项目概预算的软件包很多。有几种发展趋势比较引人注目。首先，当前比较流行的一个发展趋势是将概预算、财务和项目管理结合在一起的集成化软件。例如，最初用于概预算的 Timberline，现在被称为 Timberline Office，虽然主要核心功能仍然是概预算，但同时也集成了财务、文件管理和项目成本控制功能。

另一个发展趋势是实现各种概预算软件与其他不同用途的软件之间的数据交换与共享。例如，多种概预算程序都能够与其他常用的进度计划软件交换数据。此类集成软件不仅将成本单项和进度计划中的工作联系起来，而且只需要输入一次项目数据，不需要重复输入，从而减少了数据输入的时间和错误。

最令人可喜的是概预算计算过程的自动化。目前可以利用 CAD 文件的互操作性能够自动生成概预算数据。CAD 文件中可以通过编码的方式储存每一个项目构件的详细信息，可以直接将其转入到概预算程序包中。另外，一些程序可以利用电子表格的形式进行自动工程量计算。这样就实现了概预算过程“无纸化”，从而减少打印费用和手动输入数据的时间。

概预算软件程序包的种类很多，价格差异也很大。有许多软件包是为小型工程项目和小型公司开发的。通常，用于小项目的软件没有高级的数据转换能力，也无法与那些用于大型项目软件进行集成。另外，这些软件包可能无法生成大型项目中需要使用的复杂项目编码方案。但是，由于这些软件价格低廉、易学易用，适合用于小型项目，是小型项目公司的理想选择。

复杂项目上使用的软件也会因工程类型不同而不同。例如，功能强大的 Timberline Office 概预算软件常常用于商业建筑项目；而 HeavyBid 则更适用于基础设施工程，进行分项预算和单位成本报价。其他比较著名的用于大型项目的概预算软件有 Hard Dollar、MC2 和 Bid2Win。Bid2Win 和 Hard Dollar 多用于公路和基础设施项目，而 MC2 主要用于商业建筑。也有一些软件是专供政府机构和市政当局以及设计公司来为交通设施项目编制概预算的。Appia Estimator 也是此类软件，供政府机构和设计工程师编制工程概预算。

9.5.2　信息技术在进度计划中的应用

进度计划软件是建筑行业应用最早的软件，也是最基本的信息技术应用软件。随着个人计算机的问世，各个承包商都在使用进度计划软件。进度计划软件通常使用关键路径法（CPM）进行进度规划和管理。在建筑行业可以使用的 CPM 进度计划软件有很多，主要包括：

1）Primavera。

2）Microsoft Project（标准版和专业版）。

3）Primavera Suretrak。

4）Primavera Contractor。

9.5.2.1　建筑行业对进度计划 CPM 软件的认可

建筑行业普遍认为利用计算机进行进度计划与管理十分重要。一项在 ENR 前 400 名承包商中进行的 CPM 软件应用情况的调查研究发现，这些大承包商都认为 CPM 对于他们企业的成功能够起到至关重要的作用。调查结果显示：

1）在被调查的企业中有 98% 的企业认为 CPM 软件是非常有效的管理工具。

2）有 80% 的企业认为该软件可以增进企业与员工之间、员工与员工之间的有效沟通。

3）这些承包商在工程建设开始之前就利用 CPM 软件进行项目计划，在工程建设过程中利用 CPM 软件定期更新进度计划。

4）在概预算和投标阶段，承包商对 CPM 软件的应用也在逐渐增加，用来加强他们对于将要实施的项目活动之间逻辑关系的理解。

9.5.2.2　利用计算机进行关键路径进度计划

迄今为止，关键路径法（CPM）是在安排工程进度计划时最常用的工具。能够在个人计算机上使用的优秀的进度计划软件的出现，促进了进度软件在建筑业中的广泛应用。

关键路径法（CPM）在建筑业中的应用十分普遍。CPM 在计算机上的实现，使得对复杂项目进行有效的进度规划和管理成为可能。在计算机上使用 CPM，可以充分考虑活动之间的相互关系及如何安排有限的资源，可以在有限资源的情况下对施工活动进行优化。由于 CPM 可以在个人电脑上应用，并且价格低廉，因此目前大多数的承包商都在使用进度规划和管理软件。

在计算机上应用 CPM 有很多优点。随着现代工程项目的复杂程度日益提高，仅仅依靠手工计算很难使用 CPM 制定项目进度计划。另外，复杂的项目更易于产生变更和延误，利用计算机可以迅速更改和更新 CPM 进度计划，并对项目的相关活动做出迅速调整。

现在的计算机进度计划软件有许多强大的功能，如自动生成横道图、网络图、关键路径和项目报告等。现有的进度计划软件都可以按日历天输出报表，并且在计算进度的时候可以选择性地扣除周末和节假日。

9.5.2.3　工程项目使用关键路径法进行进度计划的原因

到目前为止，关于 CPM 以及其在项目施工管理中的应用的研究很多。CPM 在施工中得以广泛应用的原因有许多。一些比较重要的原因如下：

1）可以提高工程规划和进度计划的水平，在工程建设过程中加强对项目进展状态的控制，从而缩短整个项目的工期。

2）使用计算机实现 CPM，可以更好地进行项目管理，从而提高劳动生产率。

3）利用 CPM 可以更好地安排项目进度和资源使用规划，在整个项目中统筹使用资源。

4）为制定 CPM 进度计划收集数据时，承包商需要详细考虑和规划具体的项目实施方法，为项目后期的实施提供一定的基础。

5）CPM 软件可以为项目参与方提供关于工程进展的详细图表报告，并为其他参与方（如业主）提供承包商的各项活动安排等信息，从而加强了各参与方之间的沟通。

自 20 世纪 50 年代以来，关键路径法就开始在建筑业中开始使用。CPM 的应用状况与计算机软硬件的发展紧密相关。CPM 虽然不需要复杂的数学运算，但是由于相对的工程项目的复杂程度较高，如果没有计算机，应用 CPM 会很不方便。

关键路径法是用一系列节点形成的网络来代表施工项目的相关活动，每个节点代表一项活动。通常 CPM 软件使用 ANO（单代号网络图）方法绘制网络图。进度计划人员决定如何将工程分解成合适的作业活动，并绘制网络图。绘制网络图时计划人员必须清楚各种活动之间的逻辑关系，并且理解活动之间的从属关系，以及完成该项活动所需要投入的资源等。

确定各项活动的持续时间是制定 CPM 进度计划的一项重要任务。建筑工程公司常常根据以前类似项目的资料或者国家的相关要求以及自己的施工经验估计每项活动的持续时间。

利用关键路径法可以计算出整个项目的总工期。项目的总工期是整个网络中最长路径上所有活动的持续时间之和，该最长路径被称为关键路径。不在关键路径上的活动可能会有进度自由时差（有时也称为松弛或偏差）。

关键路径上的活动必须在其紧前工作完成之后马上开始，否则总工期将会延长。因此，关键路径上的活动被称为关键工作，关键工作没有进度时差。非关键工作被推迟时，对总工期可能没有影响，但如果将自由时差消耗掉后，可能非关键路径就会转为关键路径。虽然承包商可以自行决定非关键工作的开始时间，但也要注意非关键路径与关键路径之间的转换，以免造成工期的延误。通常，CPM 软件可以计算出非关键工作的最早开始时间和最迟开始时间。

9.5.3　内容管理系统在项目管理中的应用

内容管理系统（CMS）是一种基于网络系统的合作方式。内容管理系统（CMS）的主要目的是将网站内容和网站设计区别开。内容管理系统软件的发展使那些计算机知识不多的用户也可以建设复杂的网站，用户利用内容管理系统可以创建一个动态网站，能够很容易地添加新的信息。最基本的内容管理系统（CMS）可以定义为用户编辑网站内容的计算机软件。

在建筑业中，CMS 的用途很多。目前可用于建筑业的 CMS 的软件也很多，它们既可以用于知识管理也可以用于信息管理。下面是 CMS 常见的一些用途：

1）记录公司的知识以备将来之用，共享经验教训。

2）为经验缺乏的管理者获取公司的知识提供了一种工具。

3）为组织公司的知识和公司职员利用信息提供门户网站。

4）基于网络系统的 CMS 能够为现场管理人员提供更多关于施工最优技术的信息。

5）现场和总部的办公人员都可以利用 CMS 进行概预算和投标，同一个公司可以使用多个不同功能的内容管理系统。

6）各种各样的 CMS 都可以用来存储工程公司的操作、最优实践、经验等知识和信息。

迄今为止，许多有用的软件工具和网络服务都可以用来创建内容管理系统，而不需要投资于额外的计算机设备。计算机软件和网络技术的结合，使小型企业开发使用内容管理系统也成为可能。

CMS 更详细的定义是由两个重要元素组成的软件系统。第一个主要元素是用户可以在 CMS 网站上创建内容。用户在使用典型的 CMS 向网站上创建内容时不需要任何网页设计知识，也不需要通过网站管理员向网站添加信息。这样就可以建立一个可随时更新信息的动态网站。CMS 的第二个主要元素是收集用户输入的信息并自动更新网站。

9.5.3.1　内容管理系统的基本功能

内容管理系统可以将文本编辑文件和扫描的文件自动转换成可在网页上使用的 HTML 或 PDF 格式。大多数 CMS 都提供多种类型的修订控制功能。利用该功能，可以将网站上的内容更新到最新的版本，也可以将其恢复到旧版本，版本控制功能有利于追踪文件的修改进程。修订控制还可以追踪个人对文件所做的修改，可以追踪修改的内容和修改时间。而且，CMS 系统可以自动生成资料索引，并将系统中保存的所有文件通过列表方式显示出来。通常，CMS 系统还可以利用文件的关键字来搜索文本。

文件管理和内容管理的关系十分密切。目前，大多数内容管理系统都有文件管理功能。文件管理包括从文件创建到保存和发送给最终用户的过程，同时还包括使用系统化的方法生成文件索引和检索文件。

9.5.3.2　内容管理系统的优点

通用的 CMS 系统的很多功能都能在建筑业中应用。使用 CMS 的主要优点是建设项目相关各方可快速修改和更新网站内容，其他用户通过网络可以获得最新的信息。这对于处在不断变化的环境中的工程项目来说是非常重要的。另一个优点就是，网页的创建者不需要经过网络管理员的介入就可以对网页进行修改。这对于信息技术力量不强的小型建筑工程公司来说非常重要。在建筑业中，重要项目的参与者的计算机技能与水平都可能有限。而 CMS 使用户不需要对网页设计或编程十分了解即可建立网页，这就使 CMS 拥有更多的用户群。另外，还可以在 CMS 内设置模板，通过使用模板用户就可以生成标准格式的文件。

9.5.4　在线项目文件室与在线投标

通常情况下，承包商在考虑对一个工程投标决策时需要出差到项目文件室去查阅有关的项目文件。承包商也需要付费从有关方面购买相关的合同文件（比如从项目招标单位购买招标文件）。异地投标时，承包商需要到远离其工作所在地的现场进行投标。在制作标书时，标书也可能出现错误，这样就需要重新对标书进行更正。现在网络服务的发展使得承包商可以从网上下载合同文件及相关项目的图样。承包商可在网上完成投标过程，减少了出差的辛苦，也减少了投标的相关费用，同时也会减少制作标书及投标过程中可能出现的错误。

9.5.4.1 在线项目文件室

项目文件室是业主、设计师和总承包商用来向潜在的投标者和材料、设备供应商发布项目招标投标信息的场所。现在，以网络服务的形式存在的在线项目文件室，使潜在的投标单位不出自己的办公室就可以浏览到招标项目的相关信息。在线项目文件室的使用者包括总承包商、分包商和供应商，他们可以浏览、下载、打印需要的投标项目文件。使用项目文件室的好处包括使投标更经济，在整个项目生命周期中获得信息更便捷、更准确。在线项目文件室提供了一种获取项目信息的新来源，同时还具有通过电子邮件发布新项目通知的功能。因为有些承包商不习惯无纸化项目办公，仍旧喜欢阅读纸质文件。一些项目文件室还具有印刷提供项目图样的功能。

有一些全国性的项目文件室服务提供商，允许业主或设计师可以使用这些服务建立一个虚拟的项目文件室，使得感兴趣的承包商在投标之前了解项目概况。

9.5.4.2 在线投标

在线投标就是指投标单位（可能是总承包商、分包商和供货商）通过网络方式递交电子标书。由于许多建设项目业主逐渐开始要求使用在线投标系统完成工程投标，促进了在线投标的发展。目前，在某些项目上，一些业主现在只接受在线投标，不再接受纸质标书。因此对于工程界的人来说，学习在线投标系统的使用是非常重要的。

投标者可以使用在线投标系统接受和提交电子版工程图，并以电子方式投标。对于投标单位来说，在线投标系统的应用有非常重要的作用，因为不需要打印标书、图样和其他相关资料，以及不需要派人送标书到业主办公室，因此可以减少投标费用。

9.5.4.3 在线项目文件室与在线投标的发展前景

在线投标对承包商来说有许多好处，包括使向异地业主投标更容易，软件的纠错系统可以帮助承包商填写标书及修改标书；同时，通过网络承包商，会更容易地获得项目图样及附录。在各种类型的工程项目中，在线投标系统的使用会越来越多。

随着信息技术的发展，促进了包括反向拍卖系统在内的新竞标形式的出现。承包商在参与这些新方式竞标前，必须谨慎地评估它们的优缺点。新的信息技术虽能提高效率，但是正如反向拍卖系统的讨论表明，它也可能影响长久以来形成的投标程序。

9.5.5 三维、四维、五维 CAD 软件在工程中的应用

新的计算机信息技术的出现可能会给工程项目的规划和实施带来巨大的变革。目前为工程项目建立的复杂的三维视图模型可以与进度、费用信息相整合。四维、五维 CAD 模型在工程项目的设计、规划、进度安排等领域的应用得到了广泛关注。

计算机辅助设计（CAD）程序一般用于绘制二维视图。三维 CAD 软件可以生成三维视图。四维 CAD 软件可以将三维视图与进度时间信息相结合，对建筑过程进行全程模拟。五维 CAD 软件现在已经出现，它可以将工程的三维模型与进度、费用信息相整合。

9.5.5.1 三维 CAD 软件

目前，有许多著名的公司开发的不同的 CAD 软件包可用于建筑和结构设计。现在最流行的 CAD 软件如 AutoCAD 和 MicroStation 一般用于绘制二维视图。承包商和设计师使用这些软件在计算机上绘制工程图。但二维视图有许多局限性，这也促进了三维 CAD 软件在工程

中的应用。使用二维视图的局限性主要包括：

1）二维视图形象不直观。

2）二维视图要求使用者具备一定的专业知识才能阅读。

随着信息技术的发展，CAD 软件在近些年已经有了相当大的发展，目前已经可以提供强大的三维建模功能。

应用三维 CAD 软件可以生成三维图和效果图。从初步设计到建筑施工都可以使用三维视图。三维 CAD 软件可以帮助设计师和工程师使图纸形象化及识别设计冲突。三维视图在工程建设过程中也可以帮助承包商诠释复杂的设计。三维绘图的优点主要包括：

1）检查净空及通路。

2）从不同视角观察工程细部。

3）在工程会议中作为参考模型使用。

4）可建造性评价。

5）减少冲突。

6）减少返工。

碰撞检查在复杂的工业设计中已经得到了广泛的应用，可以克服二维视图很难识别管道网络冲突的缺点。三维视图模型通常主要用于工业设施以及复杂商业建筑的设计。但是现在三维视图的应用已经扩展到基础设施设计，比如公路和铁路。

9.5.5.2　四维、五维 CAD 软件

四维、五维 CAD 软件的出现引起了建筑业中工程规划及进度计划技术的重大变革。四维 CAD 软件将工程的三维模型与进度计划信息相整合，其中一些软件已经可以在修改三维模型设计时，同时自动修改进度计划和二维设计图及文件。五维模型可将三维模型的修改直接反映到费用变化上。新的模型不仅提供了三维视图，还将许多独立的工程软件的功能集成起来，形成一个完整的建筑模型。另外，四维、五维 CAD 软件能够显示项目随时间推移而产生的变化，能够在项目实施前进行模拟施工，所以也给建筑工程公司进行项目规划提供了新的方法。

9.5.5.3　四维和五维 CAD 软件优点

四维和五维 CAD 软件有许多优点，包括：

1）可以加深项目各个参与方对设计及施工决策影响的理解。利用四维 CAD 模型的模拟功能，能增进项目各方对项目的理解，加强业主、设计者与承包商的合作。

2）对项目的可建造性进行深入分析。

3）发现只使用关键路径法无法明确发现的进度冲突。只使用关键路径法可能很难发现在特定地点的各工种之间的冲突。

4）集成不同项目软件如三维 CAD、进度及预算软件的功能于一个模型中。

5）可以在项目的整个寿命周期中使用，包括从设计规划到工程竣工整个项目周期都可以使用。在设计规划时，设计者可以比较不同的设计方案对预算的影响。承包商在建设过程中，可以对不同的建造顺序的可建造性进行评价。

9.5.5.4　应用四维 CAD 软件的注意事项

由于四维 CAD 软件的复杂性，有些工程项目适合使用四维 CAD 软件，而有些则不适合。应用四维 CAD 软件需要考虑以下几个因素：

1）使用四维 CAD 软件需要操作人员经过高水平的训练，以掌握构建模型和输入进度数据的方法。

2）四维 CAD 软件的费用要比传统的二维、三维软件高出许多。要考虑项目的投入和产出，根据工程的类型及复杂程度进行选用。许多工程不需要使用四维模型，三维模型可能已经够用，有些甚至二维设计图就可以充分表示设计信息了。

9.5.6　工程财务管理与项目费用控制软件

由于建设项目的复杂性，建筑工程公司的财务管理是非常复杂的。即使是非常小的公司，也可从使用计算机进行财务管理而使他们在项目财务管理中受益。大型工程公司对财务软件的功能要求非常多，应不但能显示公司所管理的大量工程项目的财务绩效，还能够监视整个公司的财务状况。利用计算机进行工程财务管理和项目费用控制已经非常广泛。建筑业是一个特殊的行业，它以项目为基础，在项目上，涉及不同的单位。因此，建筑业需要特制的财务软件满足其特殊性质的需要。

由于在建筑行业中的建筑公司的规模有大有小，他们对财务软件的要求也不尽相同。住宅建造商与小型承包商可以采用比较简单的财务软件。相反，大型承包商需要根据他们的要求定制功能齐全的网络版财务软件。另外，在工程领域，很多大型承包商已经意识到软件集成的重要性，开始把财务系统与概预算软件、项目控制系统、项目进度软件相整合，以及时了解公司财务状况和工程费用绩效。

工程财务软件通常有两个不同的管理目标（功能）：

1）能够确定单个工程项目的利润率以及控制单个工程项目的成本（从项目角度）。

2）能够评估整个公司的财务状况，计算利润率，并且能够生成所要求的财务报告，比如资产负债表和损益表等（从公司角度）。

无论要完成工程财务软件哪个功能，都离不开从现场收集数据。大部分工程财务软件都只需要一次性输入现场数据，这些数据就可通用于财务管理和费用控制两个功能模块。通过输入项目费用信息，费用控制系统就可以得到项目的预算支出计划。费用控制系统的主要功能是计算单个工程项目的利润率，识别哪个分项工程发生了费用偏差，马上采取纠偏措施，以避免整个项目亏损，从而避免公司的损失。财务管理模块的主要功能是评估公司整体的财务状况，管理公司的现金流。建筑工程公司通常需要财务软件具备以下几项基本的财务管理功能：

1）能够生成基本的财务报表，比如资产负债表和损益表。

2）能够建立并管理一整套会计系统，包括应收账款、应付账款等。

3）在项目结束时进行成本结算。

4）计算项目预收款与预付款情况。因为工程以项目为基础，一个项目有可能不是刚好在会计期末完成，项目有可能会有预收或者预付款，这时要进行核算以确保反映正确的财务信息。

5）控制单个项目成本。

6）分析不同项目的利润率。

7）制定上级管理费用预算，并随时跟踪。

8）分析公司不同部门的利润率。

9）控制施工设备费用与贬值。

10）管理工程公司的现金流，以确保其能满足新上项目和支付到期债务的需要。

9.5.7　移动与无线计算技术在工程项目中的应用

近些年，无线计算技术的应用发展非常快。据统计，在2004年美国已经有50%的商业企业开始使用无线网络技术。随着计算机和PDA的便携程度的提高，计算机开始在工程现场也得以广泛应用。

9.5.7.1　在施工现场使用计算机

以前，工程项目的承包商通常在施工现场的办公室里使用个人计算机。一项关于移动计算机技术的应用调查显示，工程公司已经开始在项目上使用个人计算机并接入互联网。在58家被调查的企业中，有95%在施工现场使用计算机，有91%在现场可以接入互联网。通过使用电子邮件进行沟通以及门户网站的广泛应用，也使在现场接入互联网成为必要和可能。调查研究还发现，有35%的被访问者在现场使用无线网络，几乎所有的被访问者都对无线网络技术的发展非常看好。以前没有无线网络，便携式计算机在现场起初只应用在收集数据资料方面。现在，无线网络技术使得现场的计算机不但可以通过网络互联，还可以接入因特网。使用者可以在现场使用各类工程软件，还可以向门户网站和知识管理系统实时地上传数据。现场施工人员还可以通过研究网站上关于如何施工的案例直接获得知识和经验，有利于指导如何进行更好的施工。

9.5.7.2　移动计算技术的优点

移动计算技术最大的优点，就是使得在现场与办公室之间传递项目信息和文件成为可能。另外，在施工现场利用移动计算技术，使得施工现场的数据和信息可以更及时地输入到计算机系统中，管理者可以根据这些数据准确及时地确定何处发生了问题。英国大型承包商Laing O'Rourke测算出，如果在项目中广泛使用移动无线技术，可以提高项目生产率的20%～30%。

9.5.7.3　移动计算技术的硬件

随着计算机硬件技术的发展，在现场使用的具有移动计算功能的硬件种类越来越多，目前主要有：

1）便携式计算机。随着便携式计算机的性价比的逐渐提高，其在工程现场应用越来越普遍。

2）平板式计算机。由于平板式计算机可以通过触摸屏进行手写输入，从而可以有效、快速地收集现场数据。

3）PDA。PDA价钱越来越便宜，但功能越来越强大。它的体积小，重量轻，很适合在现场使用。PDA与PC机相比功能少一些，但是它小巧的体积和低廉的价格使它很有竞争力。

由于施工现场的复杂性和环境的恶劣性，为了适应施工现场使用的需要而购买的移动计算设备必须坚固耐用。移动计算设备可以使项目人员将项目资料文件轻松地带入到施工现场。管理人员还可以以电子格式分类组织整理资料，以便于快速查找。由于移动计算设备可以运行各种工程软件，还可以接入因特网收发电子邮件，因此在工程项目上使用便携式计算机和PDA的潜力非常巨大。

9.5.7.4　无线网络

无线网络是通过无线电波进行数据的传输和接收的。无线网络在建筑业具有广阔的发展前景。现场工作人员可以通过无线网络与便携式计算机在现场使用基于网络的软件。无线网络的存在使得现场与办公室之间传递项目信息和文件成为可能，使得现场的管理人员可以花费更多的时间在现场从事管理工作。

思　考　题

1. 建设项目信息管理的主要内容有哪些?
2. 什么是建设项目管理信息系统?
3. 建设项目管理信息系统的特征有哪些?
4. 建设项目管理信息系统的主要功能有哪些?
5. 建设项目管理信息系统的总体规划有哪些主要内容?
6. 建设项目管理信息系统的设计开发工作包括哪些内容?
7. 建立建设项目管理信息系统的原则有哪些?
8. 什么是项目信息门户?
9. 简述建设项目管理信息系统的应用模式。
10. 试述概预算软件的发展趋势。
11. 什么是内容管理系统? 内容管理系统的用途有哪些?
12. 什么是在线投标?
13. 使用四维、五维 CAD 软件的优点有哪些?
14. 工程财务管理软件的管理目标有哪些?

10

第10章 建设项目竣工验收与后评价

10.1 建设项目竣工验收概述

10.1.1 基本概念

建设项目按照批准的设计图和文件的内容全部建成，达到使用条件或标准，叫做工程竣工。

承包人按施工合同完成了建设项目全部任务，经检验合格，由发包人组织验收的过程叫竣工验收。可见，竣工验收的交工主体应是承包人，验收主体应是发包人。

凡列入固定资产投资计划的建设项目或单位工程，按照批准的设计文件和合同规定的内容建成，具备投产和使用条件，不论新建、改建、扩建或迁建性质，都要及时组织验收，交付使用，并办理固定资产移交手续。

对以下特殊情况，工程施工虽没全部按设计要求完成，也应进行验收：

1）建设项目基本达到竣工验收标准，只有零星土建工程和少数非主要设备未能按设计规定的内容全部完成，但不影响正常生产，亦应办理竣工验收手续。对剩余工程，应按设计留足资金，限期完成。

2）有些建设项目和单项工程已形成部分生产能力或实际上生产方面已经投入使用，近期不能按原设计规模续建的，应从实际出发，缩小规模，对已完工程和设备尽快组织验收，移交固定资产。

对引进设备的项目，按合同建成并完成负荷试车及设备考核合格后，组织竣工验收。

已建成具备生产能力的项目和工程，一般应在具备竣工验收条件3个月内组织验收。

10.1.2 竣工验收的作用和任务

10.1.2.1 竣工验收的作用

竣工验收是建设项目建设全过程的最后一个程序，是全面考核基本建设工作、检查是否符合设计要求和工程质量的重要环节，是投资成果转入生产或使用的标志。竣工验收对促进建设项目及时投产，发挥投资效果，总结经验教训都有重要作用。

（1）竣工验收是产品交接的前提条件　通过竣工验收，全面考察工程项目设计和施工的质量，完成建设产品合同要求的认定，保证项目按设计要求的各项技术经济指标正常投入使用。

（2）竣工验收是加强管理的必要环节　通过竣工验收总结建设经验，进一步提高建设项目的经济效益和管理水平，满足固定资产投资管理的需要。

（3）竣工验收是清理解决遗留问题的管理阶段　建设项目在批准建设时，一般都考虑了协作条件、市场需求、“三废”治理、交通运输以及生活福利设施等相关因素。但由于施工周期长，各方面情况难免发生变化。因此，在项目建成后，由于主、客观原因会遗留一些问题。通过竣工验收，集中研究解决这些问题办法和措施，从而使项目尽快投入使用，发挥工程的经济效益。

10.1.2.2　竣工验收的任务

建设项目经过竣工验收，由承包单位交付建设单位使用，并办理各项工程移交手续，标志着这个建设项目建设过程的结束。其价值形态由建设资金转化为使用价值。

建设项目竣工验收是建设程序的最后一个阶段。竣工验收阶段必须完成以下任务：

1）建设单位、勘察和设计单位、施工单位（包括各主要的工程分包单位）要分别对建设项目的决策和论证、勘察和设计以及施工管理的全过程进行系统地总结，按照实事求是的原则，全面总结建设项目建设中的经验和教训，同时检验管理机制和制度的有效性。

2）建设单位和施工单位在有关方面的配合和支持下办理建设工程的验收和交接手续，办理竣工结算和竣工决算，完成工程档案资料的移交和备案工作，办理工程保修等手续。此外，还应完成整个工程项目的结尾工作、移交工作和善后清理工作。

建设项目完成后应当对项目进行技术经济的全面评价，还要评价在政策、环境、新技术应用等外部环境变化下，建设项目管理机制和政策的适应性。

10.1.3　建设项目竣工验收的依据

1）批准的设计文件、施工图及说明书。

2）双方签订的施工合同。

3）设备技术说明书。

4）设计变更通知书。

5）施工验收规范及质量验收标准。

6）外资工程应依据我国有关规定提交竣工验收文件。

10.1.4　建设项目竣工验收的标准

工程建设是复杂的系统工程，涉及面广，各类工程的检验评定都有相应的质量标准。所以，原则上建设项目竣工验收必须符合下列规定：

1）合同约定的工程质量标准。

2）单位工程质量竣工验收的合格标准。

3）单项工程达到使用条件或满足生产要求。

4）建设项目能满足建成投入使用或生产的各项要求。

10.1.5　建设项目组织竣工验收的条件

1）完成工程设计文件的全部内容和合同约定的各项内容，工程质量达到了竣工标准要求。

2）施工单位在工程完工后，应对工程质量进行全面检查，确定工程质量符合法律、法规和工程建设强制性标准规定，符合设计文件和合同要求，并向建设单位提交《施工单位工程质量竣工报告》。

3）勘察、设计单位对勘察、设计文件及实施过程中有设计单位参加签署的更改原设计的资料进行了检查，确认勘察、设计符合国家规范、标准要求，施工单位的工程质量达到了设计要求，并向建设单位提交《勘察单位工程质量检查报告》和《设计单位工程质量检查报告》。

4）对于委托监理的工程项目，监理单位在施工单位自评合格，勘察、设计单位认可的基础上，对竣工项目质量进行了检查并核定质量合格，并向建设单位提交《监理单位工程质量评估报告》。

5）有完整的技术档案和施工管理资料。

6）建设单位已按合同约定支付工程款。

7）建设单位与施工单位签署了《工程质量保修书》。

8）规划行政主管部门应对工程是否符合规划设计要求进行检查，并出具《规划行政主管部门准许使用文件》认可文件。

9）有公安消防、环保等部门出具的《公安消防主管部门准许使用文件》的认可或者准许使用文件。

10）建设行政主管部门及其委托的建设工程质量监督机构等有关部门要求整改的质量问题全部整改完毕。

10.2　竣工验收的内容及程序

10.2.1　工程项目竣工验收的内容

10.2.1.1　工程项目竣工资料验收

工程项目竣工资料的内容，必须真实反映工程项目管理全过程的实际。资料的形成应符合其规律性和完整性，做到图物相符、数据准确、齐全可靠、手续完备、相互关联紧密。竣工资料的质量，必须符合《科学技术档案案卷构成的一般要求》GB/T 11822—2008 的规定。

工程竣工资料的收集和管理，应建立制度，根据专业分工的原则，实行科学收集，定向移交，归口管理，并符合标识、编目、查阅、保管等程序文件的要求。要做到竣工资料不损坏、不变质和不丢失，组卷时符合相关规定。

工程技术档案资料主要内容包括：①开工报告、竣工报告；②项目经理、技术人员聘任文件；③施工组织设计；④图纸会审记录；⑤技术交底记录；⑥设计变更通知；⑦技术核定单；⑧地质勘察报告；⑨定位测量记录；⑩基础处理记录；⑪沉降观测记录；⑫防水工程抗渗试验记录；⑬混凝土浇灌令；⑭商品混凝土供应记录；⑮工程复核记录；⑯质量事故处理记录；⑰施工日志；⑱建设工程施工合同和补充协议；⑲工程质量保修书；⑳工程预（结）算书；㉑竣工项目一览表；㉒施工项目总结等。

工程质量保证资料的收集和整理，包括原材料、构配件、器具及设备等的质量证明和进场材料试验报告等。这些资料全面反映了施工全过程中质量的保证和控制情况。各专业工程质量保证资料的主要内容是：

（1）土建工程主要质量保证资料　包括：①钢材出厂合格证、试验报告；②焊接试（检）验报告、焊条（剂）合格证；③水泥出厂合格证或报告；④砖出厂合格证或试验报告；⑤防水材料合格证或试验报告；⑥构件合格证；⑦混凝土试块试验报告；⑧砂浆试块试验报告；⑨土壤试验、打（试）桩记录；⑩地基验槽记录；⑪结构吊装、结构验收记录；⑫工程隐蔽验收记录；⑬中间交接验收记录等。

（2）建筑采暖卫生与煤气工程主要质量保证资料　包括：①材料、设备出厂合格证；②管道、设备强度、焊口检查和严密性试验记录；③系统清洗记录；④排水管灌水、通水、通球试验记录；⑤卫生洁具盛水试验记录；⑥锅炉烘炉、煮炉、设备试运转记录等。

（3）建筑电气安装主要质量保证资料　包括：①主要电气设备、材料合格证；②电气设备试验、调整记录；③绝缘、接地电阻测试记录；④隐蔽工程验收记录等。

（4）通风与空调工程主要质量保证资料　包括：①材料、设备出厂合格证；②空调调试报告；③制冷系统检验、试验记录；④隐蔽工程验收记录等。

（5）电梯安装工程主要质量保证资料　包括：①电梯及附件、材料合格证；②绝缘、接地电阻测试记录；③空、满、超载运行记录；④调整、试验报告等。

工程检验评定资料的收集和整理，应按现行建设工程质量标准对单位工程、分部工程、分项工程及室外工程的规定执行。进行分类组卷时，工程检验评定资料应包括以下内容：①质量管理体系检查记录；②分项工程质量验收记录；③分部工程质量验收记录；④单位工程竣工质量验收记录；⑤质量控制资料检查记录；⑥安全和功能检验资料核查及抽查记录；⑦观感质量综合检查记录等。

工程竣工图是工程设计、施工建设过程的真实记录，它真实地记载和反映了建筑物、构筑物建成后的结构、形态和各种技术指标。它既是该建筑物、构筑物交工验收和日后使用维护管理以及实施改、扩建的依据，也是有关部门确认该建筑物、构筑物产权归属和发生工程质量事故时追究法律责任的凭证。因此，它在基本建设工程档案中占有非常重要的地位，是工程档案的核心部分之一。工程竣工图归档前应逐张加盖“竣工图”章。“竣工图”章的内容应包括：发包人、承包人、监理人等单位名称、编号、编制人、审核人、负责人、编制时间等。

竣工图编制时应区别处理以下情况：

1）没有技术、设计变更的施工图，由承包人在原施工图上加盖“竣工图”章标志作为竣工图。

2）在施工中虽有一般设计变更，但能将原施工图加以修改补充作为竣工图的，可不重新绘制。由承包人在原施工图上注明修改部分，附以设计变更通知单和施工说明，加盖“竣工图”章标志作为竣工图。

3）结构形式改变、工艺改变、平面布置改变、项目改变以及其他重大改变，不宜在原施工图上修改、补充的，责任单位应重新绘制改变后的竣工图，承包人负责在新图上加盖“竣工图”章标志作为竣工图。

10.2.1.2　工程竣工验收内容

工程验收主要是运用工程资料进行审查验收，其主要内容有：建筑物的位置、标高、轴线是否符合设计要求；对基础工程中的土石方工程、垫层、砌筑工程的审查验收；对结构工程中的砖木结构、砖混结构、内浇外砌结构、钢筋混凝土结构的审查验收；对屋面工程的木基、望板油毡、屋面瓦、保温层、防水层等审查验收；对门窗工程的审查验收；对装修工程的审查验收（抹灰、油漆等工程）等。

建筑安装工程验收分为建筑设备安装工程、工艺设备安装工程、动力设备安装工程验收。

1）建筑设备安装工程（指民用建筑物中的上下水管道，暖气、煤气、通风管道，电气照明等安装工程）应检查这些设备的规格、型号、数量、质量是否符合设计要求，检查安装时的材料、材质、材种，检查试压、闭水试验、照明。

2）工艺设备安装工程包括：生产、起重、传动、实验等设备的安装，以及附属管线敷设和油漆、保温等。

检查设备的规格、型号、数量、质量、设备安装的位置、标高、机座尺寸、质量、单机试车、无负荷联动试车、有负荷联动试车、管道的焊接质量、洗清、吹扫、试压、试漏、油漆、保温等及各种阀门。

3）动力设备安装工程指有自备电厂的项目，或变配电室（所）、动力配电线路的验收。

10.2.2　竣工验收的程序

为了把竣工验收工作做好，一般可分为两个步骤进行：一是由施工单位（承包单位）先进行自验；二是正式验收，即由建设单位组织施工单位和监理单位共同验收。对大型工程或重要工程，还要上级领导单位或地方政府派员参加，共同进行验收。验收合格后，即可将工程正式移交建设单位使用。

10.2.2.1　竣工自验（亦称竣工预验）

竣工自验是施工单位内部先自我检验，为正式验收做好准备。

1）竣工自验的标准应与正式验收相同，主要依据是国家（或地方政府主管部门）规定的竣工标准和竣工口径。检验工程完成情况是否符合设计图的要求；检验工程质量是否符合国家和地方政府规定的标准和要求；检验工程是否达到合同规定的技术要求和标准等。

2）参加竣工自验的人员，应由施工单位项目经理组织生产、技术、质量、合同、预算以及有关的施工工长等组成竣工收尾小组，编制项目竣工收尾计划并限期完成。

3）竣工自验的方式，应分层分段、分房间地由上述人员依自己主管的内容逐一进行检查。在检查中要做好记录。对不符合要求的部位和项目，确定修补措施和标准，并指定专人负责，限期修理完毕。

4）复验。在基层施工单位自我检查的基础上，同时将查出的问题全部修补完毕以后，项目经理应提请上级进行复验（按一般习惯，国家重点工程、省市级重点工程都应提请总公司级的上级单位复验）。通过复验，要解决全部遗留问题，为正式验收做好充分准备。

10.2.2.2　正式验收

根据《建设工程施工合同（示范文本）》（GF—2013—0201）要求，除专用合同条款另有约定外，承包人申请竣工验收的，应当按照以下程序进行：

1）承包人向监理人报送竣工验收申请报告，监理人应在收到竣工验收申请报告后14天内完成审查并报送发包人。监理人审查后认为尚不具备验收条件的，应通知承包人在竣工验收前承包人还需完成的工作内容，承包人应在完成监理人通知的全部工作内容后，再次提交竣工验收申请报告。

2）监理人审查后认为已具备竣工验收条件的，应将竣工验收申请报告提交发包人，发包人应在收到经监理人审核的竣工验收申请报告后28天内审批完毕并组织监理人、承包人、设计人等相关单位完成竣工验收。

3）竣工验收合格的，发包人应在验收合格后14天内向承包人签发工程接收证书。发包人无正当理由逾期不颁发工程接收证书的，自验收合格后第15天起视为已颁发工程接收证书。

4）竣工验收不合格的，监理人应按照验收意见发出指示，要求承包人对不合格工程返工、修复或采取其他补救措施，由此增加的费用和（或）延误的工期由承包人承担。承包人在完成不合格工程的返工、修复或采取其他补救措施后，应重新提交竣工验收申请报告，并按本项约定的程序重新进行验收。

5）工程未经验收或验收不合格，发包人擅自使用的，应在转移占有工程后7天内向承包人颁发工程接收证书；发包人无正当理由逾期不颁发工程接收证书的，自转移占有后第15天起视为已颁发工程接收证书。

除专用合同条款另有约定外，发包人不按照本项约定组织竣工验收、颁发工程接收证书的，每逾期一天，应以签约合同价为基数，按照中国人民银行发布的同期同类贷款基准利率支付违约金。

10.2.2.3　竣工日期

工程经竣工验收合格的，以承包人提交竣工验收申请报告之日为实际竣工日期，并在工程接收证书中载明；因发包人原因，未在监理人收到承包人提交的竣工验收申请报告42天内完成竣工验收，或完成竣工验收不予签发工程接收证书的，以提交竣工验收申请报告的日期为实际竣工日期；工程未经竣工验收，发包人擅自使用的，以转移占有工程之日为实际竣工日期。

10.3　竣工验收备案管理

10.3.1　建设工程竣工验收备案

建设工程竣工验收备案是指建设单位在建设工程竣工验收后，将建设工程竣工验收报告和规划、公安消防、环保等部门出具的认可文件或者准许使用文件报建设行政主管部门审核的行为。

《建设工程质量管理条例》第四十九条规定：“建设单位应当自建设工程竣工验收合格之日起15日内，将建设工程竣工验收报告和规划、公安消防、环保等部门出具的认可文件或者准许使用文件报建设行政主管部门或者其他有关部门备案。”

《房屋建筑和市政基础设施工程竣工验收备案管理办法》第四条规定：“建设单位应当

自工程竣工验收合格之日起 15 日内，依照本办法规定，向工程所在地的县级以上地方人民政府建设主管部门（以下简称备案机关）备案。”

10.3.2　备案文件内容

提交备案文件应包括以下内容：

1）工程竣工验收备案表。

2）工程竣工验收报告。竣工验收报告应当包括工程报建日期，施工许可证号，施工图设计文件审查意见，勘察、设计、施工、工程监理等单位分别签署的质量合格文件及验收人员签署的竣工验收原始文件，市政基础设施的有关质量检测和功能性试验资料以及备案机关认为需要提供的有关资料。

3）法律、行政法规规定应当由规划、环保等部门出具的认可文件或者准许使用文件。

4）法律规定应当由公安消防部门出具的对大型的人员密集场所和其他特殊建设工程验收合格的证明文件。

5）施工单位签署的工程质量保修书。

6）法规、规章规定必须提供的其他文件。

7）《住宅质量保证书》和《住宅使用说明书》。

备案机关收到建设单位报送的竣工验收备案文件，验证文件齐全后，应当在工程竣工验收备案表上签署文件收讫。

工程竣工验收备案表一式两份，一份由建设单位保存，另一份则留备案机关存档。

10.3.3　备案工作程序

根据《房屋建筑和市政基础设施工程竣工验收备案管理办法》（2009 年修正）要求：建设单位自工程竣工验收合格 15 日内向备案机关备案；工程质量监督机构应当在工程竣工验收之日起 5 日内，向备案机关提交工程质量监督报告；备案机关发现建设单位在竣工验收过程中有违反国家有关建设工程质量管理规定行为的，应当在收讫竣工验收备案文件 15 日内，责令停止使用，重新组织竣工验收。

根据各地建设工程竣工验收备案工作实际情况，在有条件的省市，建设工程竣工备案可以采用计算机网上申报与书面材料受理相结合的方式进行。从而简化办事流程，规范办事程序，加强建筑管理信息化建设。

通过工程竣工验收备案工作，可以对工程建设进行程序审查，包括对工程是否按照基本建设程序进行建设的审查。重点是从工程报建、质量监督到规划、消防、环保、档案等各个环节上是否符合法定程序、法定形式和法定条件。

通过工程竣工验收备案工作，可以对工程建设进行前期批准与后期结果审查，主要审查后期结果是否与前期文件一致，如申请备案的事项是否与前期许可事项一致；工程质量和使用功能是否和建设目标相符；质量责任主体单位是否前后一致；检查工程建设中是否有违法违规行为和擅自重大变更等情况。

通过工程竣工验收备案工作，可以对工程建设进行质量责任落实审查，包括保修责任、遗留问题处理、质量缺陷责任及其他责任的明确等都需要一一审查落实。

总之，备案工作不仅仅是一个档案管理工作，它还是建设工程建设管理的制度保障。

10.4 建设项目竣工结算与决算

10.4.1 竣工结算

竣工结算是指承包商完成合同内工程的施工并通过了交工验收后，所提交的竣工结算书经过业主和监理工程师审查签证，送交当地建设银行或地方工程预算审查部门审查签认，然后由建设银行办理拨付工程款手续的过程。

1. 竣工结算的依据

1）工程竣工验收报告和竣工验收证明。

2）建筑安装工程承包合同。

3）施工图、设计变更通知单及施工变更记录。

4）现行建筑安装工程预算定额，建筑安装工程管理费定额、其他取费标准及调整合同价款的规定。

5）其他有关施工技术资料。

2. 竣工结算的管理程序

承包人预算主管部门应坚持科学的管理程序，从专业归口的角度，编制工程竣工结算报告及收集完整的结算资料。对原报价的主要项目内容以及计算结果进行检查和核对，发现差错应进行调整纠正。按照单位工程、单项工程、建设项目分别编制出工程结算报告。

《工程竣工验收报告》完成后，项目承包人应在规定或约定时间内向发包人递交工程竣工结算报告及完整的结算资料。包括：①施工合同；②中标投标书的报价单；③施工图及设计变更通知单，施工变更记录，技术经济签证；④工程预算定额，取费定额及调价规定；⑤有关施工技术资料；⑥工程竣工验收报告；⑦工程质量保修书；⑧其他有关资料。在规定或约定时间内未递交结算报告及资料的，由此造成工程结算不能及时办理，承包人应自行承担结算价款不能正常及时收取的责任。

工程竣工结算报告及结算资料经承包人确认送出后，承发包双方应在各自规定的期限内，进行竣工结算核实。对承包合同内规定的施工内容进行检查和核对，包括工程项目、工程量、单价取费和计算结果等。若有修改意见，要及时协商达成共识。对结算价款有争议的，应按约定的解决方式处理。

核对合同工程的执行情况，包括：开工前准备工作费用是否准确；土石方工程与基础处理有无漏算或多算；钢筋混凝土工程中的含钢量是否按规定进行了调整；加工订货的项目、规格、数量、单价与实际安装的规格、数量、单价是否相符；特殊工程中使用的特殊材料的单价有无变化；工程施工变更记录与合同价格的调整是否相符；实际工程中有无与施工图要求不符的项目；单项工程综合结算书与单位工程结算书是否相符。

对核对过程中发现的不符合合同规定情况，如多算、漏算或计算错误予以调整。

将批准的工程结算书送交有关部门审查。

工程竣工结算书经过确认后，办理工程价款的最终结算拨款手续。

办完工程竣工结算手续，承包人和发包人应按国家有关竣工验收规定，将竣工结算报告及结算资料纳入工程竣工资料进行汇总，作为承包人的工程技术经济档案资料存档。发包人应按规定及时向建设行政主管部门或有关部门移交档案资料备案。

工程竣工结算的基础工作来源于项目经理部，项目经理要指定熟悉工程施工情况和预结算专业人员，对工程结算书的内容进行检查。应突出重点地检查费用计算是否准确、工程量调整、预算与实际对比、单价有无出入变化、款项调整内容等。

项目经理应按照“项目管理目标责任书”的承诺，根据工程竣工结算报告，向发包人催收工程结算价款。预算主管部门应将结算报告及资料送交财务部门，据以进行工程价款的最终结算和收款。回收工程结算价款，是项目经理部的重要工作，也是实现承包企业施工劳动价值的最终步骤。发包人在规定期限未支付工程结算价款且无正当理由的，应承担违约责任。在规定的追加时间内仍不支付工程结算价款的，双方可按约定协议解决方式，或由承包人依法申请向法院提起诉讼，最终收回工程结算价款。

10.4.2　竣工决算

竣工决算是指建设项目竣工后，由业主按照国家有关规定编制的综合反映该工程从筹建到竣工投产全过程中各项资金的实际运用情况、建设成果及全部建设费用的总结性经济文件。

竣工决算的内容由编制说明和决算报表两部分组成。编制说明主要包括：工程概况、设计概算和基建计划的执行情况，各项技术经济指标完成情况，各项投资资金使用情况，建设成本的投资效益分析以及建设过程中的主要经验、存在问题和解决意见等。决算表格分大中型项目和小型项目两种。大中型项目竣工决算表见表 10-1。小型项目竣工决算表按上述内容合并简化为小型项目竣工决算总表和交付使用财产明细表。

表 10-1　竣工决算报表

项目划分	主 要 内 容
竣工工程概况表	1. 根据批准的设计，列出有关概算的计划数据 2. 分列批准的初步设计和竣工后实际形成的新增生产能力或效益 3. 实际完成的主要工程量 4. 反映建设项目从开工到竣工的全部建设成本 5. 主要材料消耗 6. 主要技术经济指标 7. 收尾工程，即全部验收投入使用后遗留的少数收尾项目
竣工财务决算表	1. 投资来源 2. 投资支出 3. 结余资金
交付使用财产表	1. 交付使用的固定资产构成情况 2. 流动资产金额 3. 无形资产金额 4. 递延资产金额
交付使用财产明细表	1. 工程按单位工程分别填列交付使用的竣工工程及其价值 2. 设备安装工程按设备、工具、器具等逐台逐项填列名称、规格型号、单位、数量和价值 3. 流动资产的名称、单位、数量、金额等 4. 无形资产的名称、金额 5. 递延资产的名称、金额

竣工决算的审查：一般由建设主管部门会同银行对业主提交的竣工决算进行会审，重点审查以下内容：是否存在计划外的工程项目；建设成本是否超标和超标原因；各项开支是否符合规定，有无超范围和超标问题；报废工程和应核销的其他支出中，各项损失是否经过有关机构审批同意；历年建设资金投入和节余资金是否真实准确；分析和审查投资效果。

竣工结算是竣工决算的主要依据，竣工结算与竣工决算两者的区别主要在于：

（1）编制单位和内容不同　竣工结算是由施工单位的预算（财务）部门进行编制的，其内容包括施工单位承担施工的建筑安装工程全部费用，它与所完成的建筑安装工程量及单位工程造价一致，最终反映的是施工单位在本工程项目中所完成的产值。

竣工决算是建设单位财务部门编制的，包括建设项目从筹建开始到项目竣工交付生产（使用、营运）为止的全部建设费用，最终反映的是工程项目的全部投资。

（2）作用不同　竣工结算的作用是：为竣工决算提供基础资料；作为建设单位和施工单位核对和结算工程价款的依据；是最终确定项目建筑安装施工产值和实物工程量完成情况的基础材料之一。

竣工结算的作用是：反映竣工项目的建设成果；作为办理交付验收的依据，是竣工验收的重要组成部分。

10.5　建设项目的投产准备

10.5.1　基本概念

建设项目的投产准备是指项目在建设期间为工程竣工后能及时投产所做的各项准备工作。在整个建设项目实施过程中，从始至终都要做好使项目建成后顺利投入生产的各项准备工作，这是工程由建设阶段顺利转入生产阶段的必要条件，是建设项目管理的重要组成部分。

建设项目的试运行、试生产是项目投产准备工作的最后一项工作，这是对项目建设的质量和运转性能的全面检验；也是正式投产前，由试验性生产向正式投产的过渡过程。一般来讲，项目需经过一段时间的试生产（有的长达一二年），待生产过程基本稳定，并取得业主认可后，方能进行验收并转入正常运行生产。

10.5.2　投产准备工作的步骤

投产准备工作贯穿于项目建设的各个阶段，但各个阶段准备工作的要求不同，现分述如下：

（1）前期及施工阶段的准备工作　在建立项目筹建机构时，应同时设置生产准备机构，结合建设进度，编制生产准备的工作计划。主要工作有：

1）组织职工，分批分期培训。

2）根据设计的产品纲领、生产工艺方法，落实设备、原材料、燃料、动力供应的内外部生产条件。

3）做好生产技术准备，如制定产品的技术标准、设备的操作维护规程，组织试运行和试生产。

4）施工进入设备安装调试阶段后，要组织生产人员参加设备的安装调试。

（2）试生产验收阶段的准备工作　工程完成后，建筑安装单位要进行设备调试和联动无负荷试车；合格后交给建设单位，由经过培训的生产工人进行联动有负荷试运行（一般要连续进行 72h），然后转入试生产。此时，建筑安装单位应配合建设单位进行试生产运行。

试运行、试生产阶段是生产准备工作的高峰和结束，生产所需要的原材料、燃料要提前到场，生产工人要进行操作规程考核。

10.5.3　投产准备工作的内容

1. 投产准备工作计划的编制

在初步设计批准之后，应结合项目建设的进度，计划下列内容：投产准备机构的设置、人员培训、技术准备、物资准备、外部协作条件的准备、建立规章制度和制订试运行等的计划。

2. 投产准备机构的设置

随着项目建设的进展，投产准备机构应由小到大，逐步完善；到建设后期大量设备进入全面安装调试阶段，应配备生产管理人员，并参加安装调试；待进入工程结束阶段，工程的筹建班子应与投产准备班子合为一体，成立生产管理机构。

3. 生产管理人员及工人的配备和培训

应根据初步设计规定的劳动定员和劳动组织计划来确定各类人员的人数，并分批分期进行培训。在建设后期，这些人员要参加设备的安装调试。

4. 生产技术准备与有关规章制度的建立

生产技术准备包括：

1）参加设计审查，熟悉生产工艺、技术、设备。

2）进行生产工艺准备，根据原材料、燃料、动力、半成品的技术要求，对配料做多方案试验，得出最佳配料方案。

3）逐步建立健全规章制度，在试运行验收阶段，要建立起符合本企业生产技术特点的生产管理指挥系统，建立一套集生产、供应、销售在内，涵盖计划、检查、考核等环节，落实技术管理、人力资源管理、财务管理等各职能科室责任的制度体系，保证正式投产后各项工作有章可循。

5. 落实外部协作条件

工程项目不可避免地要与系统外部产生大量的联系，如水、电、气以及通信、运输和职工后勤交通、生活物资供应等，要依靠所在地有关部门或单位协作解决，解决好这些问题对于建设项目如期顺利投产是至关重要的。

外部协作条件直接关系生产建设的问题，在建厂前期工作阶段，即在项目进行可行性研究和厂址选择时就已考虑过，而且应与有关部门联系，并签订适当的书面协议，确定协作关系。进入建设中、后期，应根据实际需要与对方签订正式合同，明确供应与进货，为项目建成后顺利投入生产创造条件。

6. 物资供应准备

大中型工程项目建设需用的物资品种繁多、数量大、要求高。这些物资都应在项目竣工前疏通渠道，落实订货合同。为了满足试运行和投产初期的需要，必须在建厂前确定大宗燃料、材料的供货地点。在建厂中、后期应根据物资的数量和规格、特点与要求，分期分批组织进行，为试运行投产做好物质准备。

7. 经营管理方面的准备

在投产准备工作中，要把经营管理的基础打好，具体包括：建立科学管理的基础，实行经济责任制；建立成本控制保障体系；制订投产后的效益目标等等。

10.5.4　项目试生产

在项目竣工验收之前要做好试运行、试生产，竣工验收之后（正式移交之后）要做好项目的投产组织工作。

试运行、试生产在项目建设中是一个关键时刻，试运转不成功，就会引起返工，拖长投产期，造成投资费用增加。

竣工验收只是形成了固定资产，形成了生产能力，并不等于达到了设计规定的生产能力。项目建成投产达到设计生产能力，要经历一个过程。在这一过程中，需进行许多调整改进工作，只有达到了设计的生产能力，才是对设计质量的验证，才是技术方案的真实实现。因此，必须做好建设项目验收前的试生产工作以及项目验收后投产初期的组织工作。

工业项目的试生产分为试运行（试车）和试生产两个阶段，有四个步骤：单机试车—停检→联动试车—停检→投料试车—停检→试生产考核。

试运行阶段的重点是单机试车和联动试车（不投料）。

试生产考核阶段包括：初步投料试车→停检→二次开车试生产考核。一般在每个试车步骤之间安排一段停机检修的时间，目的是为了消除试车中暴露出来的设备、材料、设计、施工及生产工艺中的隐患。

试生产阶段主要考核的内容有：

1）对各种工艺设备、电气、仪表等单体设备的性能、参数进行单体运转考核，对生产装置系统进行联动运行考核。

2）对设备及工艺指标进行考核。

3）对生产装置及有直接工艺联系的公用工程进行联动试车考核。

4）对消耗指标、产品质量进行考核，对设计规定的经济指标进行考核。

完成上述考核之后，编制竣工资料，办理正式竣工验收。

10.6　建设项目后评价

10.6.1　建设项目后评价及其作用

建设项目后评价是指建设项目在竣工投产、生产运营一段时间后，对项目的立项决策、设计施工、竣工投产、生产运营等全过程进行系统评价的活动。建设项目后评价是固定资产投资管理的一项重要内容和环节。

通过建设项目后评价，有利于在今后的工作中提高项目决策水平、设计施工水平，有利于项目发挥生产能力和提高经济效益，有利于提高引进技术和装备的成功率、控制工程造价；可以达到总结经验，发现问题，吸取教训，提出建设，改进工作，不断提高项目决策水平的目的。

10.6.2　建设项目后评价的范围和内容

建设项目后评价是固定资产投资管理的一项重要内容，其范围既包括基本建设项目，又包括更新改造项目；既包括大中型基本建设项目和限额以上更新改造项目，又包括小型基本建设项目和限额以下更新改造项目。所有固定资产投资项目都包括在项目后评价范围之内。

建设项目后评价的内容包括立项决策评价、设计施工评价、生产运营评价和建设效益评价，也可以根据建设项目的特点和工作需要而有所侧重。具体可以包括以下内容。

1. 前期工作评价

1）立项条件是否正确。

2）决策的程序是否符合要求。

3）前期工作深度能否满足建设要求（包括设计单位的资信审查）。

4）设计依据、标准、规范、定额、费率是否严格执行国家规定，设计规模及主要建设内容是否符合国家批准的要求。

5）设计漏项及设计变更增加投资的情况。

6）设计方案在技术上的可行性和经济上的合理性如何，有无不顾国情，盲目追求先进技术，不用国内可以生产且技术过关的设备，而采用进口设备的情况。

2. 建设实施的评价

1）施工准备能否满足项目开工要求（建设单位项目班子的组建，征地、拆迁，四通一平，物资、资金的落实，施工队伍的资格审查）。

2）建设实施是否符合基本建设程序。

3）投资包干、招标投标以及各种协议和合同的执行情况，经验教训。

4）施工管理（施工组织方式、施工队伍和施工的经营管理）。

5）施工项目管理、工程质量、工期、安全情况。

6）工程的建设管理情况如何，有何经验教训（含资金和物资等供应情况）。

7）配套项目建设情况。

8）工程竣工验收是否符合国家验收标准。

9）生产准备情况如何（人力、物力、财力）。

3. 效益的评价及与批准的设计任务书（可行性研究报告）比较情况

1）生产经营（包括产销）及达产情况。

2）经济评价。直接效益和间接效益，能源及原材料消耗定额是否符合国家标准。

3）财务评价。财务收益及成本，财务内部收益率，投资回收年限，贷款偿还能力等。

4. 进行外资项目评价时除评价上述内容外应增加的内容

1）外资利用方向、范围是否适宜以及外资的偿还能力。

2）国外设备的引进、消化吸收如何。

3）国外技术引进的消化、吸收情况。

10.6.3　建设项目后评价的方法

建设项目后评价的基本方法是对比法，就是将建设项目建成投产后所取得的实际效果、经济效益和社会效益、环境保护等情况，与前期决策阶段的预测情况相对比，与项目建设前的情况相对比，从中发现问题，总结经验和吸取教训。

建设项目后评价具体从三个方面进行：

（1）影响评价 通过项目竣工投产（营运、使用）后对社会的经济、政治、技术和环境等方面所产生的影响，来评价项目决策的正确性。

（2）经济效益评价 通过项目竣工投产后所产生的实际经济效益与可行性研究时所预测的经济效益相比较，对项目进行评价。

（3）过程评价 对建设项目的立项决策、设计施工、竣工投产、生产运营等全过程进行系统分析，找出项目后评价与原预期效益之间的差异及其产生的原因，使后评价结论有根有据，同时针对问题提出解决的办法。

这三个方面的评价有着密切的联系，应该综合考虑，从而保证对项目作出客观、公正、科学的评价结论。

思 考 题

1. 竣工验收的概念、依据和条件是什么？
2. 建设工程竣工验收的内容是什么？
3. 简述建设工程竣工验收备案工作的目的。
4. 什么是竣工决算？它与竣工结算的区别是什么？
5. 简述投产准备的概念及其工作步骤？
6. 投产准备的工作内容有哪些？
7. 工业项目试生产分哪几个阶段和步骤？
8. 简述建设项目后评价的主要内容。

参考文献

[1] 王文睿，王洪镇，焦保平．建设工程项目管理［M］．北京：中国建筑工业出版社 2014.
[2] 全国一级建造师执业资格考试用书编写委员会．建设工程项目管理［M］．4 版．北京：中国建筑工业出版社，2014.
[3] 丁士昭，等．工程项目管理［M］．北京：中国建筑工业出版社，2006.
[4] 宋伟，刘岗，等．工程项目管理［M］．北京：科学出版社，2006.
[5] 蔺石柱，闫文周，等．工程项目管理［M］．2 版．北京：机械工业出版社，2015.
[6] 赵智全，等．财务管理［M］．上海：立信会计出版社，2006.
[7] 朱宏亮，成虎，等．工程合同管理［M］．北京：中国建筑工业出版社，2006.
[8] 郭汉丁，等．业主建设工程项目管理指南［M］．北京：机械工业出版社，2005.
[9] 成虎，等．工程项目管理［M］．北京：高等教育出版社，2004.
[10] 任淮秀，等．项目融资［M］．北京：中国人民大学出版社，2004.
[11] 陈光健，徐荣初，叶佛荣，等．建设项目现代管理［M］．北京：机械工业出版社，2004.
[12] 王要武，等．管理信息系统［M］．北京：电子工业出版社，2003.
[13] 田金信，等．建设项目管理［M］．2 版．北京：高等教育出版社，2009.
[14] 陆惠民，苏振民，王延树．工程项目管理［M］．南京：东南大学出版社，2002.
[15] 李启明，等．土木工程合同管理［M］．南京：东南大学出版社，2002.
[16] 王要武，等．工程项目管理百问［M］．北京：中国建筑工业出版社，2002.
[17] 白思俊，等．现代项目管理［M］．北京：机械工业出版社，2002.
[18] 全国人大常委会法工委研究室．中华人民共和国招标投标法释义［M］．北京：人民法院出版社，1999.
[19] 卞耀武，等．中华人民共和国招标投标法实用问答［M］．北京：中国建材工业出版社，1999.
[20] 丛培经，范运林．实用工程项目管理手册［M］．北京：中国建筑工业出版社，1999.
[21] 特莱福·威廉姆斯．现代信息技术在工程建设项目管理中的应用［M］．陈勇强，卢欢庆，等译．北京：中国建筑工业出版社，2008.
[22] 李英姿．建筑智能化施工技术［M］．北京：机械工业出版社，2004.
[23] 查树衡，张公忠，张集祥．信息网络工程［M］．北京：中国电力出版社，2009.
[24] 何康维．建设工程概预算和决算［M］．上海：上海财经大学出版社，2009.
[25] 何关培．BIM 总论［M］．北京：中国建筑工业出版社，2011.
[26] 李晓东，张德群，孙立新．建设工程信息管理［M］．2 版．北京：机械工业出版社，2007.
[27] 王要武．工程项目信息化管理——Autodesk Buzzsaw［M］．北京：中国建筑工业出版社，2005.